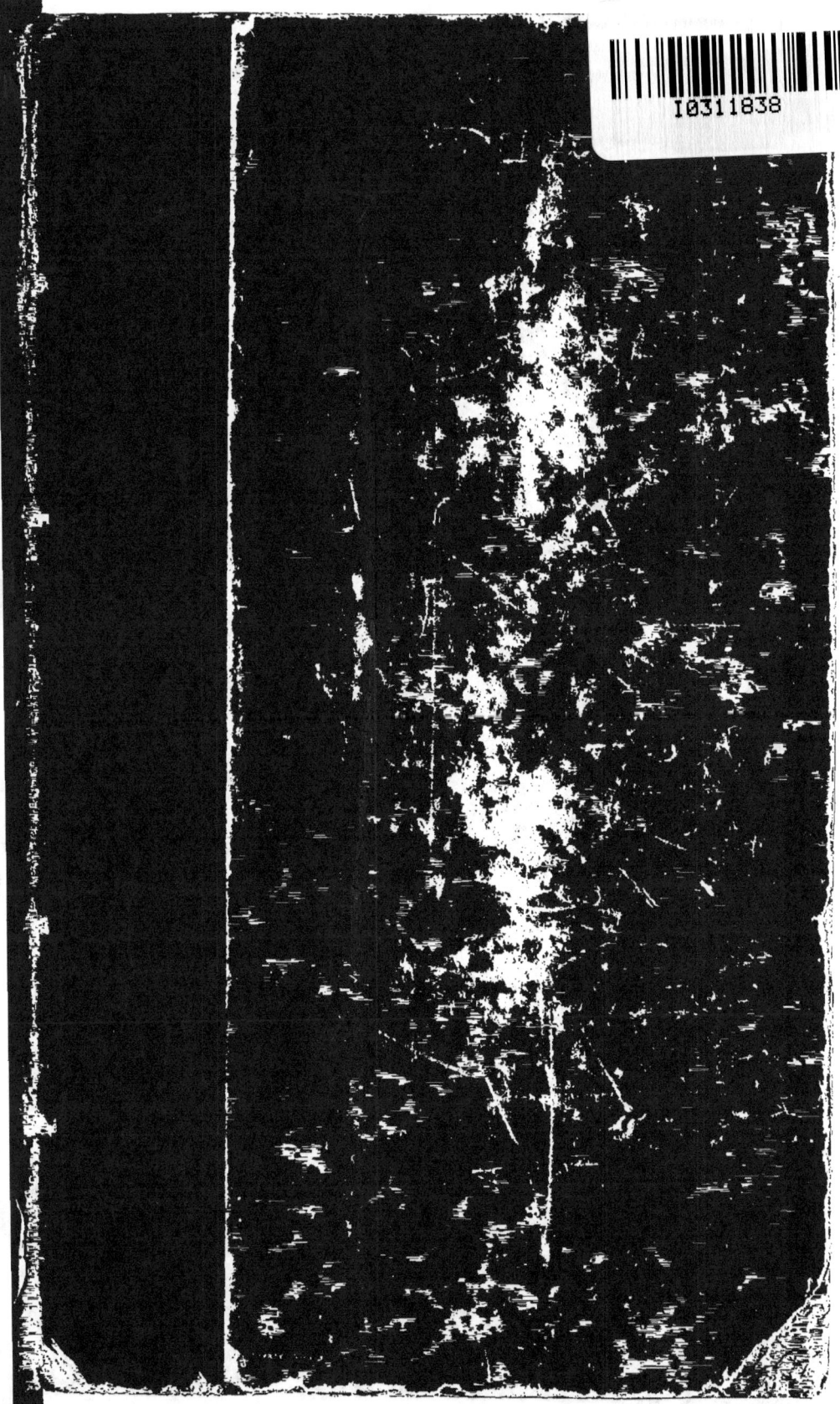

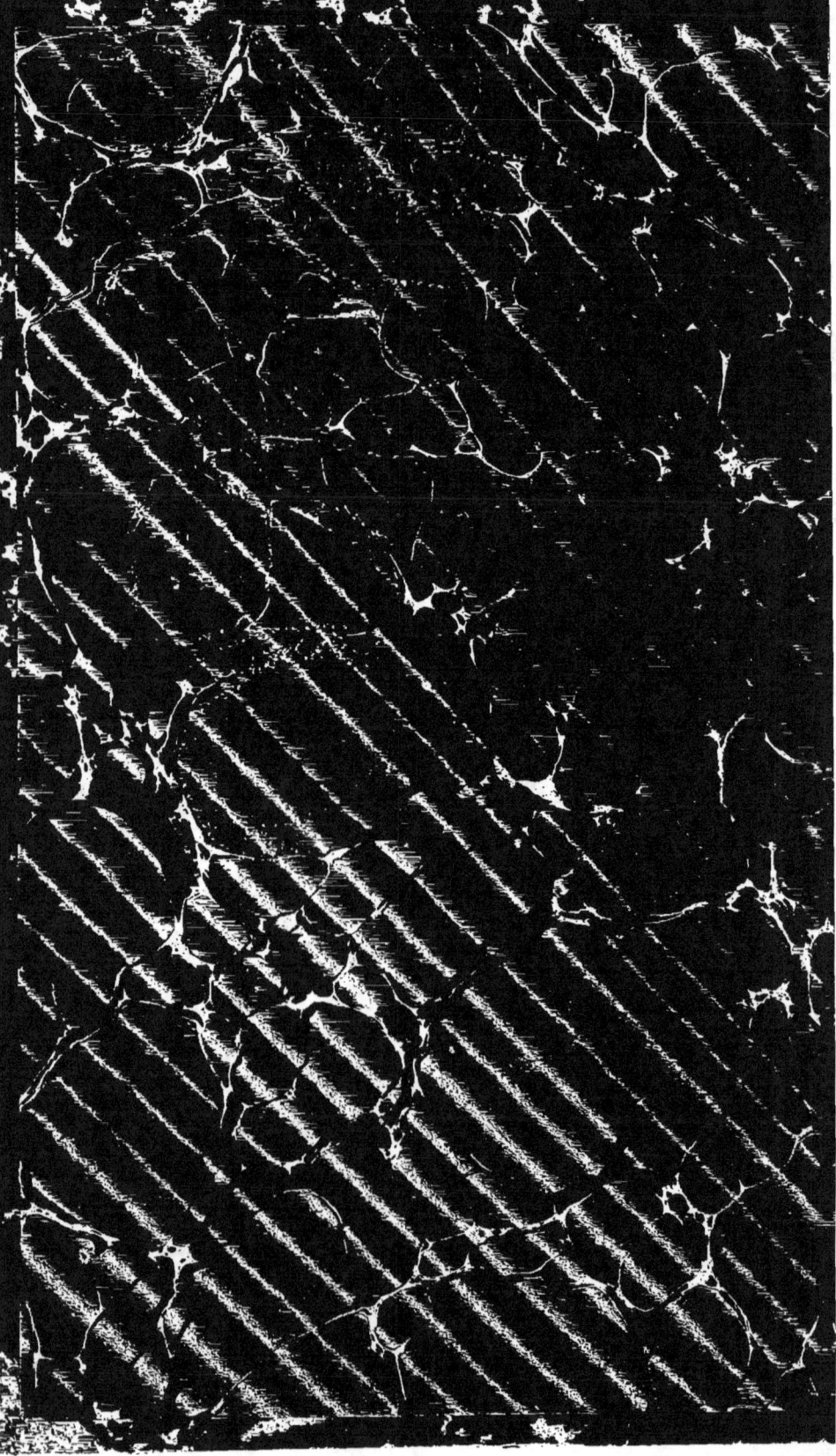

HISTOIRE DE LA VILLE ET DES SIRES

DE COUCY

DE L'IMPRIMERIE DE BEAU, A SAINT-GERMAIN-EN-LAYE.

CHÂTEAU DE COUCY, (Aisne)
Route de Chauny.

HISTOIRE

DE LA VILLE ET DES SIRES

DE COUCY

PAR

M. LE CH^{er} E. DE L'ÉPINOIS

Ancien sous-Préfet

PARIS

DUMOULIN, LIBRAIRE, | DE BOIS-ADAM, LIBRAIRE,
Quai des Augustins, 13. | Rue St.-Sulpice, 28.
J. VARENNE, rue St.-Dominique-St.-Germain.

—

COUCY. — AUX RUINES.

1858

AVANT - PROPOS

Parmi les noms illustres qui ont brillé dans l'histoire, il en est peu qui aient jeté un plus vif éclat que celui de Coucy. Pendant plusieurs siècles ce nom célèbre a retenti d'un bout à l'autre de l'Europe. Le magnifique aspect des ruines immenses du manoir des sires de Coucy suffit encore aujourd'hui pour faire comprendre ce que devait être la puissance de ces seigneurs, qui, simples vassaux de nos Rois, pouvaient lever des armées, se poser en protecteurs ou en rivaux de leurs suzerains, et dont les Rois et les Empereurs recherchaient l'alliance.

A cette époque désignée sous le nom de moyen âge, les seigneurs de Coucy à très-peu d'exceptions près se firent remarquer par la douceur paternelle de leur administration et leurs nombreux vassaux eurent rarement à se plaindre de leur tyrannie. Alors que la puissance particulière des seigneurs connaissait peu de bornes, la Religion fut le frein qui maîtrisa ou du moins adoucit leurs mauvais penchants : c'est ainsi qu'Enguerrand I et Thomas son fils au milieu de leurs plus grands excès s'arrêtèrent quelquefois devant l'autorité morale de l'Eglise, la seule pour laquelle, en l'absence d'un pouvoir central énergique, ils eussent encore du respect même dans leurs emportements.

Après les déplorables événements de 1830, retiré dans la petite ville de Coucy, je fus saisi d'admiration pour les majestueux vestiges de tant de grandeur retombée dans le néant et dont chaque débris parlait à mon imagination. Je lus et relus avec avidité les histoires des seigneurs de Coucy ; mais ces histoires, dont la plus complète était celle de dom du Plessis, ne satisfaisaient point ma curiosité ; je n'y trouvais que des faits plus ou moins extraordinaires et romanesques, relatifs seulement aux seigneurs de Coucy, sans aucun renseignement sur le pays ; d'ailleurs toutes ces histoires s'arrêtaient à l'année 1400, et laissaient ainsi un grand vide qui me semblait devoir être rempli par des événements intéressants. J'entrepris, pour ma satisfaction personnelle, de refaire l'*Histoire de la ville et des sires de Coucy ;* je recherchai dans les Archives de la ville et dans celles de Laon, ainsi que dans les Cartulaires de l'Abbaye de Nogent, tous les documents authentiques que ces dépôts pouvaient me fournir ; je fus surtout secondé par M. Carlier, alors maire de Coucy, qui possédait en original ou copie une très-grande quantité de pièces curieuses et intéressantes pour le travail que j'entreprenais. Depuis plus de vingt ans je n'ai cessé de m'occuper de cette histoire, pour laquelle j'ai fait des recherches dans les Archives de Paris et dans ses diverses Bibliothèques.

Dans ce travail entrepris et longtemps continué sans intention de publication, j'ai surtout cherché à rendre à l'histoire le caractère de vérité et de simplicité qui lui convient, et, repoussant les récits de certains auteurs panégyristes quand même de leurs héros, j'ai tâché d'expliquer dans mes notes quelques points obscurs ou invraisemblables que l'on faisait servir à augmenter leur auréole de gloire.

Aujourd'hui je publie le résultat de ce travail que j'ai rendu aussi complet qu'il m'a été possible de le faire, et qui intéressera, je l'espère, non-seulement les habitants de Coucy, mais ceux de toute la contrée qui fut témoin des faits qui font l'objet de cette histoire.

HISTOIRE

DE LA VILLE ET DES SIRES

DE COUCY

Le nom de Coucy (en latin *Codiciacus, Codiciacum, Cociacus, Cociacum,* en français *Couchy, Coucy*) est commun à une ville et à un village situés dans le département de l'Aisne, à vingt-quatre kilomètres de Laon, seize de Soissons, douze de Chauny, et seize de La Fère.

Le village, qui n'est qu'à un kilomètre de la ville actuelle, porte le nom de Coucy-la-Ville, tandis que la ville s'appelle Coucy-le-Château : dénominations qui font tout naturellement penser que le village fut longtemps le lieu le plus peuplé.

Coucy-la-Ville est située à l'entrée d'un vallon étroit et profond, traversé par un petit ruisseau qui prend sa source à peu de distance. Le seul édifice de cette commune est l'église, dont le clocher en pierres de taille est orné de sculptures d'un joli effet, comme presque tous ceux construits par les Anglais pendant leur invasion en France, dans le xive siècle.

Coucy-le-Château, au midi du village, est situé sur la cime d'une montagne, prolongement d'une plaine élevée, qui, par une pente douce, s'avance, comme un promontoire, dans une belle vallée en inclinant un peu vers le couchant, et la domine presque à pic, à une hauteur d'environ soixante-dix mètres.

La ville de Coucy-le-Château est environnée de trois côtés par la vallée qui, coupée par des bois, de vastes prairies, des terres labourables, offre dans son irrégulière symétrie les points de vue les plus variés et les plus agréables, surtout au levant et au couchant où l'horizon se déroule jusqu'à quarante kilomètres environ. Au midi, la vue est arrêtée à peu près à quatre kilomètres par les côtes qui servent de cadre à la vallée, et dont les flancs découpés présentent l'entrée d'un grand nombre de petits vallons fertiles. De nombreux étangs, aujourd'hui convertis en prairies et en jardins, contribuaient encore, il y a un demi-siècle, à l'embellissement d'un paysage qui fait l'admiration de tous les voyageurs, et auquel il ne manque, pour offrir un ensemble parfait, que d'avoir son horizon plus pittoresquement découpé par des masses de montagnes élevées. Au milieu de la vallée coule une petite rivière, fort poissonneuse, que l'on nomme Lette ; elle se jette dans l'Oise à Manicamp, village à douze kilomètres au-dessous de Coucy. Au nord, s'étend une plaine plus élevée que la ville, bornée à deux kilomètres par une belle et vaste forêt.

La ville est fermée par de hautes murailles, garnies de tours, dont la plupart tombent en ruine. Trois portes seulement donnent accès dans l'intérieur de ces fortifications. La principale, au nord, appelée la porte de Laon, est défendue par deux grosses tours, et, comme elle est dominée par la plaine, on avait, afin d'en rendre l'approche plus difficile, construit, en avant et au milieu d'un fossé large et profond, un bastion en pierres de taille aujourd'hui entièrement détruit. Sur ce fossé, qui isolait la ville de la plaine, un pont étroit et sinueux s'élevait sur quatre arches et servait à communiquer avec un ravelin en terre, muni également de grands fossés qui complétaient le système de défense de ce côté de la ville. Ce dernier ouvrage a été entièrement détruit, et les fossés comblés ont fait place à une promenade ornée de plusieurs rangées d'arbres. La seconde porte, placée au midi, s'appelait autrefois porte Soissonne, et aujourd'hui se nomme porte d'Etrelles, du nom d'un hameau situé au pied de la côte; la pente rapide de la montagne n'en permettait pas l'accès de ce côté aux voitures, et la porte n'était défendue que par une grosse tour. La troisième porte, ouverte au couchant, appelée jadis porte de Gommeron et aujourd'hui porte de Chauny, dominait également une pente fort rapide que les voitures ne pouvaient gravir qu'avec de grandes difficultés; cette porte, comme la précédente, n'était défendue que par une grosse tour, mais elle se trouvait aussi protégée par les fortifications du château dont les tours menaçantes planaient au-dessus du seul chemin par lequel on pouvait aborder la montagne. La route départementale de Laon à Chauny, traversant la ville de Coucy, on a senti le besoin de rendre plus facile la pente de la montagne. Une rampe assez douce a été tracée au-dessus de l'ancien chemin, et à côté de l'ancienne porte, on en a construit une nouvelle en forme d'arc de triomphe sur le fronton duquel sont placées les armes de la ville, formées d'un *écusson fascé de vair et de gueule de six pièces.*

L'intérieur de la ville est généralement bien bâti, on y voit plusieurs belles maisons : les rues en sont larges et pavées, et il est orné de trois places, dont deux sont vastes, mais irrégulières. Sur la plus petite se trouve la façade de l'Hôtel-Dieu; sur celle dite la place haute est l'Hôtel-de-Ville; sur la troisième, appelée place basse, se tient, le vendredi de chaque semaine, un marché où l'on apporte des denrées de toute espèce. Dans un des angles des fortifications, près de la porte d'Etrelles, est placée l'église paroissiale sous l'invocation du Saint-Sauveur.

A l'extrémité de la ville et au couchant s'élevait l'ancien château des sires de Coucy, dont les ruines immenses dominent majestueusement la vallée ; son enceinte, aussi étendue que celle de la ville, est fermée par de fortes murailles défendues par de hautes tours. Ces ruines, dont les magnifiques masses frappent le regard d'étonnement, sont encore aujourd'hui un des débris les plus imposants des siècles de la féodalité. Vues du milieu de la vallée, elles offrent l'aspect le plus pittoresque, et semblent étaler avec orgueil aux yeux du voyageur les pompeux lambeaux de leur splendeur ancienne.

Tel est aujourd'hui l'état de la ville de Coucy-le-Château dont les puissants seigneurs firent retentir avec gloire le nom en Europe, en Asie et en Afrique. La population, qui a beaucoup diminué, ne s'élève guère à plus de 800 âmes. Coucy est le chef-lieu d'un canton de l'arrondissement de Laon; il y a une justice de paix, une brigade de gendarmerie et un receveur de l'enregistrement. L'administration de la ville est confiée à un Maire, un Adjoint, et à un Conseil municipal. Le château, les remparts de la ville et les forêts qui les environnent font partie de l'apanage des ducs d'Orléans qui depuis longtemps n'exercent plus aucune autorité dans le pays. Les forêts sont sous la surveillance spéciale d'un inspecteur, dont la résidence est à Coucy.

Avant la Révolution de 1789 qui a changé la face de la France, Coucy était le chef-lieu d'un bailliage royal, d'une maîtrise des eaux et forêts et d'un grenier à sel. Il y avait aussi un gouverneur particulier de la ville et du château. On verra par la suite de cette histoire l'époque de l'établissement de ces différentes administrations et quelles étaient leurs attributions.

Les plus anciens documents historiques ne nous font point connaître l'époque précise de la fondation du village de Coucy. Il est inutile de chercher, comme 'ont déjà fait d'anciens auteurs, à justifier par des étymologies plus ou moins bizarres l'antiquité du nom de Coucy, il est plus naturel de penser que ce lieu tire son nom de la position topographique qu'il occupe. Avant la conquête des Gaules par César, ce pays, qui faisait partie de cette portion de la Gaule à laquelle on donna le nom de première Belgique et du territoire des anciens *Suessiones* ou Soissonnais, était presque entièrement couvert par une immense forêt qui, se liant à celle des Ardennes, s'étendait jusqu'aux portes de Lutèce ou Paris. Cette forêt, appelée dans les plus anciens titres *Sylva Cotia*, forêt de Cuise, a probablement donné son nom à plusieurs lieux, entre autres à Coucy, dont le nom latin est *Cociacum* ou *Codiciacum*. Cette opinion a déjà été développée par l'abbé *Carlier* dans son histoire du Valois et paraît la plus fondée en raison [1].

La tradition place au hameau de Nogent, sur le bord de la rivière de Lette, à peu de distance de Coucy, un temple de Druides, ce qui pourrait faire supposer que les lieux environnants étaient déjà habités avant la conquête des Romains. Cette tradition accréditée par *Guibert*, abbé de Nogent, mort en 1124, semble fort douteuse. Presque tous les lieux

---

[1] Carlier, *Histoire du duché de Valois*, liv. 1.

consacrés par la religion des Gaulois étaient placés, lorsque le terrain le permettait, sur des lieux élevés ; Nogent est situé au milieu d'une vallée qui n'a qu'une lieue de largeur, et rien ici ne paraît avoir dû motiver une exception.

L'histoire ne fournissant aucun document sur Coucy avant la conquête des Romains, il est naturel de penser que le pays était encore inhabité à cette époque.

An de J.-C. 290. L'empereur *Maximien Hercule*, voulant renouveler l'usage longtemps suivi par les Romains d'envoyer des colonies dans des lieux incultes ou dégarnis d'habitants, transporta de la Germanie dans cette partie des Gaules plusieurs essaims de Lètes, peuple cultivateur, qu'il distribua dans différents cantons pour les défricher [1]. Le nom que conserve encore la petite rivière qui traverse la vallée, donne lieu de croire qu'une colonie de ce peuple cultivateur fut établie sur ses bords. Les Lètes étant les premiers habitants de cette contrée, la rivière fut appelée la rivière des Lètes et par corruption d'Aillette que le peuple lui donne aujourd'hui ; mais quelques géographes instruits lui ont conservé son nom primitif, et sur leurs

---

[1] Carlier, *Histoire du duché de Valois*, liv. 1.

cartes elle porte le nom de Lette. (*Voyez* note 1). Il est probable que ce fut à cette époque que commença le village de Coucy dont la situation au bord d'un ruisseau limpide, à l'entrée d'un vallon dominé par deux plateaux boisés, offrait de grands avantages pour le défrichement de ces terrains fertiles.

La direction générale de la vallée et de la rivière de Lette, dont les sources se trouvent entre Craonne et Corbeny, est de l'Est au Nord-Ouest. Après un cours d'environ 50 à 60 kilomètres, la Lette se perd dans l'Oise à Manicamp.

Les Lètes réduits à la condition d'esclaves étaient obligés de donner aux Romains une partie des fruits provenant des terres qu'ils cultivaient. Le gouvernement romain, afin de faciliter la perception de ces diverses denrées, fit construire, près de chaque lieu où se faisait un défrichement important, des édifices auxquels on donna les noms de *fiscus, colonia, domoculta,* quelquefois ceux de *prædium* et de *cultura.* Ces maisons, souvent habitées par les officiers de l'administration, tant à cause de la surveillance qu'ils étaient obligés d'exercer pour la perception des tributs, qu'à cause de la beauté des lieux où elles étaient situées, devinrent insensiblement des maisons de plaisance, et furent l'origine des nombreux châteaux et palais dont cette partie de la France était couverte sous les rois de la première race.

Quelques familles de Lètes s'étant fixées sur l'emplacement occupé aujourd'hui par le village de Coucy-la-Ville, une maison semblable fut construite sur le sommet de la montagne du côté du levant. Le choix de cette position fut sans doute déterminé tant par la beauté du point de vue que par la facilité d'y transporter les denrées provenant de la plaine qui s'étend sur son plateau. On apercevait encore, il y a vingt ans, à quelque distance de la porte de Laon, sur la gauche du chemin qui descend à Coucy-la-Ville, des traces de l'enceinte de cette antique construction.

Malgré les persécutions que les empereurs et leurs lieutenants faisaient souffrir aux chrétiens, la religion chrétienne s'établissait insensiblement dans les Gaules, et l'on rapporte au commencement du IVe siècle l'établissement des évêchés de Reims et de Soissons; mais les fidèles ne s'assemblaient encore que dans des souterrains ou des maisons particulières.

323. Ce ne fut que vers l'an 323, après la mort de *Licinius* son collègue, que *Constantin*, seul maître de l'Empire, permit aux chrétiens d'exercer librement leur culte. Ce prince ayant interdit les sacrifices sanglants et fait renverser les temples des faux dieux,

on vit s'élever de toutes parts des églises, et des missionnaires pleins de zèle parcoururent les provinces, rappelant publiquement le peuple à la connaissance du vrai Dieu. L'histoire n'a pas conservé les noms de ceux qui vinrent éclairer du flambeau de la religion les peuplades répandues sur les bords de la rivière des Lètes ; mais elle désigne comme les premiers apôtres du Christianisme, à Soissons *saint Crépin* et *saint Crépinien* qui furent martyrisés par les ordres de *Rictiovare*, préfet des Gaules ; et à Laon *saint Béat* qui mourut vers la fin du IIIe siècle.

Les persécutions violentes que *Julien* après son 360-363. apostasie fit éprouver aux chrétiens, n'empêchèrent pas le nombre des prosélytes de s'augmenter considérablement, et on peut placer après la mort de ce prince la fondation de la première église de Coucy.

Les Francs, peuple guerrier de la Germanie, avaient déjà plusieurs fois fait des excursions dans les Gaules ; mais, repoussés par les armées romaines, ils n'avaient point encore porté leurs ravages dans la contrée dont nous traçons l'histoire, laquelle eut à souffrir souvent des démêlés qui s'élevèrent entre les divers prétendants à l'Empire, particulièrement entre *Maxime* et *Gratien* qui se disputèrent le souverain 383. pouvoir dans la province de la Gaule-Belgique.

406.   Vers l'an 406, les Vandales, les Alains, les Suèves et les Bourguignons, peuples des environs de la mer Baltique, inondent les Gaules, refoulant devant eux les peuplades de Francs qui, les ayant précédés, étaient devenues après plusieurs victoires les alliées des Romains et occupaient les bords du Rhin. Ces nouveaux peuples ravagent la Belgique. Pendant plusieurs années le Soissonnais, le Rhémois, le Vermandois, pays des anciens Véromanduens, sont le théâtre d'une guerre terrible. Cependant les barbares n'ayant pu s'emparer de la ville de Laon, les Romains restent encore maîtres de cette partie des Gaules pendant un demi-siècle [1].

425.   Dans cet intervalle les Francs, après avoir repris possession de leurs établissements sur les bords du Rhin, avaient été repoussés au delà de ce fleuve par *Aétius*, général romain; mais, profitant des troubles occasionnés par les guerres civiles et les invasions des peuples de la Germanie, ils rentrent bientôt dans les provinces dont ils avaient obtenu primitivement la concession, et, sous la conduite de *Clodion* et de *Mérovée*, leurs chefs, ils étendent leurs conquêtes dans la seconde Belgique jusqu'à la Somme, font

---

[1] *Histoire du diocèse de Laon*, par N. Le Long,

d'Amiens la capitale de leur empire qui, à la mort de *Mérovée*, comprend déjà une grande partie de la première Germanique (l'Alsace), la seconde Belgique (la Picardie, l'Artois et la Flandre), la seconde Lyonnaise (la Normandie) et une partie de la première Belgique jusqu'aux portes de Reims, de manière que le Soissonnais se trouve alors extrême frontière des possessions romaines vers le nord.

Childéric, fils de *Mérovée*, succède à son père; mais ses vices le font bientôt chasser du trône, et les Francs, à la persuasion de *Guinaumond*, un de leurs principaux chefs, choisissent pour les gouverner *Ægidius*, commandant des troupes romaines. *Guinaumond*, confident et ami dévoué de *Childéric*, en excitant ses compatriotes à se soumettre à la domination d'un étranger, se flattait de les dégoûter promptement de leur changement et de ramener leurs esprits en faveur d'un prince né parmi eux et que le malheur pouvait avoir guéri de ses défauts.

Ce fut vers cette époque qu'un prêtre, nommé *Remy*, attaché à l'Église de Laon, où il avait été élevé, célèbre par sa science et par sa piété, fut choisi par le peuple et le clergé pour administrer le diocèse de Reims, quoiqu'il n'eût que vingt-deux ans.

Les Francs, mécontents du gouvernement tyrannique et cupide d'*Ægidius*, se soulèvent et rappellent *Childéric*. *Ægidius* meurt bientôt après, laissant à *Syagrius*, son fils et son successeur, le soin difficile de défendre les faibles restes de la domination romaine. *Childéric*, profitant des circonstances favorables, attaque les Romains et les repousse au delà de la Loire; mais obligé de se défendre lui-même contre les Allemands qui envahissent à leur tour ses provinces du nord, il se hâte de conclure, avec les anciens dominateurs des Gaules, un traité par lequel, en échange de la confirmation de ses droits à la possession des pays qu'avait occupés son père, il abandonne ses nouvelles conquêtes. *Syagrius* revient alors à Soissons établir le siége de son gouvernement qui comprenait seulement Reims, Provins, Sens, Troies, Châlons, Auxerre et leur territoire. Le reste des Gaules était déjà occupé par les Bourguignons et les Visigoths.

476.

Cet état de choses dure environ dix ans; *Clovis*, à l'âge de quinze ans, avait succédé à son père *Childéric*. Après cinq années d'un règne paisible, ce jeune prince rassemble une armée nombreuse à Laon, vient, sur de légers prétextes, attaquer *Syagrius*, s'empare de Coucy, et s'avance vers Soissons. Vainqueur près de cette ville, il force son adversaire à abandonner le

Clovis, 481.

reste des possessions romaines qu'il réunit à son royaume, et Soissons devient la capitale d'un nouvel empire qui prend dès lors le nom de France.

L'usage des Francs était de partager après la victoire le butin et les terres conquis sur l'ennemi; dans le partage qui a lieu après la défaite de *Syagrius*, la terre de Mége, qui comprenait dans son territoire les domaines de Coucy, de Lœuilly et d'Anisy, échoit à *Clovis*.

Ce monarque permet à ses nouveaux sujets de conserver les lois romaines en vigueur, en y ajoutant les lois saliques, dont un des points les plus importants était l'exclusion des femmes de tout droit à la succession des terres saliques, nom que les Francs donnaient, après la conquête, aux terres qui leur étaient échues en partage.

Clovis, quelques années après, faisant la guerre aux Allemands, se trouve dans une circonstance critique à la bataille de Tolbiac, et fait vœu, au moment du danger, d'embrasser, s'il est vainqueur, la religion chrétienne, qui était la religion de la Reine *Clotilde*, sa femme. Ayant en effet remporté la victoire, fidèle à son serment, il se fait instruire, et vient à Reims recevoir le baptême des mains de l'archevêque *Remy*. L'exemple du prince entraîne une partie de son armée. 597.

Pour témoigner leur reconnaissance au saint évêque le Roi et les seigneurs français lui donnent plusieurs biens en diverses provinces, entre autres la ville de Laon et son territoire[1]. Laon n'était encore qu'un simple bourg auquel sa situation ne laissait pas de donner de l'importance comme place forte. Peu de temps après, *saint Remy* dispose des biens qui lui avaient été donnés dans ce canton en faveur de l'église de Laon dans laquelle il avait passé sa jeunesse et l'érige en évêché, lui assignant pour circonscription le Laonnais y compris le domaine d'Anisy et la terre de Coucy dans la vallée de Lète ainsi que la Thiérache[2].

Clovis, qui avait choisi Soissons pour sa résidence ordinaire, désirant attirer près de lui *saint Remy* avec lequel il aimait à s'entretenir et dont il recevait avec reconnaissance les sages conseils, promet à cet Évêque de lui faire présent de toute la partie de ses terres des environs de Soissons dont il pourrait faire le tour, pendant que lui, Roi, prendrait son sommeil de midi. On raconte que le prélat fit tant de diligence que la terre et le château de Coucy et le domaine de Lœuilly furent compris dans cette donation. Le Roi se réserva

---

[1] Flodoard.
[2] Flodoard. *Histoire du diocèse de Laon*, par N. Le Long.

toutefois certains droits sur la terre de Coucy, consistant en présents et droit d'hébergement, qui, à cause du voisinage de la cour, étaient fort onéreux pour les habitants qui eurent recours à l'Evêque, leur nouveau seigneur, pour en être soulagés. A la prière de *saint Remy*, *Clovis* en ayant fait abandon en faveur de l'Eglise de Reims, les habitants de Coucy ne reconnurent plus alors d'autre seigneur que l'Evêque et l'Eglise de Reims [1].

Clovis passa presque toute sa vie à la tête de ses armées. Il réunit à son Empire toute la partie de la France occupée par les Visigoths, située entre la Loire, le Rhône et les Pyrénées, et fit également la conquête de la Lorraine, des Vosges et de la partie de l'Alsace voisine de la Suisse, que ses prédécesseurs ne possédaient pas. Il ne resta plus en France des peuples qui l'avaient envahie sous les Romains que les Bourguignons, dont la domination s'étendait sur les pays compris entre la Loire et la Suisse jusqu'à la Provence. Vers la fin de sa vie ce prince abandonna Soissons, et choisit Paris pour la capitale de son royaume. 510.

Après la mort de *Clovis*, le royaume est partagé entre ses quatre fils. *Clotaire*, le quatrième, obtien- 511

---

[1] Flodoard. — Marlot.

en partage la Picardie, l'Artois, la Flandre, le Rhémois et le Soissonnais, et fait de Soissons la capitale de son Etat. *Clotaire* eut pour *saint Remy* le respect qu'avait eu son père dont il confirma les importantes et riches donations.

533.

Saint Remy, après avoir passé plus de soixante-dix ans dans l'épiscopat, meurt au commencement de l'année 533. Par son testament, ce prélat donne en toute propriété à l'Eglise de Reims la terre de Coucy, ainsi que le domaine de Lœuilly, et lègue également à l'Eglise de Laon sa ferme d'Anisy [1].

Eglise de Reims.

Les environs de Coucy furent souvent le théâtre des guerres sanglantes que, pendant plusieurs siècles, fit naître la rivalité des princes, successeurs de *Clovis*, et l'ambition des seigneurs qui, sous le titre de maires du Palais, s'emparèrent du pouvoir souverain. Cependant il ne paraît pas qu'à la faveur des troubles du royaume, aucun seigneur ait essayé de dépouiller l'Eglise de Reims du domaine de Coucy.

900.

Les Normands, peuple aventurier et barbare, attirés par l'appât du pillage et d'un riche butin, avaient plusieurs fois ravagé les bords de la Seine, n'épargnant ni les châteaux, ni les biens des églises. Les

---

[1] Testament de saint Remy. *Biographie universelle*, de Michaud.

seigneurs, pour mettre leurs domaines à l'abri de la dévastation, s'empressaient de convertir leurs maisons de plaisance en forteresses, dans lesquelles ils pouvaient se défendre ainsi que leurs vassaux. L'Archevêque *Hervé*, qui occupait alors le siége de Reims, voyant que les Normands s'avançaient sur les bords de la rivière d'Oise, voulant mettre les terres de son Église à couvert de toute insulte, fait élever des fortifications en plusieurs endroits, et particulièrement à Coucy. La situation de l'ancien château ne présentant pas assez de facilités pour le défendre, ce prélat fait construire une nouvelle forteresse sur le sommet de la montagne voisine, au midi du village[1].

909.

Les habitants des campagnes venant se réfugier près de ces forts dans les moments du danger, des habitations commencèrent bientôt à s'élever autour de leurs murs, et furent l'origine de plusieurs villes. C'est de cette époque que datent la naissance de la ville de Coucy-le-Château et le commencement de la décadence de l'ancienne ville.

912.

Les Normands renoncent enfin à leurs excursions au moyen de la cession que leur fait le Roi *Charles*

---

[1] Flodoard. — *Histoire de Coucy*, par dom du Plessis. — *Histoire du diocèse de Laon*.

le Simple de la portion de la France à laquelle ils donnent leur nom. Toutefois les troubles du royaume continuent, car les seigneurs particuliers, profitant de leurs forteresses pour se rendre redoutables et augmenter leur puissance et leurs richesses, ravagent à leur tour les campagnes. Exposés à des guerres journalières que ces exactions violentes font naître de toutes parts, les seigneurs et les propriétaires de domaines mettent leurs soins à rendre imprenables leurs châteaux, afin de trouver derrière leurs épaisses murailles un abri contre les vengeances de leurs ennemis.

La seigneurie de Coucy, de laquelle dépendait un vaste territoire, acquit une nouvelle importance par la construction de la forteresse. Ce riche domaine, situé à l'extrémité du Soissonnais, sur les frontières du comté de Vermandois, dont le seigneur était un des plus puissants du royaume, se trouvait entouré par plusieurs seigneuries considérables, telles que Laon, La Fère, et excitait sans cesse l'ambition et la cupidité de ses redoutables voisins.

Seulfe, successeur d'*Hervé* au siége de Reims, étant mort subitement, le bruit courut qu'il avait été empoisonné par les agents d'*Herbert*, comte de Vermandois. Ce prélat, qui devait en grande partie son élévation, sur le siége de Reims, à ce seigneur, lui avait promis, trois ans, auparavant, en reconnaissance des secours qu'il en avait reçus, de disposer les esprits en faveur de son fils le jeune *Hugues* de Vermandois pour le remplacer sur le siége Archiépiscopal, lorsqu'il viendrait à vaquer par sa mort ou par sa retraite ; mais il ne se pressait pas de tenir ses promesses[1].

Le comte *Herbert* se rend aussitôt à Reims où il fait venir *Abbon*, Evêque de Soissons, et *Bovon*, Evêque de Châlons, avec lesquels il traite de l'élection du pasteur de cette Eglise, et fait choisir pour Archevêque son fils *Hugues*, à peine âgé de cinq ans. Les prélats qui ont concouru à cette élection viennent en diligence trouver le Roi de France *Raoul*, et obtiennent son approbation. *Raoul*, sur l'avis des Evêques et de son conseil gagnés par *Herbert*, confie à ce seigneur le gouvernement temporel du diocèse[2]. En conséquence, *Herbert* se met en possession de tous les biens de l'Eglise de Reims, et le château de Coucy tombe entre ses mains. Le Pape *Jean*, à la sollicitation du Roi, approuve l'élection de *Hugues*, délègue *Abbon* pour l'administration spirituelle et confirme le comte

---

[1] Colliette, *Histoire du Vermandois.*
[2] Flodoard.

Herbert comme administrateur du temporel de l'Eglise[1].

Le succès de cette entreprise ne fait qu'irriter l'ambition du comte de Vermandois qui, outre les domaines de son comté, possédait encore les terres de Saint-Quentin, Ribemont, Rethel, Péronne, Montdidier, Roye, Amiens, Beauquesne, château de Bully, Poix, Hally, et beaucoup d'autres[2].

927.

Deux ans après, *Roger*, comte de Laon, étant mort, *Herbert* demande au Roi *Raoul*, pour un autre de ses fils nommé *Eudes*, l'investiture de ce comté qui relevait de la couronne. Mais ce prince, voulant récompenser les services que lui avait rendus le père, choisit le jeune *Roger*. Le comte de Vermandois, trompé dans son attente, se ligue avec *Hugues le Grand*, comte de Paris et de France, beau-frère du Roi, et avec *Henri*, Roi de Germanie, qui avaient des motifs de mécontentement contre *Raoul*, et, malgré la défense de son souverain, assemble, à Trosly près Coucy, un synode composé de six Evêques qui ont la faiblesse d'approuver sa révolte.

Le comte de Vermandois se présente inopinément

---

[1] Flodoard.
[2] L'Alouëte, *Histoire généalogique de la maison de Coucy*.

devant Laon, pour s'emparer de cette place ; mais il y trouve *Roger* et ses frères auxquels le Roi en avait confié la défense, et il est obligé de renoncer à son entreprise [1]. *Herbert* résolut de se venger à tout prix du refus du Roi en faveur duquel, quelques années auparavant, il avait trahi *Charles le Simple* son souverain légitime, et l'avait livré à *Raoul*, alors duc de Bourgogne, qui le retenait depuis lors en prison à Château-Thierry. Un incendie venait de détruire la tour du château où était renfermé ce malheureux prince ; *Herbert* profite de cette circonstance favorable pour s'emparer de nouveau de la personne de *Charles* et le conduit au château de Coucy, puis à Saint-Quentin, publiant qu'il va le replacer sur le trône [2].

Le comte *Roger* et ses frères, profitant de l'éloignement d'*Herbert*, après avoir laissé des forces suffisantes dans la place de Laon avec la Reine *Emme*, femme de *Raoul*, font une sortie et ravagent tous les lieux voisins du château de Coucy, sans toutefois faire aucune tentative contre la forteresse [3]. Le Roi *Raoul*

---

[1] Flodoard.—Duchesne, *Histoire de la maison de Coucy.* — *Histoire du diocèse de Laon.*
[2] Colliette, *Histoire du Vermandois.*
[3] Duchesne, *Histoire de la maison de Coucy.*

et le comte de Vermandois, ayant rassemblé des armées nombreuses, allaient en venir aux mains, lorsque le comte *Hugues le Grand* leur propose un traité de paix qu'ils acceptent. *Raoul* consent à abandonner le comté de Laon à *Herbert*, et le comte de son côté lui livre de nouveau son royal prisonnier qui, peu de temps après, meurt à Péronne.

929. Après la mort de *Charles le Simple*, les guerres civiles continuent. Le comte de Vermandois, tourmenté par son ambition sans bornes, attaque sans cesse ses voisins. Ce seigneur entreprenant ne respecte personne, les seigneurs voisins et le Roi ressentent successivement les effets de son caractère séditieux. Sous de légers prétextes il se brouille avec *Boson*, frère du Roi, et s'empare du château de Vitry qu'il trouve à sa convenance. *Raoul* intervient dans la querelle et oblige le comte de Vermandois à restituer

930. le château. Quelque temps après, *Herbert*, ayant gagné *Ansel*, sujet de *Boson*, et son châtelain à Vitry, se rend de nouveau, par cette trahison, maître de cette place ; mais afin d'apaiser son ennemi et de prévenir une nouvelle lutte avec le Roi, il abandonne en échange, au comte de Vitry qui l'accepte, le château de Coucy avec une autre terre. L'Eglise de Reims perd ainsi le domaine et le château de Coucy, qu'elle avait

possédé sans interruption pendant quatre siècles (*Voyez* note 2).

Le *Roi*, voulant mettre fin à tous les troubles qui agitaient le diocèse de Reims, mande par ses lettres au clergé et au peuple d'élire un autre Archevêque ; sur leur refus, soutenu par le comte de Paris, il s'avance vers Reims à la tête d'une armée, et y étant entré après un siége de trois semaines, il appelle près de lui quelques Evêques et fait ordonner *Artalde* ou *Artaud* Archevêque [1].

Boson, 931.

Le comte de Vermandois, pour se venger, s'empare de Châlons dont il dépose l'Evêque, qui cependant peu de temps après est rétabli sur son siége par le Roi. *Herbert*, poursuivi, se renferme ensuite dans Laon où il se défend quelques jours contre *Raoul* qui vient l'y assiéger. Craignant sans doute de tomber entre les mains de son souverain irrité, *Herbert* entre en négociations et consent à abandonner la place à condition qu'il sera libre de se retirer où il jugera à propos ; mais en s'éloignant il laisse la comtesse sa femme avec une bonne garnison dans un fort qu'il avait fait construire sur le sommet de la montagne de Laon. La comtesse s'y maintient longtemps, enfin le

---

[1] Flodoard.

défaut de secours l'oblige à se rendre. *Raoul* enlève encore quelques places au comte de Vermandois, entre autres Péronne, Ham, Château-Thierry et Saint-Quentin. Ce fut au siége de cette dernière ville que fut tué le comte *Boson*, frère du Roi et seigneur de Coucy.

Raoul après la mort de son frère, voulant sans doute opposer au comte de Vermandois un voisin assez puissant pour mettre obstacle à ses entreprises ambitieuses, donne la terre de Coucy à son beau-frère le comte *Hugues le Grand* qui avait été mis aussi en possession de tous les biens dont le comte de Vermandois était dépouillé. Ce seigneur, dans sa détresse, ayant eu recours au Roi de Germanie, obtient par sa médiation la cessation des hostilités, et que les villes de Péronne et de Saint-Quentin lui seraient rendues tandis que les autres places resteraient entre les mains du comte *Hugues* [1]. *Herbert*, que son insatiable ambition avait entraîné dans des entreprises si funestes pour lui, fut enfin obligé d'accepter ce traité qui le dépouillait d'une partie de ses domaines au profit d'un seigneur qu'il considérait comme son rival et

Hugues le Grand.

935.

---

[1] *Histoire du diocèse de Laon.*

dont la puissance excitait en secret depuis longtemps sa jalousie.

Le Roi *Raoul* étant mort, *Herbert*, dissimulant sa haine contre le comte de Paris, se ligue de nouveau avec lui et d'autres seigneurs pour faire reconnaître comme Roi de France, *Louis*, fils de *Charles le Simple*, élevé en Angleterre et auquel on donna pour cette raison le surnom d'*Outremer*. Croyant par ce service n'avoir plus rien à redouter du pouvoir royal et profitant de son apparente réconciliation avec le comte *Hugues*, *Herbert* engage ce seigneur à appuyer ses prétentions sur les biens de l'Archevêché de Reims, à cause de son fils *Hugues*, et attaque conjointement avec lui plusieurs forteresses dont *Artaud* s'était mis en possession. Le Roi cependant, touché des plaintes du clergé, intervient, s'empare de Laon et de plusieurs places, entre autres du château de Corbeny qui avait été donné par le Roi *Charles le Simple* à l'Eglise de Reims, et dont *Herbert* s'était rendu déjà maître. Ce prince se rend à Reims et assiste à une réunion d'Evêques, convoqués par *Artaud*, dans laquelle le comte de Vermandois est excommunié pour avoir usurpé et retenu quelques terres et villages de l'Eglise; mais le comte *Hugues*, à qui le château de Coucy avait été donné par le Roi

Raoul, n'est pas compris dans l'excommunication [1].

940. *Herbert*, que ses revers semblaient rendre de plus en plus entreprenant, ayant fait alliance avec *Othon*, Roi de Germanie, et avec le duc de Normandie, reçoit d'eux des secours qui le mettent en état de reprendre l'offensive, et de venir assiéger Reims. *Artaud*, qui s'y trouve, essaie de se défendre ; mais abandonné par ses troupes corrompues par les intrigues du comte de Vermandois, craignant même pour sa vie, il ouvre les portes de la ville et se rend à *Herbert* qui l'oblige à renoncer à son Archevêché et à se retirer dans une abbaye [2].

941. La guerre continue encore avec fureur et un mélange de succès et de revers qui ajoute à l'ardeur des partis. Des affaires importantes appelant le Roi en Bourgogne, le comte de Vermandois profite de son absence pour assembler à Soissons un concile composé de tous les suffragants de Reims, et fait sacrer son fils *Hugues*, alors âgé de vingt et un ans, Archevêque, au préjudice d'*Artaud*, déclaré déchu de sa dignité. Les seigneurs coalisés entreprennent ensuite, mais en vain, de reprendre Laon dont le Roi, après

---

[1] Flodoard.
[2] Flodoard. — *Histoire du diocèse de Laon*.

en avoir augmenté les fortifications, avait rendu le gouvernement au comte *Roger*¹.

Le Pape *Étienne*, touché des maux qui affligent la France, envoie un légat pour pacifier le royaume et confirmer l'élection de *Hugues* à l'Archevêché de Reims. Le duc de Normandie, choisi pour médiateur, parvient à faire signer un traité de paix si nécessaire au repos des peuples de ces provinces. Par ce traité le comté de Laon reste à *Roger* et le comte de France, *Hugues*, conserve Coucy. *Herbert*, dont la vie avait été si orageuse, meurt l'année suivante, laissant pour successeur de ses vastes domaines, son fils *Herbert* qui prend le titre de comte de Vermandois porté par son père.

942.

943.

Le duc de Normandie, *Guillaume*, surnommé *Longue-Epée*, venait de mourir à peu près dans le même temps, laissant un fils jeune encore, nommé *Richard*, qui se trouvait cousin du nouveau comte de Vermandois et de l'Archevêque *Hugues*, par leur mère sœur de *Guillaume* père de *Richard*. *Bernard*, comte de Senlis, dont la sœur avait épousé le duc de Normandie, était aussi oncle maternel de *Richard*, également allié du comte de France, cousin du comte

¹ Flodoard. — *Histoire du diocèse de Laon.*

Herbert. Le Roi, afin de s'assurer d'un vassal dont la puissance pouvait être un sujet d'ombrage pour l'autorité royale, sous prétexte de veiller à l'éducation du jeune duc, le fit venir à Laon, où il résidait, et le retint prisonnier, cherchant par une captivité rigoureuse à le faire mourir, dans l'intention de s'emparer ensuite de ses vastes domaines.

944. *Osmond*, gouverneur du jeune prince, pressentant les projets du Roi, prend la résolution de sauver son pupille du danger qui le menace; en conséquence, il conseille au jeune duc de faire le malade; l'enfant joue si bien son rôle qu'on le croit en danger et on cesse de le surveiller aussi rigoureusement qu'auparavant. Un jour que les gardes s'étaient éloignés, *Osmond* saisit l'occasion, prend une botte de foin dans laquelle il cache le jeune duc, et, vêtu en palefrenier, l'emporte sur ses épaules comme s'il allait donner à manger à son cheval; c'était l'heure du repas du Roi, et les gardes profitaient de ce moment pour se reposer de leur service. *Osmond* traverse les cours sans rencontrer personne et parvient sans peine à sortir de la ville : il arrive à la maison d'un homme qui lui était dévoué, s'élance aussitôt sur un cheval et amène rapidement le jeune prince au château de Coucy. Le fidèle serviteur recommande son maître

au châtelain qui était dans sa confidence, et se rend la nuit même à Senlis près du comte *Bernard* qu'il avertit de la situation de son neveu. *Bernard* va trouver à l'instant le comte *Hugues* qui, déjà prévenu des projets d'évasion de *Richard*, renouvelle le serment de le défendre. Après avoir rassemblé à la hâte quelques troupes, ces deux seigneurs se rendent à Coucy, d'où ils conduisent le jeune duc à Senlis¹ (*Voyez* note 3).

Le comte *Hugues*, prévoyant que le Roi, trompé dans son attente par l'évasion de *Richard*, emploira la force pour assurer l'exécution de ses projets, forme une ligue avec le jeune *Herbert*, comte de Vermandois, son frère *Hugues*, Archevêque de Reims et *Thibault le Tricheur*, comte de Chartres et de Tours, qui avait épousé la veuve du duc *Guillaume*, père de *Richard*. Le but ostensible de cette ligue était de forcer le Roi à restituer à *Richard* la Normandie dont il avait pris l'administration comme tuteur du jeune duc. La Normandie, le Rémois sont encore le théâtre d'une guerre très-vive entre les seigneurs coalisés et le Roi. Les premiers appellent à leur secours *Hai-*

---

¹ *Histoire des Normands*, par Guillaume de Jumiège. — Duchesne.

grold, prince du Nord, parent de *Richard*, qui, après avoir débarqué en Normandie, s'avance vers la capitale. Le Roi se hâte de s'opposer à son invasion et tombe entre les mains de ses ennemis par la perfidie d'*Haigrold* qui attaque l'armée royale pendant une suspension d'armes accordée pour une conférence. Le Roi est obligé de céder pour sa rançon différentes places, notamment celle de Laon, dont le comte de Chartres, *Thibault*, est mis en possession, et de donner l'investiture du duché de Normandie à *Richard*, qui épouse *Emme* ou *Agnès*, fille du comte de France [1].

A peine le Roi a-t-il recouvré sa liberté que la guerre recommence avec acharnement. *Othon*, Roi de Germanie, vient au secours de *Louis d'Outremer* qui s'empare de Reims et rétablit *Artaud* en qualité d'Archevêque. Un concile est convoqué sous la présidence d'un légat du Pape ; *Hugues le Grand* et les coalisés y sont excommuniés, et l'Archevêque *Hugues* de Vermandois est déposé.

Les hostilités cependant continuent, et tandis que le Roi attaque Laon, *Artaud* gagne par présents et par menaces la garnison de Coucy, composée alors de gens du comte *Hugues* et du comte *Thibault*, et se fait

---

[1] *Histoire du diocèse de Laon.*

remettre cette place. Les seigneurs coalisés ayant ainsi éprouvé plusieurs échecs, le comte *Hugues*, dont les domaines avaient beaucoup souffert pendant cette lutte, fait sa paix avec le Roi auquel il livre la forteresse de Laon et renonce à la seigneurie de Coucy en faveur de l'Église de Reims [1].

Artaud conserve à peine pendant un an le château de Coucy : les gens qu'il y avait introduits, séduits par le comte *Thibault* devenu beau-frère de l'Archevêque *Hugues*, dont il avait épousé la sœur après la mort de *Richard*, livrent la place à ce seigneur. Le Roi *Louis*, irrité, prie le comte *Hugues le Grand* de faire rendre cette forteresse à *Artaud ;* mais *Thibault*, qui connaissait l'importance de cette place, refuse de s'en dessaisir. N'osant compter sur la fidélité de ceux qui lui ont livré Coucy, le comte de Chartres en fait sortir tous les hommes d'armes qu'il y trouve et en confie la défense à un de ses vassaux nommé *Harduin* [2].

Thibault de Chartres. 950.

Thibault était maître de Coucy depuis huit ans, lorsque des vassaux d'*Artaud* s'étant introduits clandestinement dans la ville, s'en emparent et sont aussitôt soutenus par des troupes qu'envoie le Roi *Lothaire*,

Église de Reims 958.

---

[1] Flodoard. — *Histoire du diocèse de Reims.*
[2] Flodoard — Duchesne.

fils de *Louis d'Outremer*, mort quelques années auparavant. Ce prince, dépouillé de presque tous ses États, tenait alors sa cour à Laon. *Harduin* surpris se renferme avec la garnison dans la forteresse défendue par de hautes tours. Il y est assiégé par le Roi en personne, accompagné de l'Archevêque *Artaud* et de plusieurs Prélats. Le vassal du comte de Chartres, après avoir résisté pendant deux semaines, ne se voyant pas secouru et hors d'état de résister plus longtemps, rend le château dont le commandement lui est conservé par *Artaud*, et, pour gage de son attachement à son nouveau maître, il livre ses neveux pour otages au Roi qui lève le siége. *Thibault* paraît alors devant Coucy, mais *Harduin*, fidèle à ses nouveaux engagements, l'oblige à se retirer après avoir inutilement tenté d'y pénétrer. Ce seigneur, irrité de la perte de cette place importante, se livre à toute l'ardeur de la vengeance, ravage le Laonnais et le Soissonnais et s'empare par trahison de La Fère, où le Roi vient l'assiéger avec l'Évêque de Laon et l'Archevêque de Reims. Cependant, par l'entremise du comte de Vermandois qui n'avait point pris part à ces entreprises, il obtient la paix et abandonne La Fère[1].

---

[1] Flodoard — Duchesne.

A la mort d'*Artaud*, le comte de Vermandois et ses frères élèvent de nouveau des prétentions en faveur de l'Archevêque *Hugues* qui, disent-ils, doit rentrer en possesion du siége de Reims. Le comte *Thibaut* profite de la circonstance pour se rendre de nouveau maître de Coucy sous prétexte d'appuyer les droits de son parent. Le concile assemblé à Meaux ayant repoussé les prétentions de *Hugues*, *Odalric*, chanoine de Reims est élu Archevêque et le Pape confirme cette nomination. *Thibault* alors refuse de rendre au nouvel Archevêque Coucy dont il connaissait trop bien l'importance pour céder volontairement cette place. *Odalric*, comprenant qu'il ne pourrait rien obtenir par la force des armes, a recours pendant longtemps à des négociations sans succès et se détermine enfin à excommunier le comte. La crainte des foudres de l'Eglise exerce sur le comte une influence plus puissante que les menaces des armes, et *Thibault* consent enfin à restituer le château de Coucy à *Odalric* qui le relève de son excommunication [1].

961.

Thibault de Chartres.

965.

Dans ces temps de désordre où la force tenait presque toujours lieu du droit, le clergé ne pouvant

Église de Reims.

---

[1] Flodoard. — *Histoire du diocèse de Laon.* — Chalmel.

défendre par lui-même les immenses domaines dont il était possesseur, contre les usurpations des seigneurs, leur abandonnait amiablement la jouissance de ces mêmes domaines, à la charge par eux de payer une redevance en argent. L'Archevêque *Odalric*, afin de prévenir de nouveaux troubles et de procurer à son Eglise un puissant allié, s'empresse, en reconnaissance de la soumission du père, de céder à son fils *Eudes* de Chartres la propriété des domaines et du château de Coucy, moyennant une rente annuelle de soixante sous. Ce jeune seigneur lui inspirait d'autant plus de confiance qu'il s'était de lui-même livré comme otage et garant de la parole de son père [1].

Eudes de Chartres. 978.

Par ce traité l'Eglise de Reims perdit de nouveau le domaine de Coucy sur lequel elle n'eut plus qu'un simple droit de sur-cens. L'abbaye de Saint-Remy depuis son institution avait toujours été unie au titre Archiépiscopal de Reims, vers cette époque elle en fut démembrée, et, dans le partage fait entre les deux menses, Coucy fut laissé dans les appartenances de

Théodoric.

l'abbaye [2]. *Eudes* de Chartres succéda en 978 à son

---

[1] Flodoard. — *Histoire du diocese de Laon*. — Marlot.
[2] Duchesne — Dom du Plessis. —*Histoire de Coucy*.

père *Thibault* dans les comtés de Tours, de Chartres, de Beauvais, de Meaux et de Provins, et céda la seigneurie de Coucy à un de ses fils nommé *Théodoric*, qui avait épousé *Berthe*, fille de *Conrad* Ier, Roi de la Bourgogne transjurane, et de *Mahaud*, fille de *Louis d'Outremer*².

Quoique les seigneurs de Coucy ne paraissent pas avoir pris part aux troubles qui agitaient sans cesse le royaume, les environs du château eurent quelquefois à souffrir des guerres civiles. Après la mort du roi *Robert*, une partie des vassaux de la couronne, excités par les intrigues de la reine *Constance*, mère du roi *Henri*, se révolta contre ce prince en faveur de *Robert* son frère que sa mère voulait mettre sur le trône : les habitants de Coucy prirent part à cette révolte qui fut promptement réprimée par le Roi *Henri*, auquel le duc de Normandie fournit une bonne armée, et *Robert* renonça à ses prétentions, moyennant le duché de Bourgogne que le Roi lui donna à titre d'apanage.

1031.

Après *Théodoric*, le premier dont les chroniqueurs font mention est un nommé *Lion*, seigneur de Coucy, qui perd la vie dans une bataille. Ce *Lion* qui avait, dit

Lion.
1037.

---

¹ Chalmel. — *Histoire de Touraine*.

la chronique, neuf pieds de haut, ayant suivi le comte *Eudes*, fils de *Thibault le Tricheur*, devenu comte de Tours, qui disputait à l'empereur *Conrad II* le royaume de Bourgogne, parut à la bataille donnée le 15 novembre 1037, près de Bar-le-Duc, par *Gothelon*, duc de Lorraine, qui soutenait le parti de l'Empereur, et y fut tué par *Renaud* ou *Réginaire*, Évêque de Liége. Le comte *Eudes* perdit également la vie dans cette bataille[1].

Il ne reste aucun document sur l'administration particulière de la ville de Coucy dans le xe siècle. Le gouvernement féodal était dans toute sa vigueur. le peuple se trouvait divisé en quatre classes distinctes, la noblesse, le clergé, la bourgeoisie et les serfs.

La noblesse exclusivement adonnée aux armes était en possession de riches domaines et de forteresses qui mettaient les seigneurs à même de défendre leur indépendance; ayant un pouvoir absolu sur leurs vassaux et leurs serfs, il leur était facile de lever des troupes et de faire la guerre. On appelait vassal l'homme libre qui possédait un domaine à charge d'une rente, et de rendre foi et hommage à son seigneur auquel il était tenu de prêter main-forte toutes les

---

[1] Art de vérifier les dates. — Chalmel. — *Histoire de Touraine*.

fois qu'il en était requis. Le serf était l'homme attaché au service de la terre, celui-ci n'était point libre, ne possédait aucun bien, et le seigneur sur les terres duquel il vivait, avait même sur lui droit de vie et de mort.

Le clergé, qui jouissait des mêmes droits et des mêmes priviléges que la noblesse, abusait souvent de ceux que lui donnait le caractère sacré du sacerdoce, et dans ces temps de désordre où la force seule faisait souvent la loi, il n'était pas rare de voir des prêtres figurer sur les champs de bataille les armes à la main; la loi féodale leur en faisait même une obligation; car, suivant l'usage, les biens donnés aux Eglises étaient presque toujours soumis à l'obligation du service militaire envers le donateur, et le chef de l'Eglise était souvent obligé de paraître en personne avec le nombre d'hommes imposés sur le domaine dont son Eglise avait la jouissance.

Les campagnes n'étaient habitées que par les serfs ou cultivateurs; les bourgeois ou gens libres, en petit nombre, non propriétaires de seigneuries, habitaient les villes où ils étaient vassaux de quelque puissant seigneur qui les protégeait moyennant le paiement de certains tributs, et le service en cas de guerre. Les bourgeois pouvaient acquérir des propriétés et les transmettre à leurs enfants ; eux seuls faisaient le commerce qui alors était fort restreint à cause de la difficulté des communications et des droits vexatoires que chaque seigneur imposait à tout individu qui lui était étranger, passant sur ses domaines.

Le seigneur rendait la justice dans ses domaines ; mais à l'exemple du Roi, qui, ne pouvant par lui-même juger tous les différents qui s'élevaient entre tous ses vassaux, chargeait des personnes choisies par lui de le représenter dans l'Administration de la justice, les seigneurs particuliers établirent des officiers pour juger à leur place. Comme il n'y avait point de loi généralement reconnue, il s'établit dans chaque localité une multitude d'usages qui par la suite, sous le nom de coutumes, eurent force de loi. A une époque où une partie du peuple était en servage, tout était réglé par le caprice du seigneur ; cependant dans un grand nombre de lieux, la jurisprudence établie par les lois romaines restait en vigueur toutes les fois qu'elle n'était pas contraire à la loi féodale, et la seigneurie de Coucy se trouvait dans ce cas.

Albéric. *Albéric* est le premier seigneur de Coucy dont l'histoire fasse une mention particulière, et dom *du Plessis*, auteur d'une histoire spéciale de Coucy, regarde ce seigneur, dont il néglige toutefois d'indiquer l'origine, comme le chef de la première famille des seigneurs de cette ville.

Il y avait, à Nogent près Coucy, une chapelle ancienne, renommée par des guérisons miraculeuses qui attiraient les peuples du voisinage; cette église était sous l'invocation de la Sainte Vierge. En 1059, *Albéric*, seigneur de Coucy, demande à *Elinand*, Evêque de Laon, et obtient de ce Prélat de placer des moines à Nogent, sous la direction d'un abbé, offrant conjointement avec *Adèle* sa femme, *Tiezzon* châtelain, et plusieurs chevaliers, afin de servir à l'entretien des religieux, des biens près de Nogent. A ces dons, *Albéric* joint encore celui de l'Eglise de Landricourt. En considération de cette fondation, *Elinand* déclare l'Eglise de Nogent libre, et le Roi *Henri I* approuve cette déclaration. [1059.]

Les troubles qui agitèrent le royaume pendant la minorité du Roi *Philippe I* empêchèrent sans doute *Albéric* de s'occuper activement de l'érection du couvent de Nogent, car ce ne fut que longtemps après lui que les constructions furent achevées. On plaça à Nogent des religieux de Saint-Remy, de Reims, et comme la donation faite par *Albéric* ne suffisait pas pour leur entretien, l'Évêque *Elinand* leur attribua le [1061 à 1067.]

revenu des Eglises de Pierremande, Chaomps, Bichancourt et Follembray, et de plus l'Eglise de Coucy-le-Château ; mais il paraît que cette donation canonique ne fut pas faite du consentement d'*Albéric,* car ce seigneur donna les revenus de cette Eglise à des laïques qui en jouirent longtemps malgré les réclamations des religieux [1].

L'Eglise et l'abbaye de Saint-Amand ayant été incendiées, les religieux parcoururent les pays environnants avec les reliques du Saint afin d'obtenir des secours pour le rétablissement de leur monastère, et cette procession, se rendant à Laon, passa par Verneuil et Coucy où elle fut reçue avec respect [2].

1067. *Baudouin* comte de Flandre, régent du royaume, étant mort, ses deux fils *Baudouin* et *Robert* se disputèrent sa succession. *Robert,* devenu comte de Frise par son mariage, voulut joindre à ses possessions le comté de Flandre, et ayant tué son frère dans une bataille, s'empara de ses États. *Richilde,* comtesse du Hainault, veuve de *Baudouin,* se trouvant dépossédée, ainsi que ses deux fils, suivit le conseil de *Dreux* de Coucy et d'*Anselme* de Mailly qui gouvernaient ses

---

[1] Dom Duplessis. — *Histoire du diocèse de Laon*.
[2] *Histoire du diocèse de Laon.*

domaines, et vint demander du secours au roi *Philippe I*[1].

Philippe aussitôt rassemble une armée nombreuse dans laquelle figure le seigneur de Coucy avec ses vassaux, et marche contre *Robert* qui remporte une victoire complète près de Cassel. Dans cette bataille périt *Dreux* de Coucy ou de Boves, fils d'*Albéric* de Coucy, laissant trois fils. *Philippe I*, ayant fait la paix avec *Robert*, cette guerre n'eut pas de suites intéressantes pour l'histoire de Coucy.

On ne sait pour quel motif *Albéric*, qui avait fondé l'abbaye de Nogent, enlève plus tard aux religieux des dîmes dont leur Eglise jouissait depuis un certain nombre d'années pour les donner à des séculiers. *Elinand*, qui était encore Évêque de Laon, soutient les droits de l'abbaye et excommunie les détenteurs de ces biens, sur le refus qu'ils font de les restituer. Cette affaire, qui occupa beaucoup les esprits alors, ne fut entièrement terminée que près d'un demi-siècle après, en 1122, que les biens furent rendus aux religieux.

La conduite d'*Albéric* lui fit de nombreux ennemis, et la crainte de l'excommunication, si puissante alors, lui en suscita même dans le sein de sa famille. Sourd aux

---

[1] *Histoire du diocèse de Laon.*

avis que lui fit donner *Saint-Arnould*, abbé de Saint-Médard et depuis Évêque de Soissons, il négligea les précautions nécessaires pour sa sûreté, et, trahi par sa femme même, il fut surpris dans son lit, lié, garrotté et emmené au loin sans que jamais depuis il ait revu son château. Ceci se passa en 1079. Cette fin mystérieuse laissa le domaine de Coucy en héritage aux trois petits-fils d'*Albéric* : *Enguerrand*, *Robert* et *Anseau*, fils de *Dreux* de Coucy, tué à la bataille de Cassel [1].

Enguerrand 1.
1079.

Enguerrand succède à son aïeul et réunit aux biens de ses ancêtres le domaine de Boves et le comté d'Amiens qu'il possédait déjà par succession de sa mère. *Robert* ayant épousé une fille de *Robert I*, seigneur de Péronne, devint seigneur de cette ville, et *Anseau*, abandonnant l'état ecclésiastique qu'il avait embrassé d'abord, se maria et eut un fils connu sous le nom de *Robert de Caïs*[2] (note 4).

Les premières années de la vie d'*Enguerrand* ne présentent aucun fait qui mérite d'être rapporté, il est seulement cité parmi les bienfaiteurs de l'abbaye de Saint-Barthélemy, près Noyon [3].

---

[1] Dom du Plessis.
[2] Bibl. Imp., mss., fonds. Saint-Germain, no 1558, p. 89.
[3] Colliette. — *Histoire du Vermandois*.

Adèle, veuve d'*Albéric*, à laquelle une ancienne chronique donne le titre de vicomtesse de Coucy, après être restée quelques années avec ses petits-enfants auxquels elle donnait l'exemple des vertus, s'occupant d'œuvres de piété et de charité, se retira à Nogent-sous-Coucy où elle passa le reste de sa vie et mourut en 1089 [1].

Occupé des soins de sa fortune, *Enguerrand* joignit encore à ses grands biens les seigneuries de Marle et de La Fère dont hérita *Adde* de Marle, fille unique de *Létard* de Roucy qu'il avait épousée vers 1069. Ce mariage et ces héritages le rendirent un des seigneurs les plus riches par ses nombreux domaines et des plus puissants du royaume par ses alliances, car il était cousin de *Godefroy*, comte de Namur, et proche parent de *Baudouin* du Bourg qui devint Roi de Jérusalem. Cette haute fortune le porta sans doute à vouloir affranchir son domaine de Coucy de l'espèce de vasselage qui pesait sur lui par le paiement de la rente de soixante sous imposée par l'Archevêque de Reims *Odalric*, lors de la cession faite à *Eudes* de Chartres, car il en refusa dès lors le paiement.

Enguerrand avait épousé *Adde* de Marle plusieurs

---

[1] *Guiberti* opera, notæ, p. 612.

années avant qu'il devînt seigneur de Coucy, mais si cette alliance contribua à augmenter la splendeur de sa maison, elle fut malheureuse pour lui-même ; car la conduite légère de sa femme lui donna de violents soupçons sur sa fidélité. Il n'eut d'elle qu'un fils nommé *Thomas* pour lequel il conçut dès sa naissance une grande aversion motivée par la galanterie trop connue de sa femme. La conduite d'*Enguerrand* à l'égard de *Thomas* influa beaucoup sur le caractère de ce jeune seigneur qui, dès son enfance, abandonné à lui-même, se livra par la suite à tous les penchants de son caractère fougueux.

1095.   Vers 1095 un religieux de l'Abbaye de Nogent, nommé *Ubert*, devenu prieur de ce monastère, plein de zèle pour la vie érémitique, abandonna son couvent pour se retirer sur une montagne voisine, couverte de bois, aujourd'hui appelé Plain-Châtel, appartenant au seigneur de Coucy, qui, touché de la sainteté de sa vie, non-seulement lui accorda la permission de demeurer sur ce domaine, mais lui fit don de tout le terrain qui formait la colline. *Ubert* ayant sollicité les libéralités de quelques âmes pieuses, ne tarda pas à faire construire dans ce lieu une église en l'honneur de Sainte Marie-Magdeleine et de Saint Nicolas. *Manassès*, Evêque de Soissons, fit la dédicace de cette église et l'érigea en prieuré en 1107 en faveur de l'Abbaye de Nogent ; un cimetière particulier fut destiné pour la sépulture des moines chargés du service religieux [1].

La dame de Coucy mourut à cette même époque de 1095, et *Thomas* à qui son père avait fait porter jusque là le nom de *La Fère*, hérita de cette seigneurie et de celle de Marle dont il prit alors le nom. *Enguerrand*, malheureux dans son intérieur, avait cherché des distractions dans la société des femmes qu'il aimait passionnément. Dès qu'il fut libre, il conçut le projet de se remarier dans l'intention de déshériter *Thomas* qu'il ne voulait pas même voir.

La faiblesse du caractère de ce seigneur devait lui rendre difficile le bon choix d'une épouse, aussi tomba-t-il promptement dans les piéges d'une femme, que le libertinage entraîna dans le crime. *Sibylle* était fille d'une femme d'une naissance obscure, qui par sa beauté ayant subjugué *Roger*, comte de Château-Portien, l'avait épousé. *Roger* avait eu déjà d'un premier mariage plusieurs enfants, mais, à l'instigation de sa femme, il donna le comté de Château-

---

[1] Arch. de Laon, Cartulaire de Nogent. — *Histoire du diocèse de Laon.*

Portien à *Sibylle*, unique fruit de leur mariage, qui épousa *Godefroy*, comte de Namur, proche parent d'*Enguerrand* de Coucy. Ce seigneur, un des princes les plus puissants de l'Empire, obligé de faire la guerre à ses voisins quelques années après son mariage, se détermina à envoyer *Sibylle* passer quelque temps au château du Tour en Portien [1].

Sibylle, alors jeune et belle, accoutumée dès l'enfance aux plaisirs, ne pouvant supporter la solitude et vivre dans la retraite, reçoit dans son château les seigneurs du voisinage, au nombre desquels se trouve *Enguerrand* de Coucy, son parent. La comtesse de Namur, éloignée de son mari, entraînée par l'ardeur de ses sens que redoublaient encore les séductions et la galanterie de ses nombreux adorateurs, ne tarda pas à répondre à leurs désirs et à se livrer avec eux à tous les excès de la débauche. Devenue enceinte et redoutant la vengeance d'un époux justement irrité, elle emploie tout l'ascendant que sa beauté lui avait acquis sur *Enguerrand*, déjà âgé, pour déterminer ce seigneur à la recevoir dans son château et à se déclarer ouvertement son protecteur. *Enguerrand*, subjugué par les artifices de la comtesse, et cédant à des

---

[1] Guibert, *De vitâ suâ*, lib. III, cap. III.

caresses que la crainte rendait encore plus ardentes, oubliant les liens du sang qui l'unissaient au comte, a la faiblesse d'emmener *Sibylle* à Coucy, où bientôt après, entièrement séduit par les charmes de cette femme adultère, il la prend ouvertement pour épouse. Un tel scandale devait naturellement exciter le zèle du clergé contre *Enguerrand* qui cherche par des libéralités à détourner l'orage qui le menace, et les moines de Nogent reçoivent à cette occasion les dîmes de la paroisse de Condren, dont il leur fait l'abandon à perpétuité [1].

Le caractère de *Sibylle* et l'éloignement de son père pour lui, ne permettent pas à *Thomas* de douter des intentions d'*Enguerrand* à son égard. Ambitieux, comme la plupart des seigneurs de ce temps-là, et jaloux de continuer et d'augmenter la splendeur de sa maison, il avait depuis quelques années épousé *Yde*, fille aînée de *Baudouin*, comte de Hainaut, dont il avait deux filles. Il vit donc avec ennui ses espérances de grandeur prêtes à s'évanouir si *Enguerrand* avait d'autres enfants.

Vers cette époque, un gentilhomme Picard, connu sous le nom de *Pierre l'Hermite*, ayant fait un voyage

---

[1] Colie. *istoire du Vermandois.— Cartul. de Nogent*.

à Jérusalem où il avait été témoin du triste état des chrétiens de la Terre-Sainte, à son retour, excita le zèle du Pape qui vint en France et prêcha une guerre contre les infidèles; les personnes qui devaient faire partie de cette expédition ayant pris la croix pour signe de ralliement, on lui donna le nom de *Croisade*. Un grand nombre de seigneurs cédant aux exhortations du Pape prirent la croix. Parmi eux on cite *Hugues*, comte de Vermandois, frère du Roi de France, *Philippe I*er ; *Godefroy* de Bouillon et ses frères; *Beaudouin* du Bourg dont *Thomas* était proche parent par sa mère ; le comte de Hainaut, son beau-frère, et une foule d'autres seigneurs des plus puissants du royaume.

1096. *Thomas* de Marle, soit pour faire diversion aux chagrins que lui causaient la conduite et le mariage de son père, auquel il s'était opposé avec énergie, soit simplement pour partager les périls et la gloire de cette expédition avec ses parents et ses amis, accompagna dans la Palestine le comte de Vermandois [1].

L'union criminelle et informe d'*Enguerrand* et de *Sibylle* excita vivement le ressentiment du comte de Namur contre son déloyal parent. Ignorant la conduite scandaleuse de la comtesse, l'époux outragé demande

---

[1] Guibert de Nogent. — Colliette.

raison de l'affront qui lui est fait et somme le seigneur de Coucy de lui rendre sa femme; mais *Sibylle*, redoutant la trop juste vengeance que la vérité devait attirer sur sa tête, ne veut plus quitter son complice qui, cédant à ses prières, refuse hautement de donner aucune satisfaction au comte. Une guerre terrible et désastreuse pour leurs malheureux vassaux éclate aussitôt entre ces deux seigneurs. Chacun des deux partis exerce des cruautés inouïes ; de part et d'autre, on met tout à feu et à sang. Tous ceux du parti de *Godefroy* qui tombent entre les mains d'*Enguerrand* sont sur-le-champ mis à mort, et *Godefroy* fait crever les yeux ou couper les pieds aux partisans d'*Enguerrand*. Le comté de Portien, théâtre principal de ces excès, en conserva longtemps les traces [1].

Le mariage d'*Enguerrand* avec la femme d'un de ses proches parents était, pour la raison seule de la parenté, réprouvé par les lois ecclésiastiques, et les conciles avaient frappé des foudres de l'Eglise ces sortes d'unions. Une sentence d'excommunication portée personnellement contre *Enguerrand* et *Sibylle* eût infailliblement entraîné après elle leur séparation, c'é-

1098.

---

[1] Guibert de Nogent, *De vitâ suâ,* lib. III, cap. III. — Duchesne. — Dom Duplessis.

tait ce que les coupables redoutaient le plus. *Elinand*, Évêque de Laon, venait de mourir ; *Enguerrand* emploie tous les moyens de séduction pour faire élire son cousin-germain nommé *Enguerrand* comme lui, et qui, en effet, est élu au siége vacant. Le nouvel Evêque, par reconnaissance pour son parent, et séduit aussi par les adulations de *Sibylle*, non-seulement s'oppose avec succès à ce que l'excommunication soit lancée, mais se déclare ouvertement le protecteur de cette union scandaleuse en donnant aux coupables l'absolution de ce crime[1].

1099.. Après deux ans de cruautés inouïes, fatigué de répandre du sang et de combattre pour la possession d'une femme qu'il ne peut s'empêcher de mépriser, le comte de Namur abandonne *Sibylle* à son rival et se remarie. Les vassaux d'*Enguerrand*, si cruellement maltraités pendant ces tristes débats, peuvent enfin jouir de quelque repos.

Trois ans après son départ, *Thomas* de Marle, qui s'était distingué aux siéges de Nicée et de Jérusalem, revient en France après la prise de la capitale de la Palestine, rapportant sur sa bannière les premières armoiries qui devaient distinguer sa famille. On sait

---

[1] Duchesne.— Dom Duplessis.— *Histoire du diocèse de Laon.*

que pendant les guerres des croisades, les seigneurs adoptèrent différents signes pour se faire reconnaître et pour rallier autour d'eux les hommes qui devaient combattre sous leurs ordres; ces signes devenus célèbres par les exploits de ceux qui les avaient pris, furent ensuite conservés et devinrent une marque d'honneur pour les familles. Voici comment un des historiens de la maison de Coucy raconte l'origine de ses armoiries qui sont *vair et gueule de six pièces*.

Un jour l'armée des chrétiens, ayant été attaquée à l'improviste par les Turcs, put avec peine se mettre en défense; chacun des seigneurs ne pouvant revêtir sa cotte d'armes qui se trouvait par hasard avec les bagages en un lieu éloigné, trois frères que cet historien fait seigneurs de Marle, de Coucy et de Vervins, coupèrent leurs manteaux qui étaient d'écarlate fourrés de pannes de vair et en distribuèrent des pièces aux autres seigneurs qui les percèrent, mirent la tête dedans et en firent ainsi des cottes d'armes. Les chrétiens, sous les ordres du seigneur de Marle, attaquèrent à leur tour les infidèles avec tant d'ardeur qu'ils remportèrent une victoire complète. C'est en mémoire de ce fait que tous les seigneurs de Coucy ont toujours depuis adopté pour armoiries les couleurs qui se trouvaient sur les manteaux de leurs ancêtres. *L'Alouëte* qui rapporte cette anecdote ne cite point les auteurs dont il l'a tirée; aussi, sans donner à son récit l'importance qu'il paraît y attacher, on peut en admettre le fond comme vrai en ce qui peut concerner *Thomas* de Marle [1].

Veuf alors de *Yde* de Hainaut, *Thomas* songe à se remarier et épouse une de ses proches parentes, dame de Montaigu près de *Laon*. La possession de la forteresse de Montaigu et de celles de Marle et de La Fère qui lui appartenaient déjà en propre le rend presque aussi puissant que son père [2].

La guerre de la Palestine paraît avoir développé le caractère ambitieux et cruel de *Thomas*, les historiens, qui ne rapportent rien de ce seigneur jusqu'à cette époque, s'étendent avec une sorte de complaisance sur ses cruautés et ses brigandages dès qu'il fut maître de Montaigu. Il fit, disent-ils, de ce château une place d'armes qui passait pour imprenable et d'où il pouvait inquiéter impunément les seigneurs voisins et leurs vassaux; la prison, les fers, les meurtres, les plus indignes mutilations étaient les

---

[1] L'Alouëte. — *Histoire de la maison d'Harcourt*, par de la Roque.
[2] Duchesne. — Dom du Plessis.

moyens ordinaires dont il se servait pour assouvir son avarice¹.

Ce seigneur ne cessait surtout de parcourir les terres voisines de Coucy et de commettre un grand nombre de déprédations contre les Eglises et les ecclésiastiques qui avaient pris contre lui le parti d'*Enguerrand*. A son approche, le clergé se hâtait de fuir emportant les reliques des saints ; ce fut à cette occasion que les reliques de *Saint-Marcoul* furent portées de Soissons à Noyon, de là à Ham, ensuite à Nesle, puis à Péronne². 1101.

Enguerrand irrité de la conduite de *Thomas*, excité par *Sibylle*, qui entretenait la haine qu'il portait à son fils, prend la résolution de le chasser de Montaigu ; à cet effet, il forme une ligue avec *Robert* comte de Péronne, son frère, *Ebles* de Roucy, *André* de Raméru, *Hugues le Blanc*, seigneur de Laferté et plusieurs autres seigneurs qui, réunissant leurs forces, viennent assiéger la forteresse. *Thomas* hors d'état de résister à une attaque si formidable, malgré son courage, sort secrètement la nuit de son château, avant que les tranchées soient achevées, et 1104.

---

¹ Dom du Plessis. — *Histoire du diocèse de Laon.*
² Colliette.

va trouver le fils du Roi connu depuis sous le nom de *Louis le Gros*. Ce prince, déjà associé au trône par son père qui lui abandonnait en quelque sorte l'administration du royaume, sur la promesse que lui fait *Thomas* de cesser à l'avenir ses violences, vient lui-même à son secours à la tête de sept cents hommes.

Les assiégeants, qui ne s'attendaient pas à combattre l'héritier du trône, le prient de ne point secourir un homme aussi méchant que *Thomas;* mais le prince persistant dans sa résolution, ils se soumettent respectueusement à sa volonté et se retirent. Aussitôt *Louis* fait abattre tous les retranchements qu'ils avaient élevés, comble les tranchées et rafraîchit la place de vivres et de gens de guerre [1],

Vers ce temps l'Évêque *Enguerrand* tombe gravement malade; le seigneur de Coucy n'a pas plutôt appris la maladie de ce Prélat, qu'il va le voir, mais il le trouve dans un état si triste qu'il ne peut retenir ses larmes. Le malade avait entièrement perdu l'usage de la parole quoiqu'il ne fût pas sans connaissance; sa fin approchait et il n'avait pas encore demandé les sacrements. Les prêtres qui se disposent à les lui ad-

[1] Duchesne.— Dom du Plessis. — *Histoire du diocèse de Laon.*

ministrer, regardant le seigneur de Coucy comme excommunié par les canons de l'Eglise à cause de son union scandaleuse avec *Sibylle,* ne veulent rien faire en sa présence et l'obligent à sortir de la chambre. L'Evêque alors tend les bras à son parent et l'embrasse étroitement pour la dernière fois. *Sibylle* ayant appris cette circonstance de la mort du Prélat eut l'impudeur d'en plaisanter ouvertement, et de dire qu'il avait là cimenté même au lit de la mort une des plus mauvaises actions qu'il eût faites de sa vie [1].

La conduite des prêtres, dans cette circonstance, fit une impression profonde sur *Enguerrand*, qui, malgré l'absolution que l'Évêque lui avait donnée, ne pouvait entièrement étouffer les remords de sa conscience. Dans la crainte qu'un nouvel Évêque plus sévère que son cousin ne lui succédât, il mit en usage tous les moyens qui dépendaient de lui pour faire élire *Gaudry*, chancelier du Roi d'Angleterre. Plusieurs compétiteurs faisant valoir activement leurs prétentions, le siége resta vacant pendant deux ans ; mais enfin *Gaudry* l'emporta, et ce nouvel Évêque, qui devait son élévation en grande partie à l'appui d'*Enguerrand*, em-

1106.

---

[1] Dom du Plessis.

brassa ses intérêts avec chaleur et partagea la haine que ce seigneur portait à son fils[1].

Thomas de Marle, après avoir été secouru par le prince *Louis*, ne conserva pas longtemps Montaigu. La parenté, qui existait entre ce seigneur et sa femme qui lui avait apporté ce domaine en dot, frappait de nullité leur mariage contre lequel une excommunication avait même été lancée. *Thomas,* contraint à se séparer de la dame de Montaigu, épouse, peu de temps après, *Milesende* de Crécy, héritière de *Guy*, seigneur de Crécy, qui lui apporta en mariage les châteaux de Crécy et de Nogent (aujourd'hui Nouvion-le-Comte), sur la rivière de Serre, au diocèse de Laon. Le domaine de ces deux paroisses appartenait à l'abbaye de Saint-Jean de Laon, mais *Thomas* s'en empara à la faveur de ses deux nouvelles forteresses dont il augmenta les fortifications[2].

Thomas, fier de sa puissance, recommence bientôt ses déprédations, exerçant de préférence des violences contre le clergé, par ressentiment sans doute de la haine que lui portait l'Évêque de Laon. *Sibylle*, de son côté, toujours inquiète de sa fausse position, ne néglige

---

[1] Guibert, *de vita suâ*, lib. III, cap. IV.
[2] Duchesne. — Dom du Plessis.

aucun moyen pour détourner de dessus sa tête les foudres de l'Eglise, et, pour attacher davantage le nouveau Prélat à ses intérêts, elle contribue plus que personne à servir sa vengeance contre un chevalier nommé *Gérard de Querzi*, qui, indigné du scandale dont il était témoin, signalait hautement à l'anidmaversion publique la conduite de l'Évêque à l'égard d'*Enguerrand* de Coucy et de *Sibylle*, dont il avait été lui-même un des amants. Ce seigneur, se trouvant un jour dans la cathédrale de Laon, est lâchement assassiné par *Roricon*, frère de l'Évêque, tandis qu'il est prosterné au pied des autels [1]. Cet assassinat sacrilége soulève l'indignation générale, et *Guibert*, abbé de Nogent, prononce, sans les nommer toutefois, une sentence d'excommunication contre les auteurs et les complices de ce meurtre [2].

1110.

Gaudry, malgré la précaution qu'il avait prise de faire un voyage à Rome peu de temps avant l'assassinat de *Gérard*, ne fut pas moins généralement regardé comme l'instigateur de ce crime, et ce Prélat, n'osant reparaître dans sa ville épiscopale avant que les esprits fussent calmés, vint à Coucy où il fut honorable-

---

[1] Dom du Plessis. — *Histoire du diocèse de Laon.*
[2] Guibert, lib. III, cap. v.

ment reçu par *Enguerrand* et *Sibylle*, près desquels il séjourna quelque temps, vivant avec eux dans la plus grande intimité[1].

1114. Le diocèse de Laon est, pendant plusieurs années, le théâtre de tous les crimes. *Thomas* de Marle et *Gaudry* semblent faire assaut de cruautés. Un vassal de l'Evêché, nommé *Gérard*, partisan de *Thomas*, est un exemple de la barbarie de l'Évêque. Ce *Gérard*, ayant embrassé la cause de *Thomas*, *Gaudry* le blâme durement de sa conduite, et, dans son exaspération le fait jeter dans une prison où bientôt après, par ses ordres, on lui arrache les yeux[2].

La ville de Laon a surtout à souffrir de la tyrannie et des exactions de l'Evêque ; enfin le Roi *Louis le Gros*, touché des plaintes des habitants, accorde à leurs prières une charte de commune. L'Evêque met opposition à son établissement et, par ses sollicitations actives appuyées sur les intérêts de son Eglise et les présents qu'il fait aux principaux seigneurs de la cour, obtient du Roi, auquel il promet une forte somme d'argent à titre de subside, la révocation de

1112. cette charte. Le peuple, mécontent et exaspéré par

---

[1] Guibert, lib. III, cap. vi.
[2] Guibert, lib. III, cap. vii. — *Histoire du diocèse de Laon.*

les vexations dont il est accablé, se soulève, et, dans sa fureur incendie le palais épiscopal, la cathédrale et une partie des établissements religieux et massacre l'Évêque et ses confidents. Le tumulte cesse enfin, et les habitants de Laon devenus plus calmes, reconnaissant l'énormité de leurs crimes, s'effraient à l'idée que le Roi en tirera une vengeance éclatante. *Anselme*, doyen de la cathédrale, pour qui le peuple avait du respect, et *Raoul*, son frère, s'efforcent de le consoler et de lui persuader de tenter de fléchir le monarque; mais *Teudegaud*, principal moteur du soulèvement et meurtrier de l'Évêque, prévoyant que son supplice sera la première condition imposée par le Roi, profite de l'ascendant qu'il a su prendre sur la populace et la détermine à se mettre sous la protection de *Thomas* de Marle, le seigneur le plus redouté de la province [1].

Teudegaud, alors censier de l'abbaye de Saint-Vincent, avait été auparavant au service d'*Enguerrand* de Coucy, et commis à la visite des marchandises qui passaient sur le pont du Sourd. Abusant de sa position, il s'était fait remarquer par ses exactions contre les marchands, qu'il pillait et jetait dans la rivière lors-

---

[1] Guibert, lib. III, cap. VIII.

qu'ils n'étaient pas assez nombreux pour lui résister. Chassé par *Enguerrand*, ce misérable s'était attaché à la commune de Laon dont il se montrait le plus zélé défenseur [1].

Thomas de Marle se rend sans peine à la prière des bourgeois; mais arrivé à Laon, ne jugeant pas la place en état de résister au Roi, il engage les coupables à en sortir et à se réfugier dans ses châteaux, où il promet de les défendre. *Teudegaud* le suit avec ses complices. A peine *Thomas* a-t-il quitté Laon avec une partie du peuple, que les habitants de Montaigu, de Pierrepont, de La Fère et des environs conduits par leurs seigneurs viennent piller cette malheureuse ville qu'ils trouvent pleine de richesses et sans défense. Le seigneur de Coucy arrive le dernier à la tête des gens de Coucy et de Nogent qui enlèvent encore beaucoup de butin [2].

Sibylle, toujours prête à s'abandonner aux déréglements des sens, ayant conçu du dégoût pour *Enguerrand*, déjà épuisé par l'âge et les chagrins, afin de se livrer sans contrainte à la passion violente qu'elle éprouvait pour un jeune homme nommé *Guy*,

---

[1] Guibert, lib. III, cap. VIII. — *Histoire du diocèse de Laon.*
[2] Guilbert, lib. III, cap. XI.

cherchait, par une affectation de remords, à persuader à ce vieillard qu'il était temps enfin de vivre ensemble avec la chasteté d'un frère et d'une sœur et de cesser de donner un exemple de scandale. *Enguerrand* voyait avec peine que *Sibylle* attirait dans le château le jeune *Guy;* mais cette femme artificieuse avait pris un tel empire sur son esprit qu'elle obtint de lui non-seulement de recevoir son amant, mais encore de lui faire épouser la fille qu'elle avait mise au monde peu de temps après leur union, voulant ainsi s'assurer les moyens de satisfaire son amour incestueux. *Enguerrand*, aveuglé par son aversion pour son fils qu'il voulait toujours déshériter, consent à tout, et conférant le titre de châtelain à ce même *Guy*, qui affectait une haine irréconciliable contre *Thomas*, lui confie la défense du domaine de Coucy [1].

Thomas, qui se voit par ce mariage à la veille de perdre la terre de Coucy, se laisse emporter à toute sa fureur, et ne garde plus aucunes mesures envers *Sibylle* et *Enguerrand* de Coucy, dont il affecte même de ne point porter le nom. Il promène le fer et le feu dans toutes leurs terres et massacre inhumainement tous ceux de leurs gens ou de leurs vassaux qui tom-

---

[1] Guibert, lib. III, cap. XI. — Dom du Plessis.

bent entre ses mains. *Sibylle*, qui avait dans le cœur plus de cruauté que les bêtes les plus féroces, éprouvant pour *Thomas* toute la haine d'une marâtre, use de représailles et porte *Enguerrand* aux dernières extrémités. Ce n'est de tous côtés que ravages, meurtres, incendies ; et plus d'un an se passe ainsi sans que le père, le fils et la belle-mère se lassent de répandre du sang. Si par intervalle les hostilités sont suspendues, ce n'est que pour recommencer avec une fureur inouïe [1].

La puissance royale, alors trop faible pour que le Roi s'opposât à tous ces excès, ne laissait presque toujours au prince d'autre rôle que celui de simple spectateur de ces luttes particulières qui désolaient de tous côtés le royaume. Les seigneurs étaient si jaloux du droit qu'ils s'étaient arrogé de vider leurs querelles par la force des armes, que le Roi, s'il eût voulu interposer son autorité, eût soulevé contre lui toute la noblesse.

1113. Pendant qu'*Enguerrand* et *Thomas* étaient ainsi animés l'un contre l'autre, les habitants d'Amiens, secondés par leur Evêque, demandent à leur tour au Roi et obtiennent de lui la permission d'établir une

---

[1] Guibert, lib. III, cap. XII. — Dom du Plessis.

commune, comme cela avait lieu dans d'autres villes. *Enguerrand de Coucy*, comte d'Amiens, qui voyait par ce nouvel établissement diminuer les anciens droits de son comté, s'y oppose de toutes ses forces et fait marcher des troupes contre les bourgeois révoltés. *Adam*, gouverneur du château, veut joindre ses efforts à ceux du seigneur de Coucy ; mais, repoussé par les bourgeois, il est obligé de se renfermer dans la forteresse. Les insurgés, fiers de ce succès, envoient aussitôt vers *Thomas* pour lui demander du secours et lui proposer de le reconnaître pour seigneur, à la seule condition de jurer le maintien de la commune. L'occasion était belle pour donner de nouveaux embarras à *Enguerrand*, *Thomas* la saisit avec empressement et appuie les prétentions des Amiénois [1].

Cette ligue pouvait porter le plus grand préjudice aux intérêts d'*Enguerrand* et de *Sibylle* qui cherche adroitement à amener une réconciliation du moins apparente entre *Enguerrand* et *Thomas*, auquel elle donne à entendre que son père lui rendra son affection s'il prend son parti contre les bourgeois d'Amiens. Aux conseils elle joint à propos les caresses et les séductions perfides d'une feinte amitié ; *Tho-*

---

[1] Guibert, lib. III, cap. XII. — Duchesne. — Dom du Plessis.

mas trompé par ses artifices cède à ses charmes, et par reconnaissance des bons offices dont il croit être l'objet lui donne même de fortes sommes d'argent [1].

1114. Le seigneur de Marle réunit alors ses forces à celles d'*Adam* et attaque les bourgeois commandés par *Guermond de Péquigny*, vidame de l'Evêque. Sous prétexte que le Prélat et les chanoines soutiennent secrètement les bourgeois, *Thomas* se jette sur les terres et les villages de l'Eglise qu'il livre au pillage, et s'abandonne à toutes sortes de cruautés contre tous ceux qui ne sont point du parti d'*Enguerrand ;* n'épargnant ni condition, ni sexe, il fait périr sans pitié ceux qui ne peuvent lui payer de rançon, et lui-même tue trente personnes de sa propre main dans une seule journée [2].

Sibylle cependant, constante seulement dans sa haine, cherchait les moyens de se défaire de *Thomas* qui s'était lié avec *Adam* au fils duquel il avait promis en mariage sa fille *Milsende* encore enfant. Ayant appris que ce fougueux chevalier, entraîné par son ardeur, exposait tous les jours sa personne dans les combats, elle fait un traité secret avec le vidame avec

---

[1] Guibert, lib. III. cap. XII.
[2] Guibert, lib. III, cap. XII.

lequel elle se concerte pour dresser des embûches à leur ennemi commun et le faire périr. *Thomas*, sans défiance, sort, comme cela lui arrivait souvent, la nuit, à pied, presque sans escorte, et tombe dans le piége qu'on lui tend. *Guermond* l'attaque avec avantage, *Thomas* se défend avec énergie; mais après avoir reçu plusieurs blessures, il est, en se retirant, atteint d'un coup de lance qui lui perce le genou : cependant il parvient à échapper à ses ennemis. La blessure était grave, et *Thomas*, hors d'état de pouvoir combattre, laisse dans la forteresse ses meilleurs soldats sous le commandement d'*Adam* et se retire dans son château de Marle [1].

La trahison de *Sibylle* ne tarde pas à être connue, et *Adam* indigné refuse d'obéir désormais à *Enguerrand*. *Sibylle*, trompée dans sa criminelle espérance, s'unit alors ouvertement avec le vidame et joint ses efforts aux siens pour s'emparer du château ; mais *Adam* dévoué aux intérêts de *Thomas* était en mesure de leur résister. Les bourgeois, victimes de tous ces démêlés étrangers à leurs intérêts, demandent enfin aide et protection au Roi *Louis le Gros* qui envoie un corps de troupes à leur secours.

[1] Guibert, lib. III, cap. xiii. — Duchesne. — Dom du Plessis.

Thomas était retenu à Marle par sa blessure et ne pouvait secourir *Adam* cerné dans sa forteresse par les troupes du Roi. Dans l'impuissance d'agir, il réfléchit aux moyens de se venger avec éclat. Il apprend que *Gaultier*, Archidiacre de Laon, frère utérin de *Sibylle* et le principal moteur de sa liaison incestueuse avec *Enguerrand*, revient d'Amiens, aussitôt il envoie un de ses affidés nommé *Robert* qui, avec d'autres scélérats, se met en embuscade et poignarde cet ecclésiastique au moment où il arrive à Laon. (*Voyez* note 5.)

Un concile, présidé par *Conon*, Légat du Pape, assisté des Archevêques de Reims, de Bourges et de Sens, et de la plupart de leurs suffragants, au nombre desquels étaient les Evêques de Laon et de Soissons, s'assemble à Beauvais le 6 décembre 1114. On s'y occupe des moyens de réprimer autant que possible les violences de *Thomas*, contre lequel des plaintes s'élevaient de toutes parts, de l'obliger à cesser ses ravages et à rendre aux Eglises les biens qu'il avait usurpés sur elles. Les accusations que l'on porte contre lui sont si graves qu'il est déclaré excommunié, déchu de sa qualité de chevalier et de tous ses honneurs [1].

[1] Duchesne.— *Histoire du diocèse de Laon.*

Cette sentence d'excommunication est publiée tous les dimanches aux prônes des paroisses ; mais *Thomas* ne continue pas moins de ravager les diocèses de Laon et de Reims. Les Evêques supplient le Roi de lever des troupes afin de détruire les châteaux de Crécy et de Nogent, places d'armes de *Thomas*. *Louis le Gros* se rend à leurs prières, assemble une armée, et vient camper devant Crécy. L'Archevêque de Reims accompagné de l'Evêque de Laon, s'étant placé sur une éminence, adresse une exhortation aux troupes, leur donne l'absolution et promet le salut éternel à ceux qui périront dans la guerre sainte entreprise contre un excommunié, usurpateur des biens de l'Eglise. On attaque aussitôt le château qui passait pour imprenable, le Roi franchit le premier fossé et somme les assiégés de se rendre ; mais la nuit l'oblige à se retirer. Le lendemain l'attaque recommence. *Louis* à la tête des soldats les plus déterminés, car la plupart servaient avec répugnance, monte à l'assaut et s'empare de la forteresse qu'il fait aussitôt brûler et raser [1].

L'armée marche ensuite vers Nogent ; la garnison, effrayée de la prise de Crécy, envoie les clefs de la

---

[1] Guibert, lib. III, cap. XIII. — *Histoire du diocèse de Laon.*

place et se soumet sans se défendre. Le Roi fait pendre tous ceux des complices du meurtre de l'Évêque *Gaudry* que l'on peut saisir, et rend à l'abbaye de Saint-Jean les domaines qui lui avaient été enlevés [1].

Thomas était toujours à Marle ; consterné des pertes qu'il vient de faire, il se hâte d'apaiser le Roi, offrant de payer les frais de la guerre et de réparer les torts faits aux Eglises. *Louis*, appelé par des affaires importantes dans une autre partie du royaume, accorde la paix et accepte la soumission de *Thomas* qui ne se presse pas de remplir les conditions qu'il a lui-même proposées [2].

Enguerrand, toujours subjugué par l'ascendant de *Sibylle*, paraît lui avoir abandonné le soin de toute la guerre contre son fils. L'avénement au siége de Laon de *Barthélemy*, Prélat renommé par sa probité sévère, avait renouvelé les craintes que lui inspirait cependant l'irrégularité de son union avec cette femme qui exerçait sur son esprit un empire absolu. N'espérant pas trouver dans le nouveau Prélat l'appui que lui avaient prêté les Evêques *Enguerrand* et *Gaudry*, il cherche, en faisant des libéralités au clergé, à calmer

---

[1] *Histoire du diocèse de Laon.*
[2] Guibert, lib. III, cap. XIII. — Dom du Plessis.

les remords de sa conscience et à détourner l'effet des décrets des conciles. Ce seigneur, qui avait toujours refusé de payer à l'abbaye de Saint-Rémy le cens de soixante sous imposés sur le domaine de Coucy, reconnaît alors par un acte passé en présence de *Barthélemy*, Evêque de Laon, avec l'abbé *Azenaire*, l'obligation de cette redevance, et s'engage pour lui et ses successeurs au paiement annuel de cette somme. C'est le dernier acte de ce seigneur qui soit parvenu jusqu'à nous ; il mourut peu de temps après [1]. (*Voyez* note 6.)

1116.

A la mort de son père, *Thomas* se met en possession des terres de Boves et de Coucy et du comté d'Amiens dont *Adam* défendait toujours le château contre les bourgeois et l'armée du Roi qui, après un siége de deux ans, vient l'attaquer en personne. Mais *Thomas* épuisé d'hommes et d'argent ne peut secourir la place qui est prise et rasée, et *Louis le Gros*, justement irrité de la mauvaise foi de son vassal, le punit en le privant pour l'avenir, lui et les siens, de la domination qu'il avait dans la ville. *Thomas*, étonné de ce coup d'autorité, fait de grands préparatifs de

Thomas.

---

[1] Dom du Plessis.— Bibl. de Reims, cart. B. de Saint-Remi, p. 71.

défense dans son château de Marle où il pouvait longtemps résister à ceux qui viendraient l'attaquer; mais bientôt il se décida à recourir encore une fois à la clémence du Roi dont il connaît la facilité à lui pardonner. S'étant engagé de nouveau à réparer tout le dommage qu'il avait fait aux Eglises, il obtient non-seulement la paix et le pardon de son souverain, mais encore la communion de l'Eglise qui le relève de l'excommunication prononcée contre lui [1].

En succédant à *Enguerrand*, *Thomas* trouva des domaines où les traces de ses ravages étaient encore sensibles; le mauvais état de sa fortune, diminuée par les désastres des guerres et les dilapidations de *Sibylle*, l'obligea à observer les conditions de la paix et à renoncer au genre de vie qu'il avait mené jusqu'alors. Depuis ce moment, l'histoire ne fait plus mention de *Sibylle* qui, ayant perdu le seul appui qu'elle pouvait avoir, se retira sans doute, sous un autre nom que le sien, avec les trésors qu'elle avait amassés, dans un couvent où elle vécut et mourut ignorée.

1149. Quelques années après, saint *Norbert*, que l'Evêque *Barthélemy* aimait beaucoup, jette les fonde-

---

[1] Duchesne. — Dom du Plessis.

ments d'une abbaye dans la forêt de Voas ou de Coucy, en un lieu appelé Prémontré, qui donne son nom à un ordre de religieux devenu célèbre. *Thomas* assista, avec son fils *Enguerrand* fort jeune alors, à la dédicace de l'église et fit don aux nouveaux religieux de tout le bien qui lui appartenait dans ce lieu de Prémontré, avec toutes les vallées adjacentes, droits d'usage et de pâturage dans la forêt, d'un autre lieu appelé Rozières, et de tout le terrain de son domaine qu'une charrue pouvait labourer dans l'année [1].

1120.

Ce seigneur qui avait si souvent dépouillé le clergé et les établissements religieux, leur fait cependant de grandes libéralités, particulièrement à l'abbaye de Nogent à laquelle les seigneurs de Coucy portèrent toujours beaucoup d'intérêt. Non-seulement il confirme les bienfaits de son père et de son aïeul, mais encore il accorde aux religieux privilége de justice dans tout leur territoire. Jaloux de conserver le souvenir de sa puissance seigneuriale, il exige, à l'occasion et en mémoire de cette nouvelle libéralité, que chaque année, les jours de Pâques, de Pentecôte et de Noël, l'abbé de Nogent vienne au château de Coucy rendre

1121.

---

[1] Duchesne, Preuves, p. 333.

foi et hommage au seigneur. Voici comment fut arrêté le programme de cette cérémonie scrupuleusement observé pendant sept siècles.

L'abbé de Nogent ou son fondé de pouvoirs, vêtu d'un habit de semeur, le fouet à la main, doit entrer dans la ville de Coucy par la porte de Laon et se rendre dans la cour du château, monté sur un cheval isabelle à courte queue et sans oreilles, propre au labourage et harnaché d'un collier, ayant devant lui un pannier de bât plein de rissoles et de galettes (la rissole est une sorte de gâteau fait en forme de croissant et farci d'un hachis de veau cuit dans l'huile); un chien roux, sans queue, portant une rissole à son cou doit suivre l'abbé. Après avoir, en présence du seigneur de Coucy ou de son représentant en faisant claquer son fouet, fait trois fois le tour d'une table de pierre soutenue par trois lions couchés sur le ventre sur le milieu de laquelle est accroupi un quatrième lion de grandeur naturelle, le cavalier doit descendre de cheval et monter sur la pierre, et, mettant un genou en terre, embrasser le plus grand des lions. Avant de dresser acte de cet hommage, un des officiers du seigneur de Coucy doit examiner l'équipage de l'hommageur, car s'il manque un clou à son cheval, ou si le cheval vient à fienter pendant la cérémonie, il est confisqué et l'abbé de Nogent condamné à une amende. Lorsque l'hommage a été rendu, un certificat en est donné à l'abbé par l'officier préposé à cet effet, et les rissoles et gâteaux sont aussitôt distribués aux assistants. (*Voyez* note 7.)

Il eût été bien difficile à *Thomas*, qui avait passé 1125 à 1127. une grande partie de sa vie au milieu des agitations des guerres civiles, de rester complétement dans l'inaction; aussi le voit-on appuyer, mais sans succès, de ses troupes et de sa personne les intérêts de *Beaudouin*, comte de Hainaut, contre *Charles*, fils du Roi de Danemark, et ensuite ceux de *Henri*, Roi d'Angleterre, contre *Guillaume* de Normandie, au sujet de la possession du comté de Flandre. Le désir de se venger indirectement du Roi *Louis le Gros*, qui protégeait *Charles* et *Guillaume*, fut le motif réel qui détermina le seigneur de Coucy à prendre part à cette guerre [1].

Raoul, comte de Vermandois, avait fait valoir auprès du Roi les titres qu'il prétendait avoir sur le comté d'Amiens, par sa mère, qui descendait de *Raoul*, second comte de Valois et d'Amiens, et avait obtenu ce comté lorsque *Thomas* en fut dépouillé.

---

[1] Duchesne. — Dom du Plessis.

Thomas, regardant le comte comme instigateur de la sévérité du Roi en cette occasion, conserve contre lui un vif ressentiment, et cherche l'occasion de le punir d'avoir profité de sa disgrâce. Ne pouvant attaquer *Raoul* lui-même, il se vengea en faisant assassiner son frère, seigneur de Chaumont-en-Vexin[1].

1130. *Thomas* reprend alors son ancien genre de vie, et s'empare des terres de Saint-Gobain, d'Erlon et de Saint-Lambert, données par son père à l'abbaye de Saint-Vincent. Vers le même temps des marchands passent sur les terres de la seigneurie de Coucy, porteurs d'un sauf-conduit signé de *Thomas* lui-même : cependant, par la plus lâche trahison, il les fait arrêter, les dépouille de leurs marchandises et les retient prisonniers. Le Roi, indigné de cette perfidie et des nouveaux crimes du seigneur de Coucy, jure d'en tirer une vengeance éclatante. Ce prince se rend de suite à Laon, où, ayant pris conseil de plusieurs Évêques et seigneurs, particulièrement du comte de Vermandois, il décide d'aller attaquer *Thomas*, retiré alors dans son château de Coucy[2].

Thomas se dispose à repousser l'armée du Roi, qui

---

[1] Dom du Plessis.
[2] Duchesne. — Dom du Plessis.

parvient difficilement à travers mille obstacles au pied de la forteresse; *Raoul* s'avance d'un autre côté; *Thomas* fait une sortie avec quelques-uns des siens pour dresser une embuscade; ignorant sans doute la marche du comte de Vermandois, celui-ci le surprend, se précipite l'épée à la main sur le seigneur de Coucy qui reçoit une blessure mortelle et demeure prisonnier du plus ardent de ses ennemis. Dans cet état, il est amené devant le Roi, qui ordonne de le transporter à Laon où lui-même se rend le lendemain. La douleur de ses blessures, la crainte de la prison, les menaces ni les prières ne peuvent déterminer *Thomas* à livrer au Roi sa forteresse et à relâcher ses prisonniers. Sa femme obtient du monarque la permission de le visiter, et le trouve plus affligé de se voir imposer la loi de rendre la liberté aux marchands que de perdre la vie. Près d'expirer, à peine permet-il qu'on demande pour lui le viatique, et au moment où le prêtre lui présente l'hostie consacrée, il est atteint d'une convulsion et expire sans avoir reçu le sacrement.

La garnison de Coucy, ayant ainsi perdu son chef, s'empresse de mettre bas les armes; le Roi ordonne aussitôt la mise en liberté des marchands, exige de la veuve de *Thomas* et de son fils une grande partie de leurs trésors à titre d'amende, et retourne à Paris, après avoir pacifié cette partie du royaume[1].

Telle fut la fin déplorable de ce seigneur que les injustices et l'aversion de son père pour lui, et plus encore la haine implacable de *Sibylle*, entraînèrent dans des excès bien coupables. Son caractère violent et vindicatif lui fit prendre les armes contre son père, contre son Roi et contre le clergé, auquel il fit cependant quelque bien. Son corps fut porté à l'abbaye de Nogent, dont il fut un des bienfaiteurs, et déposé près de la porte principale de l'église[2].

Thomas avait le caractère fier et indépendant qui distinguait la noblesse de son temps ; toute supériorité lui était insupportable et il paraît être le premier de sa famille qui ait affecté de traiter d'égal à égal avec le Roi ; à l'exemple de quelques-uns de ses parents qui étaient princes souverains, il prit dans ses actes le titre de seigneur de Coucy par la grâce de Dieu.

Enguerrand et *Thomas* sont les deux premiers seigneurs de Coucy sur la vie desquels les historiens nous ont laissé quelques détails : l'un fut l'objet des éloges des auteurs contemporains qui vantèrent sa

---

[1] Duchesne. — Dom du Plessis.
[2] Dom du Plessis.

piété envers les Eglises auxquelles il fit beaucoup de ibéralités ; l'autre est sans cesse représenté par les mêmes écrivains comme un monstre et un impie. Ces éloges et ces reproches dictés par une partialité évidente ne sont pas entièrement mérités. Les libéralités d'*Enguerrand* n'eurent pas toujours, ainsi qu'on a pu le voir, pour principe le zèle pour la religion, et sa passion criminelle pour une femme adultère est une tache qui peut d'autant moins s'effacer qu'elle l'entraîna dans des excès qu'il eut la faiblesse de ne point empêcher. En mettant sans exception tous les torts du côté de *Thomas*, les contemporains font douter de l'exactitude de leurs récits et surtout de leur impartialité. Il est certain que *Thomas* ne se livra à la violence de son caractère que plusieurs années après l'union de *Sibylle* et d'*Enguerrand*, et on est fondé à croire que cette femme à qui les vices et les crimes étaient familiers, mue par le désir de faire passer au fruit incestueux de ses débauches les biens immenses de la maison de Coucy, avait puissamment contribué à entretenir et augmenter la haine que le vieil *Enguerrand* portait à son fils, et par ses mauvais procédés excité au plus haut degré le ressentiment de ce dernier.

Thomas avait eu de *Yde de Hainaut*, sa première

femme, deux filles déjà mariées du vivant de leur père, et en mourant il laissa *Milsende de Crécy*, veuve avec trois enfants, deux fils et une fille.

Enguerrand II. *Enguerrand*, l'aîné des fils de *Thomas*, deuxième du nom, qui avait alors environ vingt ans, déjà connu sous le nom de *La Fère*, succède à son père dans les seigneuries de Coucy, de Marle, de La Fère, de Crécy, de Vervins, de Pinon, de Landousies, de Fontaine et d'autres lieux; le second nommé *Robert*, ayant eu en partage la seigneurie de Gournay et celle de Boves, qui donne son nom à cette branche de la maison de Coucy éteinte un siècle après, prend pendant quelque temps, sans en avoir le droit, le titre de comte d'Amiens, dont son père avait été dépouillé; la jeune dame nommée *Milsende*, après avoir été promise, ainsi qu'on l'a vu plus haut à *Adelelme* fils d'*Adam*, châtelain d'Amiens, épouse *Hugues*, seigneur de Gournay au pays de Caux, auquel elle porte quelques terres distraites du domaine de Boves [1].

1131. La mort de *Thomas* et l'enlèvement de ses trésors par le Roi ne suffisent pas pour satisfaire ses ennemis. La dame de Coucy et *Enguerrand* son fils sont obligés de restituer à diverses Eglises, et notamment à

---

[1] Duchesne. — Guillaume de Nangis.

l'abbaye de Saint-Vincent de Laon les terres dont le dernier seigneur de Coucy s'était injustement emparé.

Raoul de Vermandois, qui, sous prétexte de venger la mort de son frère, avait pris les armes contre *Thomas*, ne regarde pas sa vengeance comme complète par la mort de son ennemi. L'envie d'assurer à ses vastes domaines la réunion d'une partie de ceux de son adversaire est sans doute le motif secret qui le porte à continuer la guerre contre *Enguerrand*, et il parvient par ses instances et d'adroits raisonnements à persuader au Roi qu'il est nécessaire d'abattre une maison devenue dangereuse par sa puissance. En conséquence, l'année suivante, réunissant ses troupes à celles du comte, le Roi vient en personne assiéger le château de La Fère. Le jeune *Enguerrand*, encouragé par sa mère, s'était retranché dans cette place déjà très-forte par sa position ; la défense fut si vigoureuse, qu'après avoir inutilement tenté plusieurs assauts depuis le 7 mai jusqu'au 9 juillet, les assaillants, fatigués de leurs efforts inutiles, songent à faire la paix, et, afin de la rendre plus stable, il est décidé qu'*Enguerrand* épousera une nièce du comte de Vermandois, *Agnès*, fille de *Raoul* de Beaugency et de Mahaut, cousine germaine du Roi. Par ce mariage, qui eut lieu quelques années après, la maison de Coucy devient l'alliée de la maison royale [1].

Enguerrand, qui, jusqu'à la mort de son père, avait constamment porté le nom de *La Fère*, faisait sa résidence ordinaire dans cette seigneurie qu'il affectionnait d'une manière toute particulière. Rarement il prit le nom de *Coucy*, et il est à croire que pendant sa vie, qui est peu connue, il s'occupa spécialement à réparer les désastres que les entreprises malheureuses de son père avaient apportés dans sa fortune.

1438. On a vu plus haut qu'*Albéric* n'avait point ratifié la donation, faite par l'Evêque de Laon aux moines de Nogent, des revenus de l'Eglise de Coucy-le-Château desservie alors par des chanoines dont presque toutes les prébendes se trouvèrent réunies par extinction au domaine des seigneurs de Coucy. *Enguerrand* jouissait sans scrupule de ce revenu, et le service divin en souffrait considérablement. *Barthelemy*, Evêque de Laon, et *Goslein*, Evêque de Soissons, lui ayant souvent donné des avis à ce sujet, ce seigneur se rendit à leurs remontrances et restitua ces biens à l'Evêque *Barthélemy* en le priant de les réunir à la

---

[1] Duchesne. — Dom du Plessis. — Colliette.

mense de l'abbaye de Nogent à laquelle il abandonna encore quelques droits de vinage pour assurer un service en mémoire de son père dans la chapelle qu'il avait fait construire sous la tour de l'Eglise de ce monastère [1].

Tous les historiens ecclésiastiques se sont plu à faire l'éloge d'*Enguerrand II* qui paraît ne point avoir hérité du caractère violent et ambitieux de son père, dont la mort déplorable fit sans doute une grande impression sur son esprit. Non content de faire aux Eglises la restitution des biens usurpés par *Thomas*, il leur fait encore de grandes libéralités, tant pour le repos de son âme que pour celui de l'âme de son père, ainsi qu'il est expliqué dans le préambule d'une charte par laquelle, avec le conseil de *Milsende* sa mère et de ses barons, il concède à l'abbaye de Saint-André de Câteau-Cambrésis exemption de tout droit de vinage pour le vin que ses religieux emmèneraient du Laonnais pour leur consommation. Il emploie une partie de son immense fortune à enrichir les ecclésiastiques et les religieux, notamment ceux des abbayes de Prémontré et de Nogent. Il donne à Prémontré qu'il avait vu fonder et qui pre-

1139.

1144.

---

[1] Dom du Plessis.

nait déjà beaucoup d'accroissement, le champart et la dîme de sa terre de Vervins, le champart d'Agnies et celui de Coucy-la-Ville, excepté deux muids de grains dus à l'Eglise de Nogent, un vivier et un moulin près de la même ville de Coucy, le fief et une partie de la dîme de Vassem et affranchissement de vinage par toutes ses terres [1].

C'est sans doute à la munificence et à la piété d'*Enguerrand II* que les habitants de Coucy doivent la construction de l'Eglise de Saint-Sauveur. Les titres de la fondation de ce monument étant perdus, c'est par l'examen des détails de l'architecture qu'on peut en retrouver l'époque. Le portail, d'une ordonnance simple, est orné d'une large porte appuyée sur des colonnes en retraite, au-dessus est une fenêtre étroite et élevée à plein ceintre avec des colonnes annelées; plus haut se trouve une jolie petite galerie aveugle composée de colonnettes supportant six arcades en trèfle déployé; enfin pour remplir le fronton aigu, un trèfle à trois lobes encadré circulairement par un zigzag normand et ensuite par un large torre revêtu d'une tresse à jour. Tous ces ornements et d'autres encore dans l'intérieur de l'Eglise, mé-

[1] Duchesne. — Dom du Plessis.

lange des architectures normandes et sarrasines, offrent les caractères distinctifs de l'architecture à l'époque dont nous parlons [1].

Les chrétiens, qui après l'expédition de 1096 avaient fondé dans la Palestine un royaume et des principautés, se voyaient à la veille de perdre leurs conquêtes, et demandaient des secours contre les Sarrasins qui les environnaient et les attaquaient de toutes parts. Saint *Bernard*, abbé et fondateur de Clairvaux, était leur principal organe en France. Le Roi *Louis le Jeune*, que des motifs particuliers portaient à entreprendre le voyage de la Terre-Sainte, convoqua à Vézelai en Bourgogne une assemblée générale des seigneurs du royaume, à laquelle presque tous se firent un devoir d'assister. Saint *Bernard* ayant fait un tableau pathétique de la triste position où se trouvaient les chrétiens d'Orient, le Roi s'empressa de prendre la croix ainsi que la Reine *Eléonore* de Guienne, présente à cette assemblée, et leur exemple entraîna un très-grand nombre des seigneurs les plus puissants, parmi lesquels on compte celui de Coucy [2].

1146.

Enguerrand se dispose donc à ce voyage, et fait à

1147.

---

[1] *Dessins des souvenirs de Coucy,* publiés par le ch^{er} de l'Épinois, 1834.
[2] Duchesne. — Anquetil. — Michaud. — *Histoire des croisades.*

cette occasion, par le conseil de *Barthélemy*, Evêque de Laon, et de *Milsende* sa mère, de nouvelles donations à l'abbaye de Clairefontaine et à celle de Saint-Vincent de Laon, à laquelle il confirme la propriété de tout ce que son aïeul avait déjà donné de sa terre de Saint-Gobain et que *Thomas*, son père, avait repris injustement. L'année suivante, après avoir mis ordre à ses affaires, il part pour la Terre-Sainte avec le Roi et la Reine, suivis de soixante mille hommes. Le résultat de la croisade ne répondit point aux espérances des chrétiens, la perfidie des Grecs déconcerta les plans des princes ligués. *Enguerrand* de Coucy, *Robert* de Boves son frère, et un grand nombre de seigneurs du Vermandois se distinguèrent parmi les autres croisés par leur sagesse et leur valeur, dans cette malheureuse expédition où il est probable qu'*Enguerrand* périt, car les historiens ne font plus mention de ce seigneur depuis cette époque [1].

Enguerrand avait eu d'*Agnès* de Beaugency deux fils, *Raoul* et *Enguerrand*. *Raoul*, l'aîné, hérite de la plus grande partie des biens de son père ; étant encore en bas âge, il est élevé ainsi que son frère sous les yeux de sa mère par les soins d'un gouverneur

---

[1] Duchesne. — Colliette.

nommé *Gaultier le Mire*. A l'exemple de son père, *Raoul* est quelques années avant de joindre à son nom celui de Coucy, préférant celui de Marle, lieu de sa résidence habituelle [1].

Robert de Boves, oncle de *Raoul*, que les chroniques représentent comme un homme très-méchant, avait fait partie de la croisade avec *Enguerrand* son frère; de retour dans ses domaines, pensant que la jeunesse de ses neveux lui offre une circonstance favorable pour leur ravir leur héritage, il s'établit dans leurs châteaux, et y exerce un pouvoir despotique; mais ses cruautés et sa tyrannie ne peuvent le maintenir en jouissance des biens qu'il veut usurper, et il est bientôt obligé de renoncer à ses injustes prétentions [2].

1154.

Quelques années après, *Raoul* épouse *Agnès* de Hainaut, princesse d'une grande beauté, mais un peu boiteuse, dont il eut trois filles. La maison de Coucy marchait alors l'égale des plus puissantes maisons du royaume, car on voit dans une charte de 1166, par laquelle ce seigneur, du consentement de sa femme *Agnès*, fait plusieurs donations à l'abbaye de Thenail-

1160.

---

[1] Duchesne.
[2] Duchesne.

les, qu'il avait déjà des officiers dignitaires, comme les princes souverains, puisque l'on remarque au nombre des témoins qu'il appelle comme garants de ses donations, son sénéchal, son chambellan et son bouteiller, et plus tard on voit figurer dans ses actes un chancelier [1].

Les premières années de *Raoul* sont employées à surveiller l'administration de ses biens immenses, à faire des libéralités aux Eglises et à confirmer celles faites précédemment à divers établissements religieux par son père et son aïeul. Vervins, l'un des fiefs principaux des seigneurs de Coucy, n'était encore qu'un village situé dans une vallée, le long d'un ruisseau, *Raoul* entreprend d'en faire une place plus importante, transporte les habitants sur la montagne et entoure la ville nouvelle d'un mur défendu par vingt-deux tours [2].

1163.

1172. *Raoul*, jeune encore, perd *Agnès* qu'il fait ensevelir dans l'abbaye de Nogent, comme elle en avait exprimé le désir. N'ayant point d'héritier de son nom,
1174. il songe à se remarier et épouse *Alix* de Dreux, princesse du sang royal, nièce du roi *Louis VII* et

---

[1] Duchesne.
[2] *Histoire du diocèse de Laon.*

sœur de *Robert* de Dreux qui plus tard épousa *Yolande*, fille aînée de *Raoul* et d'*Agnès* de Hainaut. Par cette double alliance avec la maison de Dreux, *Raoul* devient neveu du Roi de France et beau-père d'un prince du sang royal [1].

1180.

Le caractère et les vertus de *Raoul* lui concilient l'estime et la confiance du Roi *Louis*, et ces sentiments sont partagés par *Philippe*, fils de ce monarque, qui avait choisi en mourant pour tuteur de ce jeune prince *Philippe* d'Alsace, comte de Flandre, au préjudice de la Reine *Alix* de Champagne. Ce prince, qui jouissait de la plus grande faveur sous le Roi *Louis*, en avait profité pour augmenter ses immenses richesses en épousant *Élisabeth*, héritière des comtes de Vermandois et de Valois.

Le choix de ce tuteur avait déplu à quelques seigneurs ; le comte de Sancerre, *Étienne* de Champagne, jaloux de l'espèce d'affront fait à sa maison, prit les armes contre le Régent et prétendit par cette voie faire rendre à la Reine *Alix*, ses droits à la régence dont elle se plaignait d'être exclue. Cette princesse, mécontente, se retira en Normandie avec le Cardinal de Champagne et les comtes de Blois et de

---

[1] L'Alouëte. — Duchesne. — Dom du Plessis.

Sancerre. Le Roi d'Angleterre, à qui appartenait cette partie de la France, reçut les mécontents avec tous les égards dus à leurs rangs et se prépara à les secourir de ses armes. Quatre des plus grands seigneurs attachés au parti du Régent, *Bouchard* de Montmorency, *Raoul* de Coucy, le comte de Clermont, et le seigneur de Metz, tâchèrent de prévenir les malheurs dont ces discordes menaçaient le royaume. Le seigneur de Coucy parvint à décider le Régent à consentir à ce que les plaintes de la Reine fussent examinées et jugées, ainsi qu'elle le demandait, par le Roi d'Angleterre qui envoya en même temps le Cardinal d'Oxfort au Roi *Philippe II* pour lui offrir sa médiation. Une conférence eut lieu à Gisors, et les droits de *Philippe* d'Alsace furent confirmés.

Ce succès rendit ce seigneur plus hautain et plus impérieux. Le feu secret de l'envie que la maison de Champagne lui portait, se communiqua bientôt au seigneur de Coucy et au comte de Clermont, qui, ayant regardé avec indifférence les commencements de l'élévation de *Philippe* d'Alsace, voyaient alors avec inquiétude les immenses progrès de sa puissance. Ces seigneurs appréhendant que le comte, qui gouvernait avec une autorité absolue, ne devînt trop puissant et que le Roi lui-même asservi à son empire n'en pût plus secouer le joug dans la suite, entretinrent le jeune prince en particulier, et lui inspirèrent leurs craintes et leurs soupçons. Le Roi, à qui une domination supérieure ou même égale à la sienne portait ombrage, se refroidit à l'instant à l'égard du comte qui se retira alors de la cour [1].

Sur ces entrefaites, la comtesse *Elisabeth* de Vermandois mourut en laissant l'usufruit du Vermandois à *Philippe* d'Alsace, son mari, au préjudice de sa sœur cadette *Éléonore*, épouse de *Mathieu* de Beaumont. *Eléonore* réclama la protection du Roi pour obtenir la restitution de ce comté que son beau-frère prétendait conserver, promettant de l'instituer son héritier en cas qu'elle n'eût pas d'enfants ; et ce prince, qui avait pris les rênes du gouvernement, somma le comte de Flandre de quitter le Vermandois : le comte non-seulement refusa, mais encore éleva des prétentions sur le Valois.

1182.

De son côté, *Raoul* de Coucy, quoique vassal du comte pour les terres de Marle et de Vervins, au lieu du fief de la Ferté-Béliard que le comte lui avait transporté, donna au Roi le conseil de s'opposer aux

1183.

---

[1] Colliette. — *Histoire du Vermandois.*

prétentions de ce seigneur les armes à la main, et lui-même, mit dans cette occasion à la disposition de son souverain toutes les forces dont il pouvait disposer. Le comte de Flandre s'avance avec une armée jusqu'à Senlis, laissant partout des marques de sa vengeance, et donne l'ordre au sénéchal de Flandre, *Hellin*, qui commandait ses troupes, de ravager les domaines du seigneur de Coucy. Au moment où on allait en venir aux mains, le Cardinal-légat, qui accompagnait le Roi, obtient une trêve d'un an, et, cédant à la prière de plusieurs seigneurs, le Roi pardonne au comte sa révolte et lui accorde la paix à la condition de rendre le Vermandois et une partie de la Picardie à sa belle-sœur. Le Roi, pour reconnaître les services de *Raoul* de Coucy, oblige, par le même traité de paix, signé à Amiens après les fêtes de Pâques de 1184, le comte de Flandre à relever ce seigneur de l'hommage qu'il lui devait [1].

1185. Les seigneurs de Coucy tenaient le fief de La Fère de l'Eglise de Laon; le Roi *Philippe-Auguste* ayant obtenu de l'Évêque *Roger* de Rosoy la cession de son

---

[1] Anquetil. — *Hist. de France.* — *Histoire du diocèse de Laon.* — Colliette. — Duchesne.

droit seigneurial, *Raoul* ne dut plus hommage qu'au Roi. Par ce dernier acte, les seigneurs de Coucy ne reconnurent plus pour suzerain que le Roi, et leurs domaines furent affranchis de toute redevance seigneuriale, à l'exception de celle de soixante sous sur celui de Coucy, qu'ils continuèrent à payer à l'abbaye de Saint-Rémy de Reims. En signe de leur indépendance, ils joignirent depuis cette époque à leur nom le titre de sire, spécialement affecté aux seigneurs, ne reconnaissant d'autre supérieur que le Roi [1].

La prospérité de la maison de Coucy augmentait chaque jour, et elle devait encore se continuer dans les enfants de *Raoul* qui avait déjà eu d'*Alix* de Dreux quatre fils, nommés *Enguerrand*, *Thomas*, *Raoul* et *Robert*, ainsi qu'on le voit dans le Cartulaire de l'abbaye du Mont-Saint-Martin, au diocèse de Cambray, à laquelle *Raoul* fit quelques libéralités.

1187.

Le goût des tournois s'était répandu en France; ces spectacles, qui avaient lieu en présence des dames, offraient aux grands seigneurs qui les donnaient une occasion d'étaler leur magnificence. Les cheva-

---

[1] Duchesne. — *Histoire du diocèse de Laon.*

liers y faisaient admirer leur adresse à manier les armes, et souvent l'amour récompensait leur vaillance, car les mœurs galantes de ce temps exigeaient que chaque chevalier combattît en l'honneur d'une dame.

Raoul, heureux et comblé de richesses, veut aussi donner une de ces fêtes à laquelle viennent assister le duc de Limbourg, le comte de Flandre, le comte de Soissons, le comte de Namur et un grand nombre de chevaliers déjà célèbres par leurs hauts faits et leur naissance illustre. Les joutes ont lieu entre La Fère et Vendeuil, et durent deux jours. *Renaud*, châtelain de Coucy, jeune bachelier qui soupirait en secret pour la belle *Gabrielle* de Levergies, dame de Fayel, s'y fait particulièrement remarquer par sa grâce et son habileté à manier les armes, et obtient, à la suite de ce brillant tournoi, un premier gage de l'amour que partageait la dame de ses pensées [1].

Raoul continue à donner des soins assidus à l'administration de ses riches domaines dans lesquels il fait exécuter d'utiles travaux. La chaussée qui conduit de Coucy à Crécy était impraticable à cause des marais formés par le débordement de la rivière de

---

[1] Li roumans dou chastelain de Coucy.

Lette; il en fait payer une partie par un nommé *Robert* de l'Atre, auquel il concède à perpétuité, pour prix de ces travaux et de leur entretien, un droit de passage d'un denier, pareil à ceux qu'on payait pour le vinage, par chaque chariot ferré, et d'un denier de la monnaie qui avait cours habituellement dans sa terre, pour les chariots non ferrés [1].

La désastreuse expédition de 1148 avait été peu favorable aux chrétiens établis dans la Palestine; le trône de Jérusalem successivement occupé par des femmes, des enfants, des hommes que la mauvaise santé ou l'imbécillité rendaient incapables de gouverner, venait de s'écrouler sous le malheureux *Guy* de Lusignan, prisonnier du célèbre *Saladin*. Les Rois de France et d'Angleterre étant convenus de faire une nouvelle tentative pour délivrer la Terre-Sainte du joug des Sarrasins, une croisade est prêchée en France, et l'exemple des deux monarques qui avaient annoncé leur intention de commander en personne leurs armées, entraîna un grand nombre de seigneurs français, parmi lesquels figure *Raoul* de Coucy.

Suivant l'usage, ce seigneur se prépare à cette expédition en faisant des libéralités aux Eglises. Les

1188.

---

[1] Duchesne.

religieux de Thenailles reçoivent des marques de sa munificence. Il accorde à l'abbaye de Nogent le droit de prendre dans sa forêt de Coucy tous les bois de construction et de chauffage dont elle pouvait avoir besoin, à la charge de faire chaque année, le jour du mardi-gras, une distribution de pain à tous les indigents qui se présenteraient ce jour-là [1].

Après avoir confirmé de nouveau et augmenté les donations de ses ancêtres, *Raoul* songe à faire entre ses enfants le partage de ses biens, afin d'éviter, en cas qu'il mourût, toute espèce de difficulté quant à sa succession. En conséquence, il règle les droits de chacun d'eux par un testament ainsi conçu :

« Moi, *Raoul*, seigneur de Coucy, je veux qu'il soit
» reconnu à présent et pour l'avenir, que, prêt à
» faire le voyage de la Terre-Sainte, afin de ne lais-
» ser à mes enfants aucuns motifs de discorde pour
» leur portion dans mon héritage, de l'avis de nos
» sages conseillers, j'ai disposé de mes terres ainsi
» qu'il m'a paru juste de le faire. C'est pourquoi j'ai
» donné à *Enguerrand*, mon fils aîné, toute ma terre
» pour qu'il la possède sans réclamation, à l'excep-
» tion des portions qui seront assignées à mes autres

---

[1] Chronicon de Nogento.

» enfants comme il suit : Je veux que mon fils *Tho-*
» *mas* possède sans contradiction Vervins, Fontaines,
» Landousies, et qu'il prélève soixante livres [1] sur le
» vinage de Vervins et de Landousies, et pour ces
» différents biens, il sera homme-lige de son frère
» *Enguerrand* [2]. Quant à *Raoul* qui est ecclésiasti-
» que, je lui assigne quarante livres [3] de Paris à tou-
» cher chaque année, tant qu'il vivra. J'ai réservé
» soigneusement pour *Robert* tous les biens qui
» m'ont été apportés en mariage par sa mère et pour
» sa résidence ma maison de campagne de Pinon,
» avec tout le cens de la forêt que nous appelons le
» passage de Pinon. Il tiendra le tout en plein hom-
» mage de son frère *Enguerrand*. S'il arrivait qu'*En-*
» *guerrand* mourût sans héritiers, toute sa portion
» retournerait à son frère *Thomas*. Si au contraire
» un de mes autres enfants mourait sans héritier,
» toute sa portion serait possédée intégralement par
» son frère aîné. J'ai assigné à *Agnès*, ma fille, mille
» six cents livres [4], à prendre sur les revenus ordi-
» naires de Marle et de Crécy, lesquelles commence-

---

[1] Environ 2,700 fr.
[2] Par l'hommage lige le vassal était personnellement engagé vis-à-vis de son seigneur.
[3] Environ 1,800 francs.
[4] Environ 72,000 francs.

» ront à être payées trois ans après ma mort et de-
» vront être recouvrées en huit ans; savoir : chaque
» année à la Saint-Rémy, cent livres sur Marle et
» Crécy ; ces sommes seront confiées à l'Eglise de
» Prémontré pour servir au revenu de ladite *Agnès*.
» S'il arrivait que je mourusse dans le voyage que je
» vais entreprendre et que ma fille *Agnès* mourût
» avant d'avoir été mariée, ce qui aura déjà été
» recouvré des sommes qui doivent lui revenir sera
» partagé ainsi qu'il suit : *Alix*, sa mère et mon
» épouse, en aura la moitié ; et l'autre moitié sera dis-
» tribuée également entre les Hospitaliers, les Tem-
» pliers et l'Eglise de Prémontré, pour le repos de
» mon âme et de celle d'*Agnès*. S'il arrivait qu'*Alix*
» mon épouse fût déjà décédée, la moitié de la somme
» susdite sera remise à mon fils aîné, l'autre moitié
» ayant toujours la même destination. Il est à ob-
» server que tout ce partage est fait, sauf ma pro-
» priété et tous les droits d'*Alix* mon épouse, tout ce
» qui vient d'être écrit restant soumis à ma volonté
» tant que je vivrai. Dans le cas où je n'aurais rien
» changé ni ordonné de plus, ces dispositions de-
» meureront ratifiées sans discussion, et je les con-
» firme par l'empreinte de mon sceau. Fait l'an de
» l'Incarnation du Seigneur 1190 [1]. »

[1] L'Alouëte.

Raoul avait eu trois filles de son premier mariage, dont il n'est point fait mention dans ce testament, parce que étant déjà mariées il leur avait sans doute donné en dot les biens de leur mère *Agnès* de Hainaut.

Après avoir ainsi réglé les droits de l'avenir de ses enfants, le seigneur de Coucy accompagne en Palestine le Roi *Philippe-Auguste*, et périt l'année suivante au siége d'Acre d'où son corps fut rapporté en France et déposé dans l'abbaye de Foigny [1].

Renaud, ce châtelain de Coucy dont nous avons déjà eu occasion de parler, amant heureux de la belle dame de Fayel, s'était, bien à regret, éloigné d'elle afin de ne point justifier les soupçons jaloux du seigneur de Fayel qui s'était aperçu de la liaison de sa femme avec le châtelain. Ce seigneur ayant annoncé son intention de faire partie de la croisade, le châtelain s'était empressé de prendre la croix dans l'espoir de se rapprocher de sa dame qui, à l'exemple des femmes de beaucoup d'autres seigneurs, devait suivre son mari. Mais le seigneur de Fayel, qui n'avait voulu que tendre un piége au châtelain, trouve aussitôt un prétexte pour ne point partir. Le châtelain trompé dans son espoir, ne pouvant manquer à son

---

[1] L'Alouëte. — Duchesne.

vœu sans exposer l'honneur et la vie de celle qui ne respirait que pour lui, fait de tristes adieux à sa tant douce amie. Au siége d'Acre, une blessure grave le met hors d'état de pouvoir continuer la guerre ; il s'embarque, espérant revoir encore, avant de mourir, la dame de ses pensées : mais la blessure était mortelle, et bientôt il sent l'approche de sa dernière heure. Il ordonne à son écuyer de prendre son cœur après sa mort, de le mettre dans un coffre renfermant des cheveux de *Gabrielle*, et de le porter à cette dame avec une lettre qu'il dicte pour lui faire les adieux les plus tendres, et il expire.

L'écuyer, arrivé en France, s'empresse d'exécuter les derniers ordres de son maître. En approchant du château de Fayel, il est tout à coup rencontré par le seigneur de Fayel lui-même qui, le poignard sur la gorge, lui arrache l'aveu du message dont il est chargé et se fait remettre le coffre et la lettre du châtelain. La lecture de cette lettre confirme tous ses soupçons sur l'infidélité de sa femme ; la possession de ces gages d'un amour si bien partagé, fait naître dans son cœur un sentiment de rage mêlé d'une amère satisfaction, car il conçoit aussitôt le projet d'une affreuse vengeance. Il donne l'ordre à son cuisinier d'apprêter comme un mets le cœur du châtelain et de le faire servir à sa maîtresse, tandis qu'en même temps on lui servirait à lui un mets différent, mais préparé de la même manière. *Gabrielle*, ignorant ce qui se passe, se rassasie avec plaisir de cet horrible mets. A peine a-t-elle achevé que son barbare époux lui fait connaître la vérité et lui remet la lettre du châtelain pour qu'elle ne puisse conserver le moindre doute. L'infortunée, convaincue qu'en effet on lui a servi le cœur de son amant s'écrie qu'elle ne prendra plus d'autre nourriture, et bientôt après elle expire dans de violentes et douloureuses convulsions [1] (*Voyez* note 8.)

Enguerrand, l'aîné des fils de *Raoul*, succède à son père ainsi qu'il l'avait décidé par son testament; mais comme il était encore en bas âge, sa mère *Alix* de Dreux se charge de l'administration des biens immenses de ses enfants, qui respectèrent les volontés de leur père quant au partage fait entre eux.

Enguerrand III.

Depuis longtemps les Rois de France et plusieurs seigneurs avaient adopté l'usage d'accorder à leurs vassaux des chartes d'affranchissement moyennant une redevance en argent ou une somme une fois payée. L'avantage que retiraient les villes ou villages qui obtenaient ces sortes de chartes, était de s'admi-

---

[1] Li roumans dou chastelain de Coucy.

nistrer eux-mêmes. Les seigneurs de Coucy n'avaient pas encore jugé à propos d'accorder aux habitants de Coucy une faveur dont jouissaient déjà leur ville de Marle et plusieurs autres lieux de leurs domaines.

1197. *Alix* de Dreux vers la fin de sa tutelle, sollicitée sans doute par les habitants de Coucy, leur accorde ce que l'on appelait alors une paix ou charte de commune. Il est à remarquer toutefois que la ville de Coucy jouissait déjà d'une sorte d'administration municipale imitée des institutions romaines, puisqu'on trouve au bas d'un Cartulaire de l'abbaye de Prémontré sous la date de 1178, rapporté par *Duchesne*, la signature d'un *Robert*, maire de Coucy; mais il est probable que l'autorité de ce magistrat était fort circonscrite et ne s'étendait pas au delà des murs de la ville.

Cette institution a lieu, dit *Alix*, du consentement d'*Enguerrand* mon fils, et de ses frères *Thomas* et *Robert*, et du consentement de *Guy*, châtelain de Coucy, d'après le conseil des prud'hommes, moyennant la somme de cent quarante livres parisis [1], sauf néanmoins tous nos revenus et toute justice nous demeurant de la manière qu'ils s'exercent par tous

---

[1] Environ 6,300 francs.

les seigneurs, excepté la justice de paix troublée qui appartient aux mayeurs et aux jurés, sauf aussi le ban de la vente de notre vin et de celui du châtelain de Coucy, lequel ban nous exerçons pendant trois mois dans l'année, et le châtelain semblablement pendant trois mois.

Le territoire compris dans la nouvelle juridiction s'étendait depuis la chaussée de l'étang, jusqu'à l'entrée du bois qui va à Guny, de là suivant le bois jusqu'à l'entrée du bois de Nogent, de ce point au hameau appelé la Louvresse [1], et de ce hameau jusqu'à Moyembrie, puis à la Tombelle, et de là au ruisseau de Coucy-la-Ville, de manière que toutes les maisons situées au delà de ce même ruisseau faisaient partie de cette paix, et enfin du gué de ce même ruisseau jusqu'à la chaussée de l'étang du Roi.

Cette institution confirma l'administration de la ville de Coucy par un mayeur ou maire assisté de jurés désignés par les bourgeois. A cette époque, l'administration civile et l'administration judiciaire étaient confondues; aussi la charte d'*Alix* a-t-elle pour objet principal de fixer les limites des attributions de la nouvelle justice, et de celle du seigneur.

---

[1] Aujourd'hui le Bois-à-Loups.

Alix voulant que cette institution de paix demeure à perpétuité, la confirme par serment et y appose son sceau, se trouvant, dit-elle, dans notre cour, nos hommes dont les noms sont ci après apposés : *Guy* châtelain de Coucy, *Hugues* de Guny, *Gobert* de Cherisy, *Suin* de Saint-Médard, *Guy* son frère, *Guy* de Vaussaillon, *Gérard* de Lœuilly, *Renaud* de Joigny, *Renaud* de Tracy, *Simon* de Chavigny, *Philippe Cosset*, *Milon* du Ruisseau, *Philippe* de Nouvron, *Jean* de Fay, et *Raoul* de Bienxi. (*Voyez* note 9.)

On voit par cet acte que les seigneurs de Coucy imitaient dans toutes leurs actions les princes souverains, et tenaient comme le Roi des lits de justice où un grand nombre de leurs vassaux assistaient comme conseillers.

Alix, occupée du soin de veiller au bonheur de ses vassaux et à ce que la justice fût exactement rendue dans ses domaines, prit peu de part aux troubles qui agitaient le diocèse de Laon; cependant elle envoya les gens de la commune de Marle au secours de *Robert*, seigneur de Pierrepont, contre *Nicolas*, seigneur de Rumigny, qui lui disputait le comté de Roucy [1].

---

[1] Duchesne. — *Histoire du diocèse de Laon.*

Dâns ce temps-là une nouvelle croisade fut prêchée par *Foulques* de Neuilly qui, parcourant la France pour exciter le zèle des fidèles, se trouva à un tournoi qui eut lieu en Champagne, dans un château nommé Escriz, sur les bords de l'Aisne, auquel assistaient *Thibault*, comte de Champagne et de Brie, et *Louis*, comte de Blois et de Chartres ; les prédications de *Foulques* entraînèrent un grand nombre de seigneurs, entre autres *Nevelon*, Evêque de Soissons, *Mathieu* de Montmorency, *Guy*, châtelain de Coucy, son neveu, et grand nombre d'autres personnages de condition [1].

Les Anglais faisaient sans cesse des tentatives d'excursions dans le royaume, et avaient suscité de nombreux ennemis à la France ; ces guerres étaient ruineuses ; le Roi, ayant besoin d'argent, s'adressa au clergé de Reims qui répondit que cette contribution pouvait tirer à conséquence et qu'il se contenterait de prier Dieu pour la prospérité de ses armes.

Peu de temps après, *Enguerrand* de Coucy, qui avait hérité de l'humeur guerrière de ses ancêtres, se ligue avec le comte de Rhetel et *Roger* de Rozoy contre l'Eglise de Reims dont ils pillent les terres, coupent les bois et s'emparent de plusieurs villages.

---

[1] Villehardouin.

Les chanoines de Reims, se voyant hors d'état de résister à des seigneurs si puissants, implorent à leur tour le secours du Roi qui leur fait répondre que n'ayant point de troupes à leur envoyer, tout ce qu'il peut faire pour eux est de prier ces seigneurs de ne plus les inquiéter. La prière du Roi, qui sans doute n'était pas très-pressante, n'a pas l'effet que les ecclésiastiques en espéraient, car les trois seigneurs ligués n'en sont que plus animés et recommencent leurs déprédations avec plus d'animosité qu'auparavant. Cependant le Roi, qui n'avait voulu que donner une leçon aux chanoines, se met en mesure de réprimer les désordres qui règnent dans le diocèse, et, ayant rassemblé une armée à Soissons, il menace de ravager à son tour les terres de Coucy et du Rhételois, ce qui fait rentrer les seigneurs dans le devoir [1].

Cette expédition paraît être la seule de ce genre dans laquelle *Enguerrand*, emporté par l'ardeur de la jeunesse et son esprit belliqueux, se laisse entraîner. Avide de gloire, il comprit que des entreprises qui n'avaient pour objet que le pillage et la dévastation ne pouvaient en procurer une véritable, et que c'était contre les ennemis du royaume qu'il devait

---

[1] Dom du Plessis. — *Histoire du diocèse de Laon.*

porter les armes. Dès lors, à l'exemple de ses ancêtres, il songe à augmenter par une alliance convenable la splendeur et la puissance de sa maison.

Les deux derniers comtes de Roucy étant morts sans laisser d'héritiers de leur nom, leur succession passe entre les mains d'*Eustache*, leur sœur, qu'*Enguerrand* épouse vers la fin de 1201. Ce seigneur prend alors dans plusieurs actes le titre de comte de Roucy, notamment dans une charte de commune qu'il accorde en 1202 aux habitants de Bassoles près Aulers, et dans un traité avec *Gauthier*, seigneur d'Avesnes, en 1203, par lequel tous deux jurent de se prêter mutuellement secours envers et contre tous, sauf le service et la fidélité qu'ils doivent au Roi et à la comtesse de Vermandois [1].

1201.

La croisade dont le châtelain de Coucy faisait partie, éprouvant des obstacles par la mauvaise foi des Vénitiens, les croisés s'étaient arrêtés à Corfou. Une partie des seigneurs, mécontente de ce que l'expédition traînait en longueur et leur semblait dangereuse, prit la résolution de quitter l'armée pour aller retrouver *Gauthier* de Brienne, alors à Brindes dans le royaume de Naples. Les chefs du complot étaient *Eudes* le

1203.

---

[1] Duchesne. — Dom du Plessis.

Champenois de Champlitte, *Jacques* d'Avesnes, *Pierre* d'Amiens, *Guy*, châtelain de Coucy et plusieurs autres qui leur avaient promis secrètement de se tenir à leur parti, ne l'osant faire paraître publiquement de crainte de blâme. Si bien que l'on peut dire que plus de la moitié du camp était de leur faction. Les chefs de l'armée, ayant eu connaissance de cette résolution, allèrent les trouver, se prosternèrent à leurs pieds et obtinrent par leurs prières qu'ils ne se retireraient point, ce qu'ils accordèrent à la condition qu'on leur fournirait les moyens de passer en Syrie dès qu'ils le demanderaient. Peu de temps après, tandis que l'armée naviguait dans les parages d'Andros, il arriva, dit *Villehardouin*, un grand malheur par la mort du châtelain de Coucy, l'un des principaux barons de l'armée, dont le corps fut jeté dans la mer [1].

1204.

L'union d'*Enguerrand* et d'*Eustache* paraît n'avoir pas été heureuse, car, après être restés ensemble pendant trois ans sans avoir d'enfant, ils se séparent sans que l'on sache pour quel motif. Cette séparation fait perdre à *Enguerrand* les domaines de Roucy qu'*Eustache* lui avait apportés en dot ; mais, peu de temps après, il fait un mariage beaucoup plus brillant

---

[1] Villehardouin.

en épousant *Mahaut* ou *Mathilde* de Saxe, veuve de *Geoffroy III*, comte du Perche. *Mahaut* était fille de *Henri*, duc de Saxe, sœur de l'Empereur *Othon IV*, petite-fille de *Henri II*, Roi d'Angleterre, et d'*Eléonore* de Guienne autrefois Reine de France. *Enguerrand*, devenu par ce mariage allié de plusieurs princes souverains, prend aussitôt le titre de comte du Perche, *Mahaut* ayant conservé le titre de comtesse, sans toutefois exercer aucun droit sur ce comté dont son fils *Thomas* avait pris possession [1].

Le château de Coucy que l'Archevêque *Hervé* avait fait construire en 909, mais qui n'avait été bâti que fort à la hâte par les seuls paysans du lieu, était déjà dans un tel état de dégradation que les derniers seigneurs de Coucy avaient abandonné cette résidence. Ce château, construit dans l'origine pour être une simple forteresse, n'était plus digne de son nom et de la magnificence des seigneurs de Coucy : *Enguerrand* le fait abattre et entreprend d'en bâtir un autre sur un plan beaucoup plus vaste, c'est celui dont les ruines magnifiques font aujourd'hui l'ornement de la ville de Coucy.

Le château s'élève à l'extrémité de la montagne et

---

[1] Duchesne. — Dom du Plessis.

est flanqué de quatre tours ayant cent pieds d'élévation, qui servent à défendre trois vastes corps de bâtiment [1]. L'un de ces bâtiments renferme une immense salle de réception, les autres corps de logis, dont l'un est à l'ouest et l'autre au nord, sont destinés aux appartements des seigneurs et des dames. Cette enceinte est fermée du sud-ouest à l'est par une épaisse muraille et un large fossé, sur le bord duquel, vers le milieu, s'élève une tour haute de cent quatre-vingts pieds et ayant trois cent cinq pieds de circonférence. Cette tour, qui est la plus considérable du château, renferme trois salles voûtées en ogives qui ont quarante-huit pieds de diamètre pris dans l'intérieur des piliers. La première salle au rez-de-chaussée est divisée par deux rangées superposées de douze arcades en ogives; le premier rang a seize pieds d'élévation et le second vingt-quatre, ce qui donne à cette salle une élévation totale de quarante pieds ; elle est éclairée par trois croisées de douze pieds de hauteur sur huit de largeur. Les arêtes de la voûte ogivée de cette salle sont supportées à six pieds du sol par des corniches richement ornées de sculptures représentant des personnages la plupart à genoux. Dans

---

[1] Voir les plans et dessins des *Souvenirs de Coucy*, publiés par M. de l'Épinois.

cette salle, sous la seconde arcade à droite, est un puits dont la profondeur descend à deux cents pieds environ. La salle du premier étage moins ornée que la précédente est de la même hauteur, ayant un seul rang d'arcades; les arêtes de la voûte sont supportées par des colonnettes d'ordre composite qui ont dix pieds d'élévation. La salle du second étage, un peu moins élevée que les deux autres, est comme celle du premier étage formée d'une seule rangée d'arcades, mais elle est environnée d'une galerie circulaire sur une profondeur de onze pieds. Au-dessus de cette salle est une plate-forme de soixante-douze pieds de diamètre, environnée d'un parapet de quinze pieds de hauteur, percé de vingt-quatre croisées faiblement ogivées de dix pieds de hauteur sur six pieds de largeur, et de vingt-quatre meurtrières. Ce parapet est en outre orné d'une double corniche sculptée en fleurons de formes différentes; cette corniche, qui se répète à l'extérieur de la tour, est avec les fenêtres de la plate-forme et un rang de corbeaux placé au-dessous de ces fenêtres le seul ornement que ce colosse offre aux regards. On monte dans les divers étages par un escalier de pierre en forme de vis pris dans l'épaisseur des murs, qui ont au rez-de-chaussée vingt-deux pieds d'épaisseur, et dix seulement au sommet de la tour. On pénètre dans cette tour par une porte de vingt pieds de hauteur défendue par une herse, et ornée d'une pierre sculptée représentant un cavalier couvert de son bouclier, et de son épée se défendant avec sang-froid contre les attaques d'un lion; symbole de cette forteresse que les attaques les plus imprévues des ennemis les plus terribles ne devaient ni surprendre, ni ébranler (*Voir* note 10). Un fossé profond, fermé par un mur circulaire de dix-huit pieds de large et de trente pieds de haut, environne la tour. Ce mur, auquel on a donné le nom de Chemise de la tour, est percé du côté de la cour intérieure du château par une ouverture donnant passage sur un pont-levis, vis-à-vis de la porte de la tour [1].

Du côté extérieur, le château présente peu d'ouvertures; toutes les façades donnent sur la cour, qui forme à peu près un carré long irrégulier. La principale entrée, située entre la grosse tour et la tour de l'Est, est défendue par le fossé dont il a déjà été parlé, que l'on traverse sur un pont étroit élevé sur cinq piliers qui supportent un pareil nombre de portes.

[1] Voir les plans et dessins des *Souvenirs de Coucy*.

Entre la ville et le château est une vaste cour formant un carré long, fermé par une enceinte de murailles défendues par treize tours. Un large fossé qui sépare cette cour de la ville, une étroite chaussée, un pont-levis et plusieurs portes placées dans l'épaisseur du rempart complètent la défense de cette première enceinte, à l'une des extrémités de laquelle se trouve une poterne ou porte de secours.

Enguerrand, voulant faire de Coucy la principale place forte de ses domaines, fait élever autour de la ville des murailles et des tours capables de résister longtemps à des attaques régulières. La porte, du côté de Laon, le côté de la ville que l'on peut attaquer de plain-pied, est fortifiée avec un soin particulier ; derrière cette porte *Enguerrand* fait construire un vaste bâtiment dont il fait don à la ville pour y établir la mairie et servir d'auditoire où se tiendront les plaids ordinaires et les assemblées du corps de ville : près de là s'élève le beffroy, sous lequel se trouvent des prisons et un lieu destiné à retirer les bâtons, artillerie et autres munitions de guerre de la ville, chargée depuis de l'entretien et de la défense de ses murailles [1].

Enguerrand s'attache à faire observer la justice

---

[1] Archives de Coucy, déclaration du corps de ville de 1547.

dans toutes les terres de son obéissance. Il confirme la charte de paix donnée par sa mère aux habitants de Coucy pour lesquels il fait rédiger un corps de lois particulières qui, sous le titre de *Coutumes de Coucy*, servit depuis de lois pour la ville et un assez grand nombre de villages voisins. Vers le même temps, il donne aussi une charte de commune aux habitants de La Fère¹.

1207.

1209.
Deux ans après, *Enguerrand*, devenu veuf de *Mathilde*, dont il n'avait point d'enfants, alla, avec plusieurs autres seigneurs du Vermandois, rejoindre dans le Languedoc l'armée qui, sous les ordres du comte de Montfort, faisait, sur les instances du Pape *Innocent III*, la guerre aux Albigeois, hérétiques contre lesquels une croisade avait été prêchée². Mais avant de partir pour cette expédition, le sire de Coucy recommande son âme aux prières des moines de Saint-Prix auxquels il fait à ce sujet des libéralités. Tandis qu'*Enguerrand* expose sa vie pour la foi, ses ennemis personnels croient pouvoir profiter de la circonstance pour le faire périr; mais ils sont trahis par l'un d'eux qui sert avec zèle la vengeance du seigneur de Coucy³.

¹ Duchesne. — Dom du Plessis. — La Thaumassière.
² Dom Vaissette, *Histoire du Languedoc*, t. III, p. 205.
³ Duchesne. — Dom Duplessis. — Colliette.

A peine *Enguerrand* est-il de retour de cette expédition, après le siége de Lavaur, que le Roi *Philippe-Auguste* lui propose d'épouser *Jeanne*, héritière du comté de Flandre, à condition de faire hommage au Roi de France de ce comté pour le rachat duquel il paierait cinquante mille livres [1]. Le seigneur de Coucy consent à cette alliance, et fait, avec le Roi, un traité par lequel il s'engage à remplir les conventions arrêtées entre ce prince et lui, et fournit pour pleiges ou garants de sa parole, l'Evêque de Beauvais, le comte *Robert* de Dreux et son fils, le comte de Saint-Pol et son fils, le comte de Soissons et son fils, *Robert* de Courtenay et ses héritiers, *Thomas* de Coucy et ses héritiers, le comte d'Auxerre et ses héritiers, *Guillaume* de Garlande et ses héritiers, tous les chevaliers hommes liges d'*Enguerrand* et toutes les communes de ses domaines, *Florent* de Hangest et ses héritiers. Mais ce projet n'a pas de suite, car *Mathilde* ou *Trade*, Reine de Portugal, veuve de *Philippe*, comte de Flandre, obtient de *Philippe-Auguste* que *Ferrant* de Portugal, son neveu, épouse la jeune comtesse. *Enguerrand*, qui sans doute avait déjà d'autres

---

[1] Deux millions de francs environ.

vues, consent facilement à l'annulation du traité qu'il a fait avec le Roi[1].

1212. *Jean*, seigneur de Montmirel et d'Oisy, ayant pris l'habit religieux, fit le partage de ses biens entre ses enfants, alliés aux plus grands seigneurs de France. Il avait une fille nommée *Marie*, qu'*Enguerrand* demanda en mariage, et qui lui apporta en dot plusieurs terres considérables, entre autres, celle de Condé en Brie[2].

1214. Le nouveau comte de Flandre ne tarde pas à devenir ennemi du Roi qui, pour prix de la faveur qu'il lui avait accordée, avait retenu les villes d'Aire et de Saint-Omer; il est le principal moteur d'une ligue dont les chefs sont le Roi d'Angleterre et l'Empereur d'Allemagne. *Philippe-Auguste*, ayant assemblé une armée bien inférieure en nombre d'hommes à celle de ses adversaires, marche à leur rencontre et livre, auprès du pont de Bouvines, une bataille devenue célèbre par la défaite complète de ses ennemis. Parmi les seigneurs français qui se distinguèrent dans cette journée mémorable, on cite *Enguerrand* de Coucy et ses frères, *Thomas* et *Robert*, qui, ainsi que lui,

---

[1] Duchesne.
[2] Duchesne. — Dom du Plessis.

avaient conduit leurs vassaux, au nombre de deux mille hommes, à l'armée du Roi : ces seigneurs combattaient au centre de l'armée qui avait en tête le comte Ferrand, et le forcèrent à se rendre prisonnier après avoir rompu la ligne de l'ennemi. *Enguerrand* et *Mathieu* de Montmorency eurent la plus grande part au gain de la journée. Vingt-huit chevaliers, vassaux de la sirerie de Coucy, combattirent sous la bannière d'*Enguerrand* pendant cette guerre; ce sont *Thomas* et *Robert* de Coucy, *Rodolphe* du Sart, le châtelain de Coucy, *Alain* de Roucy, *Clérambault* de Montchablon, *Foulques* de Brisai, *Jean* de Montgobert, *Hervé* de Buzenci, *Guy* de Villiers, *Jean-le-Tor*, *Rodolphe* de Castel, l'héritier de Pierrepont, *Albéric* de Bussi, *Rodolphe* de Eseri, Jean de Condun, *Anselme* de Roncherolles, *Manassès* de Mello, *Pierre* de Milli, le châtelain de Beauvais, *Zélon* de Beauvais, *Raoul* de Gif, *Gauthier* de Tirel, l'héritier d'Argy, comte de Beaumont, *Baudouin* de Reims, *Roger* de Rosay, le sire de Montaigu [1].

Jean-sans-Terre, Roi d'Angleterre, s'étant rendu odieux aux Anglais par sa tyrannie, les barons du royaume réunis le déclarèrent déchu de la royauté, et

---

[1] Dom Duplessis. — Anquetil. — *Histoire du diocèse de Laon.* — Mazas. — *Archives gén.*, cart. j., 786.

envoyèrent l'un d'eux offrir la couronne à *Louis*, fils de *Philippe-Auguste* et neveu du Roi d'Angleterre par *Blanche* de Castille, sa femme, qui était fille d'*Éléonore*, sœur de *Jean* [1]. Enguerrand, consulté sur cette affaire importante, conseille avec instances au jeune prince d'accepter, malgré l'opposition de la Cour de Rome, la couronne qui lui est offerte. La haute noblesse de France s'empresse de faire partie de l'armée qui doit assurer au prince *Louis* la possession de l'Angleterre, et chaque seigneur réunit sous sa bannière la plupart de ses vassaux : le comte de Nevers conduit cent chevaliers; *Enguerrand* de Coucy, cinquante ; *Robert*, comte de Dreux, son beau-frère, trente ; *Jean* de Montmirel, qui était aussi son beau-frère, vingt ; le comte de Roucy, dix ; le comte de Hollande, trente-six ; le comte de Guignes, quinze, etc. Cette énumération, donnée par les historiens du temps, fait voir quelle était à cette époque la puissance des seigneurs de Coucy [2].

1216. La mort de *Jean-sans-Terre*, qui laisse trois fils en bas âge, change les dispositions des Anglais, qui, trouvant injuste de faire souffrir des fautes du père, ces enfants innocents, reconnaissent spontanément

---

[1] Anquetil.
[2] L'Alouëte. — Duchesne. — Dom Duplessis.

Henri, l'aîné, pour leur Roi, et forcent *Louis* et les Français de quitter l'Angleterre [1].

Quelque temps avant le départ d'*Enguerrand* pour l'Angleterre, le doyen du chapitre de Laon, *Adam* de Courlandon, avec lequel il s'était brouillé, avait fait mettre en prison des vassaux de ce seigneur, sous prétexte d'excursions faites par eux sur les terres de cette Église; le sire de Coucy, indigné, avait aussitôt ravagé les terres du chapitre et réduit les chanoines à la dernière misère. S'étant rendu à Laon avec ses hommes d'armes, il avait marché droit à la cathédrale, et après en avoir fait enfoncer les portes, avait arraché le doyen des bras de ses confrères sans égard à la sainteté de son asile, l'avait traîné à Coucy chargé de chaînes et jeté dans un cachot. Le chapitre ne pouvant espérer de secours du Roi, qui avait intérêt à ménager le seigneur de Coucy, eut recours, pour se venger, aux armes spirituelles. Le Pape Honorius, qui s'était opposé à l'expédition d'Angleterre, accueillit avec empressement les plaintes du clergé de Laon, et, tant à cause de ses violences contre le chapitre, que pour avoir conseillé au prince *Louis* de prendre la couronne d'Angleterre, manda aux Archevêques

---

[1] Anquetil.

de Reims, de Sens et de Rouen d'excommunier *Enguerrand* et ses complices. Le clergé, profitant de l'absence de ce seigneur, passé en Angleterre, l'excommunication fut publiée dans les diocèses de Laon, de Châlons, de Soissons, de Beauvais, de Noyon, d'Amiens, de Cambray, d'Arras et de Tournay.

1218.

De retour dans ses domaines, *Enguerrand* est près de deux années sans vouloir faire sa paix avec le chapitre ; mais enfin, il consent à relâcher son captif et à recevoir son absolution, qui est prononcée par les Evêques de Laon et de Noyon, après qu'il a fait le serment de n'exercer à l'avenir aucune violence contre des clercs et de ne plus envahir les terres du chapitre [1].

L'année suivante, *Enguerrand* de Coucy suivit le prince *Louis* dans l'expédition qu'il fit contre le comte de Toulouse, et se trouva au siége de cette ville en 1219 [2].

Pendant un espace de sept années les historiens ne rapportent rien d'intéressant sur *Enguerrand*, que son expérience et ses grandes lumières firent appeler dans les conseils assemblés par le Roi pour

---

[1] Duchesne. — Dom du Plessis. — *Histoire du diocèse de Laon.* — Devisme, *Histoire du diocèse de Laon.*
[2] Dom Vaissette, *Histoire du Languedoc*, t. III, p. 313.

régler les affaires du royaume, et le nom de ce seigneur se trouve dans le préambule de plusieurs ordonnances de *Louis VIII*, notamment en 1223. Ce fut sans doute pendant ce long intervalle que le sire de Coucy, occupé de l'administration de ses domaines, termina les immenses constructions qui, plus encore que ses actions, lui ont fait donner par quelques historiens le surnom de *Grand*. Indépendamment des embellissements qu'il fit à Coucy, il fit construire les châteaux de Saint-Gobain, d'Acy et de Marle; le châtelier au-dessus de La Fère, le parc et la maison de Follembray, la maison de Saint-Aubin entre Coucy et Noyon, le parc d'Espintière; sans parler de l'hôtel de Coucy à Paris, auprès de Saint-Jean-en-Grève, et de plusieurs autres lieux moins connus, qui, tous ensemble, ne purent être achetés ou mis sur pied qu'avec une dépense extraordinaire [1].

Depuis plusieurs années le maire et les jurats de la ville de Coucy-le-Château disputaient à l'abbaye de Nogent la propriété des cloches et du cimetière de Saint-Sauveur, que les abbés de Nogent considéraient comme une succursale de la paroisse de l'abbaye. Des commissaires furent nommés de part et d'autre

1225.

---

[1] Duchesne. — Dom Duplessis.

pour juger cette affaire. L'Église de Nogent fut reconnue Église-mère de celle de Coucy-le-Château, et afin d'obtenir la concession, qui leur fut accordée, des cloches et du cimetière, le maire et les jurats s'engagèrent à aller chaque année processionnellement à Nogent entendre la Messe et communier au grand autel les jours de Pâques et de Pentecôte; et dans le cas où le desservant de Saint-Sauveur ne justifierait pas d'un empêchement légal à se rendre à Nogent les jours susdits, il devait payer à l'Église de Nogent une amende de six deniers laonnais (*Voir note 11*)[1].

Vers ce temps *Enguerrand* eut une querelle avec l'Évêque de Noyon relativement à la mouvance du château de Quierzy; l'Évêque exigeait que le sire de Coucy lui rendît foi et hommage pour ce château qui, abandonné par le Roi *Philippe Ier* à *Radbod*, l'un de ses prédécesseurs dans l'Évêché de Noyon, avait été donné par ce Prélat en fief à l'un des auteurs d'*Enguerrand*. Ce seigneur refusait à l'Évêque le devoir de foi et hommage, sous prétexte qu'il lui était dû à lui-même par *Gobert* de Quierzy ou de Chérisy, qui était alors possesseur de ce château. Le

---

[1] Chronicon de Nogento.

Roi, informé de ce différend, chargea *Jacques* de Bazoches, Évêque de Soissons, de le juger. L'Évêque ayant prouvé que les ancêtres de *Gobert* avaient reçu ce château des seigneurs de Coucy seulement en arrière-fief, les droits de l'Évêque de Noyon furent reconnus et confirmés par la sentence de l'arbitre, à laquelle *Enguerrand* paraît n'avoir pas fait opposition [1].

La guerre faite par le Roi *Philippe-Auguste* aux Albigeois n'avait pas entièrement comprimé l'hérésie, cause de tant de maux pour les malheureux habitants du Languedoc : *Louis VIII*, son successeur, ayant, à l'instigation du Légat du Pape, fait publier une nouvelle croisade contre ces hérétiques, *Enguerrand* de Coucy, *Thomas* et *Robert* ses frères et un grand nombre de seigneurs le suivirent dans cette expédition, qui ne devait durer que quarante jours, et qui eut peu de succès.

1226.

Le Roi arriva à Clermont en Auvergne à la fin d'octobre 1226. La maladie s'était alors mise parmi ses troupes, à cause des fatigues de la campagne. Étant arrivé à Montpensier le jeudi avant la Toussaint, il tomba lui-même malade. *Louis*, se voyant sans espérance de guérison, fit appeler dans sa cham-

---

[1] Colliette.

bre, le 3 novembre, les Prélats et les principaux seigneurs qui l'accompagnaient, savoir : les Archevêques de Bourges et de Sens, les Évêques de Beauvais, de Noyon et de Chartres ; *Philippe*, comte de Boulogne ; le comte de Blois, *Enguerrand* de Coucy, *Archambaud* de Bourbon, *Jean* de Nesle et *Étienne* de Sancerre : il leur ordonna par la fidélité qu'ils lui devaient et leur fit promettre par serment, s'il venait à décéder, de faire incessamment hommage à *Louis*, son fils aîné, comme à leur seigneur et à leur Roi, et de le faire couronner le plus tôt qu'il serait possible [1].

1227.

Dès que le Roi eut les yeux fermés, *Enguerrand* écrivit à *Thibault*, comte de Champagne, conjointement avec une partie des seigneurs qui avaient assisté aux derniers moments du Roi, afin de l'engager à abandonner le parti de quelques seigneurs mécontents de voir la régence confiée à *Blanche* de Castille, mère du jeune Roi connu depuis sous le glorieux nom de *saint Louis*. Le Roi est sacré à Reims l'année suivante, et *Enguerrand* de Coucy assiste avec son frère à la cérémonie du sacre [2].

---

[1] L'Alouëte. — Dom du Plessis. — N. Le Long. — Auquetil. — Dom Vaissette.
[2] Dom du Plessis.

Les Juifs, assez nombreux en Europe, vivaient isolés au milieu des nations chez lesquelles ils habitaient sans y jouir des droits de concitoyens, n'ayant point de patrie à eux, et obtenant seulement par tolérance un droit de résidence des seigneurs sur les terres desquels ils désiraient se fixer. *Enguerrand* ayant réuni les Juifs qui se trouvaient sur ses domaines, les conduisit auprès de Condé en Brie pour y demeurer ; mais ayant négligé probablement de demander l'agrément du comte *Thibault* de Champagne, suzerain de la seigneurie de Condé, celui-ci les renvoya ; puis il concéda aux prières d'*Enguerrand* et permit aux Juifs de rester à Condé, sous la condition expresse que lui ou ses successeurs pourraient les en expulser, en prévenant des motifs de cette mesure le seigneur de Coucy, qui déclare que par cela même que le comte a permis aux Juifs de demeurer à Condé, il ne veut pas que cela puisse causer à lui ou à ses héritiers préjudice pour l'avenir. En foi de quoi un acte a été rédigé au mois de mai 1228. (*Voir* note 12[1]).

La ligue des mécontents, que la Reine régente avait dissipée plus d'une fois par son courage et sa

---

[1] Chronicon de Nogento. — *Archives gén.* KK. 1664, f° 308.

prudence, reprend de nouvelles forces; *Enguerrand*, qui jusque là avait fidèlement servi le Roi et avait l'année précédente pris l'engagement de couper le pont de Beautour, dont il était maître, dès que le Roi ou la Reine l'en requerrait, semble enfin seconder les projets des comtes de Boulogne, de Champagne, de Bar, de Saint-Pol et du duc de Bourgogne, qui, excités et soutenus secrètement par le Roi d'Angleterre et le duc de Bretagne, cherchaient à détrôner le Roi [1].

Le sire de Coucy était un des seigneurs les plus puissants du royaume : les princes ligués, espérant que son nom pourrait exercer une influence utile à leurs desseins, excitent son ambition afin de l'attacher à leur parti, le reconnaissent pour leur chef, et poussent la flatterie jusqu'à lui faire entendre qu'il peut monter sur le trône. *Enguerrand*, déterminé par le désir de déjouer les espérances du comte de Boulogne, qui avait hautement manifesté l'intention de s'emparer du trône, auquel sa naissance aurait pu lui donner quelques droits à défaut de ceux du Roi, accepte le commandement qui lui est offert, et lève l'étendard de la révolte. Entouré de ses nouveaux

[1] L'Alouëte. — Duchesne. — Dom Duplessis. — *Histoire du diocèse de Laon*, par N. Le Long.

courtisans, il joue dans son château de Coucy le rôle de souverain, fait faire une couronne royale dont il orne sa tête, et institue l'*Ordre du Lion*, dont il décore plusieurs des chefs de cette ligue (*Voir note 13*) [1].

Les intérêts de la révolte et les intrigues ne paraissent cependant pas absorber entièrement *Enguerrand* qui s'occupe en même temps d'œuvres pieuses. L'Evêque de Saint-Quentin ayant résolu de placer dans de nouvelles châsses les reliques des saints *Quentin, Victorice* et *Cassien, Enguerrand* assista à cette solennité. Le sire de Coucy fut reçu avec la considération qui lui était due, et flatté, tant de l'accueil qu'on lui fit alors, que de la dévotion qu'il avait remarquée dans les chanoines, il leur accorda, dans le territoire de Sinceny, des droits très-avantageux. Une partie de ces libéralités servit à l'embellissement des précieuses châsses dans lesquelles on mit les reliques des trois saints [2].

L'orage qui semblait menacer la France est bientôt dissipé par la prudence et l'habileté de la Reine régente qui emploie son influence sur le comte de

---

[1] Duchesne. — Dom Duplessis. — *Histoire du diocèse de Laon.* — Mazas, *Histoire des grands capitaines du moyen âge.*
[2] Colliette.

Champagne pour le détacher de la coalition, et jeter par ce moyen la division parmi les ennemis de son autorité; ceux-ci, n'osant plus soutenir leur entreprise coupable, publient qu'ils se sont armés pour forcer *Thibault*, comte de Champagne, à rendre ce comté à *Alix*, Reine de Chypre, sous prétexte que *Thibault* l'avait usurpé sur elle. *Enguerrand*, reconnaissant que la ligue, dont il s'était approprié tous les secrets, est désormais impuissante contre l'autorité royale, s'empresse de faire sa soumission au Roi, auquel il demeure fidèlement attaché jusqu'à la fin de sa vie; aussi le Roi, comptant sur sa loyauté, le mande quelques années après à Saint-Germain avec *Archambaud* de Bourbon, les comtes de Blois, de Guignes, de Sancerre, de Saint-Pol et d'autres seigneurs pour le servir de ses troupes et de sa personne contre *Thibault*, Roi de Navarre et comte de Champagne, qui se disposait à lui déclarer de nouveau la guerre. Saint *Louis*, appréciant chaque jour davantage le mérite d'*Enguerrand*, l'honore de sa confiance et désigne ce seigneur pour être avec *Archambaud* de Bourbon et *Humbert* de Beaujeu chargé de garder la table du Roi dans la cour plénière tenu par lui à Saumur [1].

[1] Chronicon de Nogento.

Appelé à Chinon pour accompagner le Roi qui commandait une armée contre le comte de la Marche, ligué avec *Henri III*, Roi d'Angleterre, *Enguerrand* se disposait à se rendre aux ordres de son souverain, lorsqu'il meurt à Gersis, d'une manière aussi funeste que singulière. Passant à gué une petite rivière, son cheval se cabre, le jette à la renverse; en même temps son épée se détache du fourreau, il tombe sur la pointe qui se trouvait en l'air, et elle lui traverse le corps[1].

Ainsi, meurt à l'âge de soixante ans environ, *Enguerrand III* de Coucy, l'un des hommes les plus distingués de cette illustre maison. Son corps repose dans l'abbaye de Foigny, près de celui de *Raoul*, son père.

Depuis longtemps déjà la bannière des seigneurs de Coucy tenait un rang distingué dans les armées, et la foule nombreuse des gentilshommes qui la suivaient, avait rendu redoutables aux ennemis leurs cris de guerre : *Nostre-Dame au seigneur de Coucy*, disaient les uns; *Coucy à la merveille*, criaient les autres; *Place à la bannière*, répétaient les plus intrépides[2]. C'est *Enguerrand III* qui prit pour devise ces vers :

---

[1] Duchesne. — Dom du Plessis. — *Biographie universelle.*
[2] Ducange.

> Je ne suis Roi, ni prince aussi,
> Je suis le Sire de Coucy.

devise adoptée par ses successeurs, depuis désignés sous le seul titre de Sires de Coucy.

Enguerrand III avait eu plusieurs enfants de *Marie* de Montmirail; quelques-uns étaient morts en bas-âge; il laissa, pour lui succéder, deux fils, *Raoul* et *Enguerrand*, dont il sera fait mention ci-après ; un autre fils nommé *Jean*, qui, ayant suivi le Roi dans la guerre contre le comte de la *Marche*, mourut peu d'années après son père; et deux filles nommées *Marie* et *Alix ; Marie* avait épousé *Alexandre*, Roi d'Écosse, et *Alix* épousa *Arnoul III*, comte de Guines.

Raoul II.   *Raoul*, l'aîné des fils d'*Enguerrand*, succède à son père et prend aussitôt le titre de Sire de Coucy. Les historiens contemporains ne rapportent rien des premières années de ce seigneur, qui épousa *Philippe* de Ponthieu, veuve du comte d'Eu.

1249.   Le Roi *Louis IX* ayant résolu de faire une expédition en faveur des chrétiens de la Palestine, *Raoul*, à l'exemple de ses ancêtres, s'empresse de prendre la croix, ainsi que les comtes de Poitiers, d'Artois et d'Anjou, frères du Roi, et un grand nombre d'autres

1250.   seigneurs. L'année suivante, l'armée débarque en

Egypte, et commence la guerre avec succès. Le comte d'Artois ayant obtenu du Roi le commandement de l'avant-garde au passage du Tanis, après avoir défait les musulmans qui étaient sur la rive opposée, entraîné par une ardeur inconsidérée, s'élance à la poursuite de l'ennemi, malgré les sages avis des seigneurs qui se trouvent auprès de lui, au nombre desquels est *Raoul* de Coucy. Bientôt les musulmans, s'apercevant que ceux qui les poursuivent sont en petit nombre et ne peuvent être soutenus par le reste de l'armée, qui n'a pas encore effectué son passage, se rassurent et, sous la conduite de *Bondochar*, une troupe nombreuse vient se mettre en embuscade dans la ville de Mansourah, sur les derrières des chrétiens qui, ne pouvant plus atteindre les fuyards, songent enfin à se rapprocher du gros de l'armée. Ne se doutant pas du piége qui lui est tendu, le comte d'Artois rentre sans défiance dans Mansourah, où sa petite troupe, déjà fatiguée du combat, est attaquée tout à coup avec fureur. Les chrétiens, ne pouvant résister, sont bientôt massacrés, et le sire de Coucy, après avoir fait des prodiges de valeur pour défendre et sauver le frère de son Roi, périt ainsi que ce jeune prince, dont la témérité avait été la cause de ce désastre qui entraîna la perte de toute l'armée et la captivité du Roi[1].

Le corps de *Raoul* de Coucy ayant été rapporté en France fut déposé dans l'Eglise de Saint-Martin de Laon, dont il avait été un des bienfaiteurs, et où, avant son départ, il avait témoigné le désir d'être enseveli[2].

Enguerrand IV. *Raoul* n'ayant eu qu'un fils mort avant lui, sa succession passe entre les mains d'*Enguerrand*, son frère, second fils d'*Enguerrand III*. Ce seigneur, né quelques années après *Raoul*, était encore dans la fleur de la jeunesse, lorsqu'il recueillit l'immense héritage de la maison de Coucy ; une fortune aussi inespérée augmenta son orgueil naturel, il se laissa emporter à toute la violence de son caractère, et signala par l'injustice et la cruauté le premier usage qu'il fit de sa puissance.

1256. Trois jeunes gentilshommes flamands avaient été envoyés à l'abbaye de Saint-Nicolas-au-Bois, voisine de Coucy, afin d'y étudier la langue française, et recommandés particulièrement à l'abbé. Un jour ces jeunes gens, armés d'arcs et de flèches, prenant le

[1] Joinville, chap. XXIX. — L'Alouëte. — Duchesne. — Dom du Plessis.
[2] L'Alouëte.

plaisir de la chasse dans les bois de l'abbaye, sont entraînés, par le gibier qu'ils poursuivent avec ardeur, jusque dans les bois de Coucy, limitrophes de ceux de Saint-Nicolas. *Enguerrand*, jaloux de ses droits sur la chasse, exerçait une surveillance sévère sur ses domaines; ses gardes arrêtent bientôt les chasseurs, et les traînent en prison. Le sire de Coucy, apprenant ce qui vient d'arriver, s'abandonne à toute sa colère et, sans s'informer du rang de ces jeunes gens, sans être touché de leur jeune âge, ordonne qu'ils soient pendus sur-le-champ aux arbres formant la lisière de ses bois et de ceux de l'abbaye. Le bourreau de Laon, qui se trouvait là par hasard, est forcé d'exécuter cette sentence inique.

L'abbé de Saint-Nicolas, apprenant cet acte de cruauté, se rend près du Roi et, secondé par *Gilles le Brun*, connétable de France, qui était, dit-on, parent de l'une des victimes, se plaint hautement de la violence du sire de Coucy, et demande justice. Le pieux monarque, pénétré de la vérité de cette maxime que la justice est l'appui du trône des Rois, ordonne à *Enguerrand* de comparaître devant son tribunal pour répondre sur l'accusation portée contre lui.

Enguerrand n'ose point désobéir ouvertement à son souverain, mais, se trouvant en sa présence, il refuse avec hauteur de s'expliquer devant le tribunal, disant qu'il ne peut être contraint de répondre, et demande à être jugé par les Pairs de France, suivant la coutume de baronnie. Le tribunal ayant prouvé par des actes précédents qu'il ne tenait pas la terre de Coucy en baronnie, d'autant que la terre de Boves et de Gournay, séparée autrefois de celle de Coucy par frérage, ou partage entre frères, avait emporté cette prérogative de baronnie, il est ordonné qu'il sera passé outre à l'instruction de l'affaire. Le Roi, qui présidait lui-même le tribunal, justement irrité de l'insolence du sire de Coucy, le fait arrêter, non par des pairs ou des chevaliers, mais par des huissiers de la cour, et ordonne qu'il soit détenu prisonnier dans la tour du Louvre, à Paris, lui assignant jour pour paraître devant tous les grands du royaume. *Louis IX*, prenant sans doute en considération l'illustration et les grandes alliances de la maison de Coucy, crut, nonobstant l'avis de son tribunal, devoir donner le plus grand éclat au jugement d'*Enguerrand*.

Les grands du royaume étant assemblés à Paris, *Enguerrand* est amené au milieu d'eux, et le Roi le somme de s'expliquer sur le fait dont il est accusé. Le sire de Coucy, ayant obtenu l'autorisation de prendre pour conseils tous les barons et seigneurs, ses parents, il s'en trouve un si grand nombre dans l'assemblée que le Roi, qui lui-même était allié de l'accusé, reste presque seul sur son siége avec un petit nombre de conseillers. *Louis* cependant demeure inflexible dans l'intention de prononcer un jugement sévère en appliquant la peine du talion et de condamner le coupable au même genre de mort qu'il avait fait subir aux gentilshommes flamands. C'est avec peine que tous les grands réunis parviennent par leurs prières à fléchir sa justice et obtiennent qu'il puisse racheter sa vie moyennant une amende d'environ dix mille livres [1], et la fondation de deux chapelles où l'on ferait à perpétuité un service pour le repos des âmes des trois jeunes gens. Le Roi ordonne aussi à *Enguerrand* d'aller servir les chrétiens de la Terre-Sainte contre les infidèles pendant un temps prescrit et avec un certain nombre de chevaliers entretenus à ses frais.

Le Roi que son zèle pour la justice rendait si sévère ne voulut point faire profiter son trésor de l'amende énorme à laquelle le sire de Coucy fut condamné, mais il l'appliqua en totalité à des œuvres de

---

[1] A peu près 180,000 francs.

piété. Ce fut avec cet argent qu'il fit construire l'Hôtel-Dieu de Pontoise, les écoles et le dortoir des Jacobins et l'église des Frères mineurs à Paris : enfin un monument fut élevé dans la forêt de Coucy à la mémoire des malheureux jeunes gens, au lieu même où ils avaient péri[1].

La sévérité du jugement qui venait d'être prononcé contre lui fit une profonde impression sur *Enguerrand* qui apprit ainsi que la justice peut atteindre tous les coupables, et que la naissance ou le pouvoir n'assurent pas l'impunité des crimes. Un événement qui pouvait avoir des suites fâcheuses, arrivé peu de temps après, fait voir combien le caractère altier et cruel de ce jeune seigneur s'était adouci déjà.

1259.
Deux domestiques de l'abbaye de Saint-Nicolas-aux-Bois, qui sans doute s'étaient déclarés avec chaleur contre *Enguerrand* au sujet du meurtre des trois gentilshommes flamands, sont trouvés pendus dans la forêt. *Enguerrand* nie sa participation à ce nouveau crime qui fut peut-être commis par des gens qui, sans l'aveu de leur maître, cherchèrent à lui faire leur cour en servant ainsi sa vengeance, et s'empresse

---

[1] Nangis. — L'Alouëte. — Duchesne. — Dom du Plessis. — U. Leroy, *Études sur les mystères*. — Bibl. Imp., mss., *collection Dupuy*, vol. 338.

d'arrêter les plaintes de l'abbé en arrangeant cette affaire qui ne pouvait manquer d'aggraver la position dans laquelle il se trouvait. *Enguerrand* obtint de n'être pas poursuivi de nouveau devant la justice du Roi en abandonnant aux religieux de l'abbaye une certaine quantité de bois à titre d'indemnité pour la perte de ces deux hommes qui étaient serfs ; et afin de n'être point inquiété pour l'avenir à ce sujet, il a soin de faire insérer sa dénégation formelle dans le traité qu'il soumet à l'approbation du Roi [1].

1260.

Il y avait déjà deux ans que le sire de Coucy avait épousé *Marguerite* de Gueldres, fille d'*Othon III*, comte de Gueldres, et les nouveaux sentiments que cette union avait fait naître en lui avaient sans doute puissamment contribué à calmer cette violence de caractère qui lui avait été si funeste.

L'amende énorme à laquelle il avait été condamné par le Roi et la concession faite aux religieux de Saint-Nicolas-au-Bois, avaient apporté du dérangement dans la fortune du sire de Coucy. La nécessité où il se trouvait de veiller par lui-même à l'administration de ses biens l'avait jusqu'alors empêché de se rendre en Palestine, ainsi qu'il s'y était obligé. Un événement

---

[1] Dom du Plessis.

favorable vint réparer toutes ses pertes. *Mathieu*, seigneur de Montmirail et d'Oisy, étant mort sans laisser d'enfant, sa succession fut recueillie par sa sœur *Marie* de Montmirail, mère d'*Enguerrand*, qui en abandonna presque aussitôt la jouissance à son fils, à l'exception d'un usufruit sur les terres de Laferté-Ancoul, Baumesnil, Chateau-Thierry et Châlons réservé à la veuve de *Mathieu*. Cette succession, qui comprenait les seigneuries de Montmirail, d'Oisy, de Crèvecœur, Laferté-Gaucher, Laferté-Ancoul, Tresmes et autres, la vicomté de Meaux et la châtellenie de Cambray, rendit la maison de Coucy une des plus opulentes du royaume, et depuis cette époque *Enguerrand* prit le titre de Sire de Coucy, de Montmirail et d'Oisy [1].

Ce nouveau changement de fortune détermina *Enguerrand* à faire des démarches pour être dispensé de l'obligation qui lui avait été imposée d'aller combattre les infidèles. Ayant obtenu du Pape d'être relevé de cette obligation, le Roi, toujours sévère, ne consentit à ratifier cette dispense qu'à la condition que le sire de Coucy paierait douze mille livres [2], pour être envoyées aux chrétiens d'outre-mer, et,

---
[1] Duchesne. — Dom du Plessis.
[2] Environ 220,000 francs.

pour caution du paiement de cette somme, il exigea l'engagement de tous les biens, meubles et immeubles, présents et à venir de la maison de Coucy. Ainsi fut terminée une affaire qui faillit avoir les suites les plus funestes pour *Enguerrand*; ce seigneur n'étant point alors marié et se trouvant le dernier rejeton des seigneurs de Coucy, en lui pouvait finir par un supplice honteux l'illustre famille dont il portait le nom [1].

Quelques années après pour achever de rentrer en grâce auprès du Roi, *Enguerrand* prêta 15,000 livres tournois pour retirer des mains des infidèles la vraie croix qui avait été engagée pour sûreté du paiement de la rançon de ce monarque [2]. 1265.

Il est naturel de penser que, dans un siècle rempli de grands événements, un seigneur jeune et qui s'annonçait avec un caractère entreprenant, va jouer un rôle remarquable; mais la disgrace qu'il éprouva au commencement de sa carrière éteignit en lui cette ardeur et cet esprit guerrier qui avaient distingué ses ancêtres, car l'histoire n'a conservé le souvenir d'aucune action digne de mémoire d'*Enguerrand* qui 1272.

---

[1] Duchesne.
[2] Arch. Gén. J., 234, n° 2.

semble avoir passé sa vie à soigner son immense fortune qu'il augmenta encore par des acquisitions ou par des échanges avantageux. Il vendit au comte de Flandre, moyennant vingt mille livres [1], les seigneuries de Crèvecœur et d'Alleux et la châtellenie de Cambray. Les contestations qu'il eut avec quelques seigneurs au sujet de divers droits seigneuriaux, et qui se sont toujours terminées à l'amiable, ont trop peu d'importance pour en parler.

1288. Ayant perdu *Marguerite* de Gueldres dont il n'avait point d'enfants, *Enguerrand* épouse à plus de soixante ans *Jeanne*, comtesse de Nevers, fille du comte de Flandre, qui lui survécut, et dont il n'eut point d'héritiers.

1302. Le mauvais état des finances obligeait le Roi à recourir à toutes sortes de moyens pour se créer des ressources qui lui manquaient; dans ce but il écrivit, le jeudi avant la Saint-Louis 1302, au sire de Coucy une lettre pour l'inviter à faire porter à titre de présent à l'hôtel de la Monnaie ainsi que tous les prélats et barons du royaume la moitié de la vaisselle d'argent ou plus que la moitié si faire se peut, laquelle devait être payée à raison de 4 livres 15 sous tournois

---

[1] Environ 100,000 francs.

chaque marc de Parisis, pour être ensuite convertie en monnaie [1].

Pendant l'année 1303 le mauvais état des récoltes amena la disette, et le Roi ayant pris des mesures pour empêcher les accaparements, adressa à *Enguerrand* de Coucy des lettres pour l'inviter à tenir la main à l'exécution de son édit pour la recherche des blés et pour les faire porter aux marchés [2].

En 1308 *Enguerrand*, convoqué pour assister aux États généraux à Tours auxquels le Roi Philippe le Bel devait soumettre les enquêtes sur les accusations portées contre l'ordre des Templiers, dont les richesses et la puissance avaient excité l'inquiétude et la cupidité du gouvernement, envoie pour le représenter le sieur de *La Motte*, auquel il donne tous pouvoirs. Il avait alors plus de 80 ans, et répond au Roi en ces termes : « A très excellent et puissant prince sien
» chier seigneur mon seigneur *Philippe*, par la
» grâce de Dieu roy de France, *Enguerrand* sires de
» Coucy lui aparilliera faire sa volenté. Chiers sires
» j'ai reçeu vos lettres que je fusse à Tours as trois
» semaines de Pasques avec vous et a vostre con-

---

[1] Arch. Gén. J. J., 35, pièces 26-27.
[2] Arch. Gén. *Reg. des Chartes*, coté 36, act. 114. — *Colbert*, vol. 5, f° 463.

» saill pour aucunes ordonnances aidier à faire seur
» les fais que on en met à l'ordre des Templiers, se
» ensi puet estre apelez et aucunes autres choses ausi.
» Or se je envoie pour mi procureur soufisant. Sache
» vostre haute noblece que je noy bien aisie de cors
» de estre y en propre personne dont il me poise se il
» pleut a nostre seigneur envoié au lieu et au jour
» devant diz mon seigneur Thoumas de le Mote, men
» chevalier porteur de ces lettres pour mi et en men
» non, et le doins plain pooir et mandement espécial
» de acorder et de faire tout autant com je feroie,
» porroie et deveroie faire se je y estoie présens et ai
» et arai ferme et estable ce qui sera acordé dit et fait
» par le dit mon seigneur Thoumas, es choses devant
» dites. En tesmoignaige des-quels choses je ai ces
» lettres scellés de men seel, qui furent faites l'an de
» grace mil trois cens et wit, le dimainche après le
» feste saint marc le wangeliste [1] ».

Enguerrand ne vit pas la fin de cette triste procédure, dont le but était la destruction d'un ordre religieux qui avait rendu de grands services à la chrétienté.

Enguerrand, qui avait fait de grandes libéralités au

---

[1] Arch. Gén. J. 414, a. n° 3, sect. hist.

clergé et aux maisons religieuses, à l'occasion de la mort de sa première femme, en fit également pour le repos de son âme à lui et de celle de sa seconde femme. Il laissa, par son testament, vingt livres à chacune des léproseries établies dans ses domaines; elles étaient alors au nombre de dix, savoir : Coucy, Trachy, Vauxaillon, Bassolles, Blérancourt, La Fère, Marle, Vervins, La Ferté-Ancoul et Lisy. Ayant assigné à *Jeanne* de Flandre un douaire de dix mille livres [1] à prendre sur les terres de Havrincourt, Saint-Gobain et La Fère, il légua tous ses biens à ses neveux *Enguerrand* et *Jean* de Guignes, fils de sa sœur *Alix*. Toutes ces dispositions furent approuvées par le Roi [2]. Il mourut peu de temps après, et son corps fut déposé près de celui de *Marie* de Montmirail, sa mère, dans l'abbaye de Longpont, où il avait témoigné le désir d'être enterré.

Jeanne de Flandre survécut longtemps à son époux, prit une part active dans les différends qui s'élevèrent pendant plusieurs années entre le Roi de France et le comte de Flandre, son père, et parvint à réconcilier les divers partis. S'étant retirée depuis dans l'abbaye du Sauvoir, au pied de la montagne de

---

[1] 200,000 francs.
[2] Arch. Gén. J. J. 46, pièces 61, 123, 124, 125.

Laon, elle y mourut abbesse, le 15 octobre 1333 [1].

Contrairement à l'usage général que les veuves conservaient le sceau qu'elles avaient employé pendant leur mariage, M. de *Wailly* rapporte que *Jeanne* de Flandre, femme d'*Enguerrand*, sire de Coucy, en fit graver un nouveau, à la mort de son mari, qui portait ces mots :

> S. *Johanne de Flandria uxoris quondam domini Couciaci*.
> 1320 [2].

Avec *Enguerrand IV* s'éteignit la première race des sires de Coucy. Onze seigneurs de cette noble maison avaient successivement possédé pendant plus de trois siècles ce domaine qui était devenu l'un des plus importants de ce royaume.

Enguerrand v. *Marie* de Coucy, fille d'*Enguerrand III*, sœur aînée du dernier seigneur de Coucy, avait épousé, le jour de la Pentecôte 1239, *Alexandre II*, Roi d'Ecosse, dont elle eut un fils, *Alexandre III*, qui régna après son père, et mourut en 1285, sans laisser de postérité ; *Marie*, après la mort du Roi d'Ecosse, épousa *Jean* de Brienne dit d'Acre, grand bouteiller de France ; n'ayant point eu d'enfants de ce second mariage, les

---

[1] Duchesne. — Dom du Plessis.
[2] De Wailly, *Paléographie*, t. II.

biens immenses de la maison de Coucy échurent naturellement aux enfants d'*Alix* de Coucy, sa sœur puînée, qui avait épousé *Arnoul III*, comte de Guignes, dont elle eut plusieurs enfants. Ce seigneur ayant, par des malheurs dont le récit est étranger à cette histoire, considérablement dérangé sa fortune, avait été obligé de vendre au Roi *Philippe III*, en 1282, son comté de Guignes et tous ses autres domaines. Après la mort d'*Arnoul*, en 1283, *Baudouin*, son fils aîné, voulut, mais inutilement, faire anuler la vente du comté de Guignes, et ce seigneur étant mort vers 1294, ne laissant que deux filles, ses deux frères puînés, *Enguerrand* et *Jean* furent seuls appelés à partager la succession de leur oncle *Enguerrand* de Coucy [1].

Enguerrand de Guignes, né vers 1260, avait été élevé en Ecosse, à la cour du Roi *Alexandre III*, son cousin, qui lui avait fait épouser, à la fin de l'année 1284, *Chrestienne* de Bailleul, Française d'origine et fille de l'un des plus puissants seigneurs d'Ecosse. Vers cette époque, *Enguerrand* revint en France; on ignore comment vécut ce seigneur que les désordres de son père avaient privé des biens de sa famille,

---

[1] Duchesne.

et si le sire de Coucy, son oncle, dont il était en même temps le filleul, l'aida à soutenir convenablement son rang.

Enguerrand avait plus de cinquante ans lorsque la mort de son oncle le mit en possession d'une fortune brillante. Une succession si importante pouvant faire naître de grandes difficultés entre les héritiers, le Roi nomma des commissaires pour régler les droits de chacun, et faire entre eux un partage qui eut lieu au mois de mai 1311, en présence de *Gaucher* de Châtillon, comte de Porcien, connétable de France, des seigneurs de Saint-Venant, d'Arzillières, de Cramail, de la Bove et autres. Par ce partage, les seigneuries de Coucy, de Marle, de La Fère en Vermandois; celles d'Oisy, de Havrincourt en Cambrésis; de Montmirail, de Condé en Brie; de Châlons-le-Petit avec la châtellenie de Château-Thierry et l'hôtel de Coucy à Paris, demeurèrent à *Enguerrand* : et *Jean*, son frère, obtint les châtellenies de la Ferté-Gaucher et de la Ferté-Ancoul, la vicomté de Meaux et les terres de Boissy, Tresmes, Bélo et Romeny [1].

Les deux frères détachèrent de leur succession toutes les actions réelles et personnelles sur le domaine

---

[1] Arch. gén. J. J. 46, pièce 61.

et la ville de Lisy-sur-Ourcq, dont ils firent, d'un commun accord, don à *Raoul* de Presles, pour lui et ses héritiers à toujours, en reconnaissance des bons conseils qu'il leur avait donnés, et des services qu'il leur avait rendus dans cette circonstance. Toutes ces dispositions furent approuvées et confirmées par le Roi *Philippe le Bel*, au mois de juillet de la même année, par lettres insérées aux registres de la chancellerie de France [1].

Enguerrand profita de la brillante fortune que le sort lui procurait pour assurer à *Guillaume*, son fils aîné, une alliance digne de sa naissance illustre, car les comtes de Guignes, héritiers du rang et du nom des sires de Coucy, étaient l'une des plus nobles et des plus anciennes maisons de la Picardie. Peu de temps donc après l'ouverture de la succession de Coucy, *Enguerrand* arrêta le mariage de son fils avec *Ysabeau* de Châtillon Saint-Paul, fille de *Guy* de Châtillon, comte de Saint-Paul, bouteiller de France, et de *Marie* de Bretagne, à laquelle furent données en dot vingt mille livres tournois [2].

Enguerrand, de son côté, mit *Guillaume* en possession de toute la baronnie de Coucy et de toute la terre

[1] Arch. J. J. 46, pièce 61. Arch. J. J. 46, pièce 10.—Duchesne. — Dom du Plessis
[2] Environ 400,000 francs.

d'Oisy sur laquelle fut assigné le douaire d'*Ysabeau*, en attendant que ce douaire pût être reporté sur la seigneurie de Havrincourt dont jouissait en usufruit *Jeanne* de Flandre, veuve du dernier sire de Coucy.

du Cette alliance qui fut contractée dans l'abbaye Notre-Dame-la-Royale, près de Pontoise, en présence du Roi, eut pour témoins et garants des engagements pris par les deux partis : *Charles*, comte de Valois, et *Louis*, comte d'Evreux, frères du Roi ; *Louis*, comte de Clermont, son cousin ; *Gaucher* de Châtillon, comte de Porcien, connétable de France, et *Guillaume* de Harcourt, sire de la Saussaye. On voit, par ce fait, que la famille de Guignes pouvait convenablement succéder au nom illustre de Coucy [1].

Quoique la seigneurie de Coucy eût été donnée en dot à *Guillaume*, *Enguerrand* s'en réserva l'usufruit ; mais, dès ce moment, *Guillaume* prit le nom de Coucy et les armes de cette maison, tandis qu'*Enguerrand* conserva toujours le nom et les armes de Guignes, auxquels il ajouta toutefois le titre de sire de Coucy [2].

Enguerrand fut bientôt troublé dans la jouissance de sa nouvelle fortune, car *Jeanne* de Guignes, fille

---

[1] Duchesne.
[2] Duchesne.

de *Baudouin*, son frère aîné, qui avait épousé le comte d'Eu, éleva, dès l'année 1311, des prétentions sur la succession de la maison de Coucy, comme représentant son père, fils aîné d'*Alix* de Coucy du chef de qui la succession était dévolue à la famille de Guignes ; ces prétentions appuyées également par *Alix*, dame de Malines, tante de *Jeanne*, donna lieu à un procès dont *Enguerrand* ne vit pas la fin. En 1329, l'affaire ayant été portée au conseil du Roi *Philippe VI*, un arrêt du mois de décembre, rendu à Saint-Germain-en-Laye, obligea *Jeanne* et son fils, le connétable de France, à renoncer à leurs prétentions moyennant une rente de sept cent cinquante livres parisis [1] en fonds de terre provenant de la seigneurie de Coucy, et maintint la maison de Guignes en possession des biens de la maison de Coucy [2].

Enguerrand, occupé des affaires particulières que lui avait suscitée la succession de son oncle, ne prit aucune part aux événements politiques qui agitèrent le royaume, par suite de fréquents changements de règne ; cependant il fut, en 1318, ainsi que son fils *Guillaume*, au nombre des seigneurs mandés à Paris, par le Roi *Philippe V*, aux octaves de la Chandeleur,

---

[1] Environ 14,000 francs.
[2] Duchesne. — Dom du Plessis.

pour marcher contre les Flamands, qui refusaient le paiement des contributions qui leur avaient été imposées par *Philippe IV*[1].

1319. L'année suivante, le Roi ayant fait vœu d'aller en Terre-Sainte, convoqua, pour l'accompagner dans cette expédition, un grand nombre de ses vassaux, et écrivit en ces termes au sire de Coucy et à son fils *Guillaume* :

« Philippe, par la grace de Dieu, Roys de France et
» de Navarre, etc. Comme sus le fait du passage d'ou-
» tremer, le quel nous empris à faire à l'aide de Dieu, et
» le quel sus toutes autres besoignes nous avons plus
» à cueur, nous voullons avoir ains et délibération
» avec vous et aucuns autres, tant prélaz comme ba-
» rons et nobles de notre royaume, les quels nous
» cuidons qui aient affection à la dite besoigne, nous
» vous prions si affectueusement comme plus poons,
» et avec ce vous mandons que pour ceste cause vous
» soiez à Paris à c'est prochain Noël avec les autres
» que nous avons mandez à y estre, et ce ne lessiez
» en nule manière si chier comme vous nous avez,
» car alors nous entendons à penre finable délibéra-
» tion sus le dit passage et y entendre diligemment

[1] Duchesne. — *Trésor des Chartes*, J. J. 55, pièces 63, 109, 121, 123.

» et continuelment toutes autres besoignes lessiés.
» Donné à bois de Vincennes, le 18ᵉ jour de octobre,
» l'an de grace mil ccc xix [1]. »

Les seigneurs convoqués ne s'étant pas présentés au jour indiqué, le Roi leur adressa une nouvelle lettre le 11 janvier (1320) par laquelle il les convoqua le dimanche des octaves des Brandons prochains venans. Malgré le désir manifesté d'une manière aussi pressante par le Roi, le peu de zèle que montrèrent les seigneurs fit ajourner indéfiniment l'expédition [2].

Il ne paraît pas qu'*Enguerrand* ait apporté aucun changement dans l'administration de ses domaines, ni amélioré le sort de ses vassaux ; ce seigneur, après avoir passé une grande partie de sa vie dans un état peu fortuné, ne songea, à la fin de sa carrière, qu'à jouir des biens dont il avait hérité. Il mourut, en 1321, âgé d'environ soixante-un ans, laissant trois fils pour lui succéder, après en avoir déjà perdu deux en bas âge.

Guillaume, qui pendant la vie de son père n'avait porté que le titre de chevalier, prend alors celui de sire de Coucy. Le procès intenté à *Enguerrand*,

---

[1] *Trésor des Chartes*, J. J. 58, pièce 398.
[2] *Trésor des Chartes*, J. J. 58, pièce 437.

pour la succession de Coucy, ainsi qu'il a été dit plus haut, occupe presque toute la vie de ce seigneur qui, après l'avoir terminé, a encore l'avantage de réunir à ses vastes domaines la succession d'*Alix*, dame de Malines, sa tante, qui lui est également disputée par son autre tante, *Jeanne* de Guignes, comtesse d'Eu, et par son fils le connétable de France [1].

1331.

1335.
La vie de *Guillaume* n'offre aucun événement digne de l'histoire; ce seigneur meurt en 1335, et est inhumé dans l'abbaye de Prémontré, auprès de son père. *Ysabeau* de Saint-Paul, qui lui survécut longtemps, l'avait rendu père de six enfants dont l'union fut si grande, qu'ils vécurent ensemble et jouirent par indivis des nombreux domaines de la maison de Coucy, administrés par *Enguerrand*, l'aîné, qui prit le titre de sire de Coucy [2].

Enguerrand VI.
Charles IV, Roi de France, était mort en 1228, laissant la Reine enceinte, et la régence à *Philippe de Valois*, son cousin. La Reine ayant donné naissance à une fille, la couronne appartint à *Philippe*, en vertu de la loi salique qui exclut les femmes de la succession au trône. Malgré l'usage établi depuis l'origine de la monarchie française, *Édouard III*, Roi

[1] Duchesne. — Dom du Plessis.
[2] Duchesne.

d'Angleterre, fils d'*Isabelle*, sœur de *Charles IV*, éleva des prétentions sur la succession de son oncle, et envoya des ambassadeurs réclamer la couronne de France. Les intrigues et l'or du monarque anglais échouèrent dans les États généraux assemblés à Paris, où *Philippe* fut proclamé Roi de France, mais ils servirent du moins à jeter les germes de discordes dont ce prince sut profiter par la suite. *Philippe*, qui sentait combien un ennemi tel que le Roi d'Angleterre pouvait lui être dangereux, chercha à se concilier l'attachement des seigneurs du royaume, en s'occupant de leurs intérêts. La maison de Coucy devait nécessairement fixer son attention, car ses grandes possessions en France et en Écosse pouvaient lui donner beaucoup d'influence dans les affaires politiques. Sous prétexte d'assurer au sire de Coucy une alliance digne de son nom, le Roi de France négocia lui-même le mariage de ce seigneur avec *Catherine*, fille aînée de *Léopold I*er, duc d'Autriche, et de *Catherine* de Savoie. Afin d'aplanir toute difficulté, ce prince s'engagea, par obligation du mois de janvier 1337, à donner à *Enguerrand* de Coucy, son cousin, quarante mille livres tournois [2]. Les ducs *Albert*

1337.

---

[1] Environ 600,000 francs. — Arch. Gén. J. 234, n° 3.

et *Othon*, oncles et tuteurs de *Catherine*, ayant donné leur consentement au mariage, les conventions en furent définitivement arrêtées le 25 novembre 1338. Au lieu des quarante mille livres promises, *Philippe* assigna sur le trésor royal, à *Catherine*, une rente perpétuelle de deux mille livres [1], donna dix mille livres [2] à *Enguerrand*, et promit de l'acquitter de pareille somme envers ses créanciers. *Enguerrand*, de son côté, affecta en pur et franc douaire, à *Catherine*, six mille livres [3] de rentes assises sur les terres d'Oisy et de Gersis [4].

Le sire de Coucy, reconnaissant des bienfaits dont il avait été l'objet, s'empressa de répondre à l'appel de son Roi et de marcher à la tête de ses vassaux, à la défense du royaume attaqué par le Roi d'Angleterre, qui voulait se venger de l'insulte qu'il prétendait lui avoir été faite par les États généraux, lorsqu'ils avaient reconnu *Philippe* de Valois pour seul Roi de France.

Edouard, débarqué en Flandre, où il renforce son armée de vingt mille Allemands, attaque Cambray,

---

[1] Environ 30,000 francs.
[2] Environ 150,000 francs.
[3] 90,000 francs.
[4] Duchesne. — Dom du Plessis.

dont il ne peut s'emparer, et envoie un détachement sous les ordres de *Jean* de Hainaut, du sire de Fauquemont et de *Jean Chandos*, pour prendre possession du château d'Oisy, appartenant à *Enguerrand* de Coucy, qui, chargé de la défense de la place, fait si bonne contenance avec les chevaliers qui s'y trouvent enfermés, qu'il n'y est fait aucun dommage, et que les Anglais sont forcés de rentrer dans leurs quartiers. *Philippe*, cependant, dont les forces sont inférieures à celles d'*Edouard*, ne peut empêcher son ennemi de pénétrer dans la Thiérache et le Laonnais. Guise, Marle, Ribemont, Saint-Gobain, Crécy-sur-Serre, Origny Sainte-Benoîte, tombent successivement au pouvoir des Anglais, et deviennent la proie des flammes [1].

L'ennemi était aux portes de Coucy et *Enguerrand*, qui s'y était rendu, secondé par les habitants de la ville, se disposait à défendre avec opiniâtreté le chef-lieu de ses domaines, lorsque le Roi de France, ayant enfin rassemblé une armée nombreuse, reprend l'offensive, poursuit son ennemi dans sa retraite et l'atteint à une lieue de la Capelle le 20 octobre 1339, près du village de Buironfosse où il établit son camp.

---

[1] Froissard. — *Histoire du diocèse de Laon.*

Aussitôt il dépêche un héraut à *Edouard* pour lui offrir la bataille; le monarque anglais accepte et laisse à *Philippe* le choix du jour et du lieu. *Philippe*, pour donner à ses troupes harassées le temps de se rafraîchir, fixe le jour du combat au vendredi suivant, et ordonne de s'y préparer par la confession et la communion [1].

Les deux armées, n'étant séparées que par un petit défilé, dès la pointe du jour les deux souverains disposent leurs troupes en ordre de bataille, et demeurent l'un et l'autre sur la défensive jusqu'à midi. Alors *Edouard* fait un mouvement rétrograde et abandonne le champ de bataille à *Philippe* qui ne cherche pas à l'inquiéter dans sa retraite. Il est singulier que les deux armées se soient ainsi séparées sans en être venues aux mains. Les historiens donnent pour raison de cette circonstance les scrupules religieux des deux Rois qui pensèrent qu'il n'était pas convenable de répandre le sang des chrétiens le jour que le Sauveur du monde a répandu le sien pour le salut des hommes. Telle était dans ce siècle l'influence des principes religieux qu'ils purent faire prendre alors aux deux princes un parti conforme à la prudence et à la poli-

---

[1] Froissard.

tique; car l'armée d'*Edouard* était en grande partie composée de troupes mercenaires sur lesquelles il ne pouvait entièrement compter, et la perte de la bataille exposait *Philippe* à voir ses frontières dégarnies par la défaite de son armée, et son royaume envahi par l'ennemi [1].

Le Roi de France, voulant se venger du comte de Hainaut, qui avait fait l'année précédente une incursion dans le royaume, ordonne au duc de Normandie, son fils aîné, de rassembler des troupes pour entrer dans le Hainaut. Ce prince vient à cet effet après Pâques à Saint-Quentin, qu'il avait désigné pour point de réunion à un grand nombre de seigneurs, parmi lesquel se trouve le sire de Coucy. Cette expédition est remarquable par les dévastations que les Français exercèrent. Le Roi ayant pris lui-même le commandement de l'armée, *Enguerrand* ne cesse pas d'accompagner son souverain tant que dure la guerre pendant laquelle les riches campagnes de la Flandre sont ravagées. Les hostilités, n'ayant point de résultats décisifs pour les deux partis, sont terminées par une trêve qui semble n'avoir eu pour objet que de changer le théâtre de la guerre, car immédiatement après elles

1340

---

[1] Froissard. — *Histoire du diocèse de Laon*. — Anquetil.

recommencent dans la Bretagne dont la possession était disputée par *Charles* de Blois à *Jean* de Montfort [1].

1345. *Philippe* ayant chargé le duc de Normandie de soutenir les prétentions de *Charles* de Blois, *Enguerrand* réunit ses troupes à celles de ce prince et se trouve au siége d'Angoulême dont les Anglais s'étaient emparé l'année précédente [2].

Edouard, alarmé des succès des Français, rassemble une armée nombreuse et débarque en Normandie au cap de la Hogue, d'où il pénètre jusqu'au pays chartrain et aux portes de Paris, marquant son passage par l'incendie. *Philippe* rassemble promptement une armée et fait venir auprès de lui le comte d'Eu, connétable de France, le sire de Coucy, son proche parent, le comte de Tancarville et d'autres seigneurs.

1346. Le Roi suit avec ardeur son rival qui se retire vers la Flandre et l'atteint non loin d'Abbeville, près du village de Crécy en Ponthieu. La prudence exigeait qu'on n'attaquât pas avec des troupes fatiguées un ennemi retranché dans une position très-forte, mais l'avant-garde emportée par son courage, désobéissant aux ordres qu'elle a reçus, se précipite sur les

---

[1] Froissard.
[2] L'Alouëte. — Dom du Plessis.

Anglais et entraîne le reste de l'armée et le Roi lui-même. En peu d'heures les Français sont défaits et perdent dans cette funeste journée près de trente mille hommes et douze cents seigneurs ou chevaliers, au nombre desquels se trouve le sire de Coucy dont le corps fut depuis déposé dans l'abbaye d'Ourscamps près de Noyon [1].

Enguerrand laissait un fils à peine âgé de sept ans, dont *Catherine* d'Autriche sa mère prit la tutelle. La mort d'*Enguerrand VI* fut cause du partage des biens de la maison de Coucy demeurés indivis entre lui et ses frères et sœurs. Par suite de l'arrangement qui eut lieu à ce sujet au mois de septembre 1347, le jeune *Enguerrand* demeura possesseur de la baronnie de Coucy, Marle et La Fère, ainsi que de la terre d'Oisy en Cambrésis et de celle de Boissy en Brie tenue par l'abbesse de Faremoutier. *Catherine* d'Autriche s'occupa de l'éducation de son fils dont elle prit le plus grand soin, voulant qu'il se distinguât dans les lettres, les arts libéraux et toutes les sciences sortables à sa condition, lui remettant souvent sous les yeux la vertu et la haute réputation de ses ancêtres [2].

Enguerrand VII. 1347.

Les dernières invasions des Anglais avaient démontré

[1] L'Alouëte.
[2] Bibl. N. manus., fonds. Saint-Germain, 1558.

l'importance de la position du château de Coucy qui couvrait une partie des frontières du royaume ; aussi le Roi s'empressa-t-il d'accéder à la demande de *Catherine* d'Autriche et de l'autoriser à lever un impôt extraordinaire sur les habitants de la ville de Pinon, ses sujets, pour le produit être employé à la réparation des châteaux de la terre de Coucy, les garnir et mettre en bon état de défense [1].

1319. Quelque temps après, *Catherine*, ayant contracté un nouveau mariage avec un seigneur allemand, donna pour conseil à son fils *Mathieu* de Roye, seigneur d'Aunoy, maître des arbalétriers de France, auquel elle alloua, tant pour lui que pour ses descendants, deux cents livres de rente à prendre sur la rente dont elle jouissait sur le trésor du Roi qui, de son côté, chargea *Jean* de Coucy, seigneur d'Avrincourt, oncle d'*Enguerrand*, et *Jean* de Nesles, seigneur d'Offemont, de l'administration de la baronnie de Coucy jusqu'à ce que le jeune *Enguerrand* eût atteint sa majorité.

1350. *Catherine* ne survécut pas longtemps à son premier époux, car elle mourut trois ans après lui [2].

L'extrême jeunesse du nouveau seigneur de Coucy

---

[1] Arch. Gén. *Trésor des Chartes*, T. T. 76, pièce non cotée, entre 188 et 189.

[2] Duchesne. — Dom du Plessis. — Bibl. N. manus., fonds. Saint Germain, 1558.

ne lui permit pas de prendre une part active aux événements qui, pendant plusieurs années, troublèrent le royaume. La funeste bataille de Crécy avait été suivie d'une trêve dont l'effet suspendit pendant plusieurs années l'exécution des projets des Anglais, qui, méditant dès lors la conquête de tout le royaume, secondaient les projets factieux du Roi de Navarre. *Jean*, fils de *Philippe*, ayant succédé à son père en 1350, passa les premières années de son règne à lutter contre les intrigues du Roi de Navarre. Le prince de Galles, le même qui avait eu tout l'honneur de la bataille de Crécy, ayant reparu, à l'expiration de la trêve, en Guyenne, où il exerçait des ravages, le Roi *Jean* marcha contre lui à la tête d'une armée nombreuse, et rencontra son ennemi près de Poitiers. Un désir immodéré de combattre, fit commettre une imprudence semblable à celle qui avait été cause du désastre de Crécy, et eut un résultat encore plus déplorable, car, indépendamment de la destruction de l'armée, on eut à déplorer la perte du Roi, qui fut fait prisonnier avec un de ses fils et un grand nombre de seigneurs, entre autres *Raoul* de Coucy qui se distingua par sa bravoure dans une rencontre qui eut lieu avant la bataille. Pendant la captivité du Roi *Jean*, *Edouard* poursuivit sa conquête et

1356.

vint placer son camp devant la capitale du royaume [1].

Le dauphin *Charles*, qui prend le titre de lieutenant général du royaume, se voit obligé de combattre à la fois l'ennemi étranger et les factions intérieures qui, l'obligeant à fuir de sa capitale, la livrent au Roi d'Angleterre.

1357.

Ce fut dans ce temps que le seigneur de Coucy, de Marle, d'Oisy, de Montmirel, de Crécy-sur-Serre, de La Fère et de Saint-Gobain, commença à recevoir la foi et hommage de ses vassaux, qui avaient été depuis la mort de son père sous la conduite de la princesse sa mère et de son curateur ou tuteur, le seigneur d'Havrincourt, son oncle [2].

1358.

Dans les circonstances critiques où se trouve le royaume, chacun se croit le droit d'agir pour son propre compte, et le désordre est augmenté par la tyrannie et l'avidité des seigneurs qui se mettent à piller les campagnes. Les paysans se soulèvent et usent cruellement de représailles en massacrant les nobles avec des raffinements de cruauté et en détruisant les châteaux. Cette révolte, commencée dans les environs de Beauvais, s'étend promptement dans les provinces voisines, et les paysans, rassemblés au nombre de cent mille,

[1] Froissart.
[2] Bibl. N. manus., fonds. Saint-Germain, 1558.

se donnent pour chef un des leurs nommé *Jacques*, ce qui fait donner à ce rassemblement le nom de *Jacquerie*. Divisés par bandes, ils vont de tous côtés promener leur fureur. Une bande s'étant avancée dans le Vermandois, livre au pillage les villes de Laon et de Noyon. Le jeune seigneur de Coucy, animé d'un noble courage, prend les armes pour arrêter ou diminuer du moins ces calamités. Ayant réuni un grand nombre de gentilshommes, il fait une telle boucherie de ces misérables, qui s'étaient répandus sur ses terres, qu'en peu de temps la France fut purgée de ces factieux [1].

Le dauphin, cependant, ne désespérant pas de la fortune de la France, cherchait à ruiner son ennemi victorieux en coupant les vivres à son armée. Ayant appris qu'un grand nombre de partisans du Roi de Navarre dévastaient les campagnes de la Picardie, le dauphin fait un appel à toutes les bonnes villes de Picardie et de Vermandois, les priant de vouloir bien envoyer chacune, suivant sa puissance, un certain nombre de gens d'armes à pied et à cheval, d'archers et d'arbalétriers, pour combattre les Navarrois qui s'étaient retranchés dans le château de Mauconseil près de Noyon.

---

[1] Froissart.—Mezeray.—*Histoire du diocèse de Laon.*—Mazas.

Raoul de Coucy, qui avait recouvré sa liberté, fut chargé de commander les vassaux de la seigneurie de Coucy qui, réunis aux gens des autres communes commandés par l'Evêque de Noyon, le sire de Chauny et celui de Roye, assiégèrent Mauconseil. Les attaques furent mal dirigées, et cette foule d'hommes, la plupart mal armés, fut repoussée par les Navarrois qui les poursuivirent au delà de Noyon. Plusieurs chevaliers furent faits prisonniers, notamment *Raoul* de Coucy. Après cette victoire, les Navarrois se répandirent dans tout le pays, mais le jeune seigneur de Coucy sut bien garder contre eux ses villes et ses forteresses [1].

1359. En 1359, tandis que le Roi d'Angleterre était occupé au siége de Reims, le sire de Roye, plusieurs chevaliers et le chanoine *Robersart*, qui alors administrait la seigneurie de Coucy, se mettent à la poursuite d'une troupe qu'un chevalier anglais conduisait à son Roi devant Reims. Ces Anglais, attaqués dans un village où ils étaient retranchés, sont forcés de se rendre, et tous faits prisonniers au nombre de trois cents environ sont menés au château de Coucy et dans les places voisines [2].

[1] Froissart.
[2] Froissart.

Quelques seigneurs secondaient aussi le dauphin dans ses entreprises et harcelaient de tous côtés les Anglais. *Edouard*, afin d'éviter la position critique où son adversaire voulait le placer, se retire de devant Paris et se dirige vers la Normandie. Mais, dans sa marche, ce prince est assailli près de Chartres par un orage épouvantable qui fait périr mille hommes d'armes et six mille chevaux. Effrayé de ce désastre, *Edouard* fait vœu d'accorder la paix. Aussitôt des commissaires sont nommés et se réunissent avec ceux que le dauphin envoie à Bretigny, village à une lieue de Chartres, où quelques jours après, le 8 mai 1360, le traité est signé. Il y est stipulé que le Roi *Jean* sera remis en liberté moyennant une rançon pour sûreté de laquelle le Roi d'Angleterre exige des otages [1].

Les principaux seigneurs se firent un honneur de se rendre caution du Roi qui désigna le jeune sire de Coucy, alors âgé de vingt ans, pour servir de garant à sa parole royale, avec *Philippe*, duc d'Orléans, le duc d'Anjou, le duc de Berry, le duc de Bourbon, le comte d'Alençon, *Jean* d'Estampes, *Guy* de Blois, le comte de Saint-Paul, le comte de Harcourt, le dauphin d'Auvergne, *Jean* de Ligny, le comte de Por-

[1] Anquetil.

cien, le comte de Brienne, le sire de Montmorency et beaucoup d'autres qui se rendirent en Angleterre [1].

1364. Les seigneurs, les villes et les provinces de France se cotisèrent à l'envi les uns des autres pour fournir au Roi les sommes dont il avait besoin, et la maison de Coucy contribua pour sa part pour une somme de 2,500,000 francs de notre monnaie; mais malgré tant de sacrifices, le Roi *Jean* n'ayant pu exécuter toutes les conditions du traité qui lui avait rendu la liberté, revint loyalement en Angleterre se remettre entre les mains du Roi son rival [2]. Le Roi et la Reine d'Angleterre, touchés de la noblesse et de la grandeur d'âme de *Jean*, le reçurent honorablement et lui donnèrent des fêtes auxquelles assista le jeune seigneur de Coucy, qui se fit remarquer par sa grâce à danser et à chanter; car, dit un auteur contemporain, *trop bien lui séait à faire tout tant qu'il faisait* [1].

1365. L'éducation qu'avait reçue *Enguerrand* l'avait rendu un chevalier accompli; ses belles qualités le font bientôt remarquer du Roi d'Angleterre, qui conçoit pour lui de si vifs sentiments d'amitié, qu'il lui donne en mariage sa seconde fille nommée *Ysabeau*, et pour

[1] Froissart.
[2] Mazas. — Art de vérifier les dates.
[3] Froissart.

assurer à ce jeune seigneur un rang et un titre dignes de l'alliance qu'il contractait, il le crée, le 11 mai 1365, comte de Bedfort, avec la jouissance de plusieurs seigneuries considérables. *Enguerrand*, qui possédait déjà en Ecosse de grands biens provenant de la succession de *Chrestienne* de Bailleul, femme d'*Enguerrand V*, son bisaïeul, devint un des seigneurs les plus puissants du royaume d'Angleterre [1].

On peut croire qu'un prince aussi politique que *Edouard*, en donnant sa fille à *Enguerrand* et en comblant ce seigneur de toutes sortes de faveurs, avait aussi en vue d'attacher à ses intérêts un des plus puissants vassaux du Roi de France, auquel, en cas de guerre, il pouvait causer de grands embarras en faisant une puissante diversion ou seulement en observant la neutralité entre les deux rivaux.

Le Roi *Jean* étant mort sans remplir ses engagements, les seigneurs qui servaient d'otages cherchent à traiter particulièrement pour obtenir leur liberté. *Guy* de Blois, comte de Soissons, obtient de *Charles V*, fils du Roi *Jean*, la permission d'engager au Roi d'Angleterre son comté de Soissons pour se délivrer de l'obligation qu'il avait contractée comme otage pour son

1367.

---

[1] Duchesne — Dom du Plessis. — Mazas.

souverain, et prie *Enguerrand* de l'appuyer de son crédit auprès d'*Edouard*, afin d'obtenir sa liberté. Le Roi d'Angleterre exige que la résignation du comté de Soissons soit faite entre les mains du sire de Coucy, auquel ce monarque fait don de ce comté en échange d'une rente de 4,000 livres qu'il lui payait aux termes de son contrat de mariage. Cet arrangement ayant reçu l'approbation du Roi de France, le sire de Coucy fut mis en possession de son nouvel apanage et ne fut plus connu en Angleterre que sous le nom de comte de Soissons [1].

1368. Comblé de bienfaits et d'honneurs par le Roi d'Angleterre, *Enguerrand* revient en France avec son épouse, et reçoit à Paris, au mois d'avril 1368, le duc de Clarence son beau-frère, qui allait à Milan épouser la fille de *Galéas Visconti*. *Enguerrand*, à son retour en France, s'occupe de l'administration de ses riches domaines, dont il avait été éloigné pendant près de huit ans. Ses vassaux ont bientôt lieu de se louer de la bonté de leur seigneur, car, par lettres enregistrées à la chancellerie de France, et par lesquelles il prend les titres de sire de Coucy, comte de Soissons et de Bedfort, il affranchit des droits de *mortemain* et de

---

[1] Froissard. — Duchesne. — Dom du Plessis. — Mazas. — Arch. Gén. J. 174, n. 36.

formariage les habitants de la terre et baronnie de Coucy et les villages de Fresnes, Noirmaisières, Landricourt, Rienville, Verneuil, Sorny, Folembray, Chaomps, Cernay, Trosly, Dalmans, Vauxaillons, Crécy-sur-Nogent, Guyri, Courson, Dandelain, Bertaucourt, Mouceaux, les Leups, Vaudesson, Pont-St-Mard et Mareuil [1].

Le mariage du duc de Bourgogne avec l'héritière du comte de Flandre, dont les préparatifs eurent lieu vers le commencement de 1369, jeta ce prince dans de grandes dépenses. Le duc ramassa tout ce qu'il put trouver de perles, de diamants, de joyaux, de pierreries de toutes sortes, et *Enguerrand*, sire de Coucy, lui en vendit lui seul pour onze mille livres [2]. Il partit au mois de juin avec une suite brillante pour se rendre à Gand, où devaient se célébrer les noces. Il traversa la Flandre dans le plus grand appareil, donnant partout de grandes fêtes. Une foule de grands seigneurs et de noblesse étaient accourus de toutes parts pour assister à ces solennités. Le sire de Coucy y brillait entre tous par la grandeur et la courtoisie de ses manières. Le Roi de France, dit un historien du

1369.

---

[1] Duchesne. — Dom du Plessis. — Regist. de la Chancellerie de France.

[2] Environ 100,000 fr.

temps, l'y avait exprès envoyé comme étant le chevalier qui était le mieux séant dans une fête[1].

Le Roi *Charles V*, qui voyait avec peine que le traité de Bretigny avait assuré aux Anglais la possession de plusieurs provinces du royaume, sous prétexte de quelque infraction à ce traité, déclare la guerre au Roi d'Angleterre. *Enguerrand* de Coucy se trouve embarrassé du rôle qu'il doit jouer dans cette circonstance, car, sujet, allié et vassal du Roi de France, il regarde comme un crime de porter les armes contre lui; d'un autre côté, gendre et vassal du Roi d'Angleterre, il ne peut également, sans ingratitude, se déclarer contre ce prince. Pour ne point manquer à son devoir, il juge convenable de demeurer neutre dans cette querelle, et afin de ne pas éveiller les soupçons de l'un ou de l'autre Roi et ne pas rester spectateur des événements, il obtient la permission de se retirer en Savoie, où il est honorablement accueilli par le duc ainsi que par les barons et chevaliers de ce pays[2].

Le Roi d'Angleterre fait aussitôt entrer en France une armée, en envoie une partie dans la Picardie sous les ordres de *Robert Knole*, qui s'avance vers les bords de l'Oise, dont le passage fut défendu par *Raoul* de

---

[1] Froissart. — De Barante, *Hist. des ducs de Bourgogne.*
[2] Froissart. — Duchesne. — Dom du Plessis.

Coucy, oncle d'*Enguerrand*, et par le seigneur de Chauny. *Jean* de Coucy, oncle aussi d'*Enguerrand*, était alors en Guyenne, où il combattait le fils du Roi d'Angleterre, et fit pendant la guerre de beaux faits d'armes qui soutinrent l'éclat du nom de Coucy. Quelque temps après, les deux frères, réunis à plusieurs autres seigneurs, dressent une embuscade près de Soissons et défont une troupe envoyée pour piller les villages autour de cette ville. *Robert Knole*, passant sur les terres dépendantes de la seigneurie de Coucy, défend sévèrement à ses troupes de commettre aucun dégât sur les propriétés du gendre du Roi son maître, de sorte que les vassaux d'*Enguerrand* n'eurent à se plaindre d'aucun dommage [1].

1373.

A peine *Enguerrand* est-il arrivé en Savoie que, fuyant le repos, il passe en Lombardie où il combat contre *Bernabo Visconti* en guerre avec le Pape *Urbain V*. Le souverain Pontife avait publié une croisade contre ce seigneur qui voulait s'emparer violemment de plusieurs domaines appartenant à l'Eglise. *Enguerrand*, lié avec *Galéas Visconti*, comte de Vertus, neveu de *Bernabo* et beau-frère du Roi de France, cherche d'abord à négocier un accommode-

---

[1] Dom du Plessis. — *Histoire du diocèse de Laon.*

ment entre le Pape et les seigneurs de Milan, mais n'ayant pu réussir à amener ces derniers à consentir à ses propositions, il embrasse ouvertement le parti du Pape. Après avoir taillé en pièces l'armée de *Bernabo* près de Bologne, en 1373, et défait un autre corps de troupes que commandait le comte de Vertus assez près de Crémone, *Enguerrand*, de concert avec le duc de Savoie, vient mettre le siége devant Plaisance [1].

1374.   Le bruit des exploits du sire de Coucy étant parvenu jusqu'au Roi de France, ce prince pensa qu'il serait d'une grande importance pour lui de s'attacher un homme de ce mérite, et par une ordonnance de 1374, rendue à Melun, il lui conféra le titre de maréchal et chargea un chevalier à bannière de lui porter les insignes de cette dignité, qu'*Enguerrand* crut devoir refuser, afin de conserver toujours sa neutralité entre les Rois de France et d'Angleterre [2].

1375.   Sur ces entrefaites, le sire de Coucy, ayant appris qu'une trêve de deux ans venait d'être conclue entre la France et l'Angleterre, se hâte de revenir dans sa patrie sans attendre la fin de la guerre à laquelle il vient de prendre part.

Charles V, pour augmenter son armée, avait per-

---

[1] Dom du Plessis.
[2] Mazas, *Vies des grands capitaines*.

mis à des étrangers attirés par l'espoir du butin de se former en compagnies et de lui servir d'auxiliaires. Ces troupes, auxquelles on donna le nom de *grandes compagnies,* étaient devenues fort importunes après la cessation des hostilités ; elles parcouraient la France en commettant des exactions onéreuses au peuple. *Enguerrand,* qui, du chef de sa mère, *Catherine* d'Autriche, nièce du dernier duc, avait quelques droits au duché d'Autriche, dont un héritier collatéral d'un degré plus éloigné que lui avait été reconnu souverain par le peuple de ce pays, sous prétexte que les femmes devaient être exclues de la succession du duché, demande au Roi la permission de lever une armée pour aller revendiquer une succession à laquelle l'Empereur avait reconnu qu'il pouvait prétendre, sans cependant se mettre en mesure de lui faire rendre justice. Le Roi *Charles* saisissant avec empressement cette occasion de débarrasser le royaume de cette foule d'étrangers dont il n'avait plus besoin, permet au sire de Coucy de les prendre à sa solde, d'emmener avec lui autant de troupes qu'il jugera convenable, et lui accorde, pour l'aider dans cette expédition, soit en don, soit à titre de prêt, 60,000 livres [1]. Un grand

---

[1] Environ 570,000 francs.

nombre de Bretons s'enrôlent sous sa bannière, et plusieurs seigneurs se joignent à lui, entre autres, *Raoul* de Coucy, son oncle, le vicomte de Meaux, le baron de Roye, *Pierre* de Bar, et un grand nombre de gentilshommes d'Artois, de Hainaut et de Picardie; en peu de temps il se voit à la tête d'une armée considérable, qu'un historien porte à soixante mille hommes[1].

Avant de se mettre en marche, il prévient de son dessein, par un manifeste du 23 septembre 1375, les villes impériales d'Alsace, les assurant qu'il n'a nulle envie de leur faire tort, ni à l'Empereur, mais seulement d'arracher de vive force son patrimoine à ceux qui le retiennent contre toute justice. Les aventuriers formant deux divisions d'avant-garde sous le commandement de 25 capitaines, arrivèrent dans le mois d'octobre dans l'Alsace, où ils répandirent la terreur et commirent mille désordres. *Enguerrand*, étant venu se mettre à la tête de cette armée avec quinze cents lances, rétablit la discipline. Le duc d'Autriche ne demeure pas oisif : il fait alliance avec plusieurs cantons suisses pour repousser l'ennemi. De l'Alsace et du Sundgaw, les

---

[1] Froissart.

troupes d'*Enguerrand*, après la *Saint-Martin*, passent dans l'Argow, ruinent Wallembourg et franchissent la montagne d'Havenstein, dont le passage aurait pu être disputé par une poignée de soldats ; elles forcent ensuite le détroit de la Clus, autre passage important du canton de Soleure. Coucy investit lui-même la ville de Buren appartenant au comte de Nidau, qui est tué par une flèche en regardant par une fenêtre du château. *Arnaud* de Cervole, dit l'*Archiprêtre*, détruit la ville d'Alten avec plusieurs châteaux, et fait des courses dans tout l'Argow : mais trois mille de ses gens, qu'on nommait les Anglais, sont défaits à Buttischoltz par six cents braves du pays. Le jour et le lendemain de *Noël*, les Bernois font essuyer aux Anglais de nouveaux échecs [1].

Les Autrichiens et les Allemands ayant appris que le sire de Coucy s'avance avec des troupes si nombreuses pour leur faire la guerre, brûlent et détruisent trois journées de pays le long du Danube et se retirent au milieu des montagnes dans des lieux inaccessibles. On était alors tout à fait en hiver, les troupes d'*Enguerrand*, qui comptaient trouver des vivres dans ce pays, ont tellement à souffrir, qu'une grande partie

---

[1] Art de vérifier les dates. — Mazas.

périt de froid, de faim et de misère. Le sire de Coucy est obligé, par ces revers, de retourner en Alsace, où il prend la petite ville de Watteviler. Enfin, le 13 janvier 1376, il fait la paix avec le duc d'Autriche qui lui cède les villes et les seigneuries de Nidau et de Buren, au moyen de quoi il renonce à ses prétentions, congédie ses troupes et reprend la route de France [1].

Enguerrand voulut consacrer le souvenir de cette expédition et de ses espérances en fondant un *ordre de chevalerie*, nommé *de la Couronne*, dont l'insigne fut une couronne renversée. Il décora de cet ordre des chevaliers et des écuyers ainsi que des dames et des demoiselles [2].

Le Roi de France, auquel l'expédition d'*Enguerrand* avait rendu le grand service de pacifier l'intérieur du royaume en en faisant sortir cette foule de gens armés qui troublaient la tranquillité publique, chercha à faire oublier à ce seigneur la disgrâce qu'il venait d'éprouver. Il le combla de témoignages d'amitié et de sa confiance en le consultant sur les affaires les plus importantes.

1377.   La trêve avec les Anglais durait encore, et afin de convertir en une paix définitive cette suspension d'hos-

---

[1] Art de vérifier les dates.
[2] Dom du Plessis.

tilités, les Rois de France et d'Angleterre avaient envoyé à Bruges des députés chargés de traiter. *Charles V*, qui avait une grande estime pour les talents, la prudence et l'intégrité du sire de Coucy, l'ayant déjà envoyé en Bretagne pour traiter quelques affaires importantes qui concernaient sa personne et son royaume, l'avait chargé d'employer toute son influence auprès de son beau-frère, devenu Roi, pour l'engager à accepter les propositions raisonnables qui lui étaient faites, afin d'éviter la prolongation d'une guerre dans laquelle tant de sang avait déjà été répandu inutilement. Mais les exigences et l'opiniâtreté du monarque anglais rendent inutiles les conférences des plénipotentiaires, et la reprise des hostilités est résolue [1].

Le Roi de France assemble un conseil pour savoir ce qu'il importait de faire dans cette circonstance, *Enguerrand* est invité à donner son avis. Le sire de Coucy se trouvait dans une position aussi embarrassante que quelques années auparavant, mais la bienveillance dont son Roi l'avait honoré, avait fait une vive impression sur le cœur de ce jeune seigneur qui saisit cette occasion solennelle pour faire à *Charles V* serment de fidélité, jurant de le servir à l'avenir en-

---

[1] Froissart. — Duchesne.

vers et contre tous, comme tout bon Français le devait faire. Passant ensuite au sujet de la délibération : « *Sire*, dit-il au Roi, *il ne faut point attendre que le* » *Roi d'Angleterre vienne vous offrir le combat, il* » *faut le prévenir et l'aller trouver dans son royaume,* » *car les Anglais ne sont jamais si faibles, ni si aisés* » *à vaincre que chez eux* [1]. »

Enguerrand était devenu, à cause de la faveur dont il jouissait près du Roi, un objet de jalousie pour les autres seigneurs, et son opinion fut vivement combattue par les membres du conseil qui insinuèrent même que l'avis donné par le sire de Coucy devait être tenu pour suspect de la part d'un seigneur né français, devenu, par son mariage, très-proche parent du Roi d'Angleterre, et que ses riches possessions dans ce royaume devaient porter naturellement à ménager un pays dans lequel il avait reçu le titre et le rang de prince. Malgré les efforts d'*Enguerrand* pour faire adopter son opinion, il est décidé qu'on ne sortira pas du royaume et que le Roi ne passera pas la mer, se contentant, s'il était possible, de chasser les Anglais des provinces conquises par eux dans les guerres précédentes. En considérant l'état du royaume divisé par

---

[1] Froissart. — Dom du Plessis. — *Histoire du diocèse de Laon.* — Montesquieu.

les intrigues des nombreux agents du Roi d'Angleterre et du Roi de Navarre, on conviendra que le seul moyen de déjouer les projets des ennemis intérieurs était de porter la guerre hors du royaume, afin de n'avoir point à combattre à la fois deux ennemis, dont l'un était d'autant plus dangereux qu'il agissait dans l'ombre.

Quoique son avis n'eût pas prévalu, le sire de Coucy se dispose à servir loyalement le Roi *Charles* contre le Roi d'Angleterre, car il était Français de nom et d'armes, de sang et d'extraction : et afin de donner à son souverain une preuve éclatante de sa fidélité, il renvoie en Angleterre la princesse *Ysabeau*, sa femme, ne gardant auprès de lui que *Marie*, sa fille aînée, sa seconde fille nommée *Philippe* n'étant point encore sortie d'Angleterre où elle avait été élevée [1].

On n'avait pas encore perdu tout espoir d'arrangement avec les Anglais, et *Enguerrand* ayant été envoyé à Bruges où se réunissaient toujours les plénipotentiaires, il est convenu que la trêve durera jusqu'au mois de mai suivant, et que les conférences seront continuées à Calais où se rendent le comte de Sals-

---

[1] Froissart. — Duchesne. — Dom du Plessis.

bury, l'Evêque de Saint-David, chancelier d'Angleterre, et l'Evêque d'Harfort, plénipotentiaires du Roi d'Angleterre ; le Roi de France charge *Enguerrand* de Coucy, *Guillaume* de Dormans, chancelier de France, et d'autres personnages distingués de traiter avec les ambassadeurs anglais. Cette négociation n'ayant pas plus de succès que les précédentes, la guerre est décidée [1].

Vers la fin de cette année 1377, l'Empereur *Charles IV*, oncle du Roi, vient malgré son grand âge visiter son neveu avec son fils *Venceslas*, Roi des Romains. *Charles V*, ayant appris que ce prince entrerait dans le royaume par le Brabant et le Hainaut, envoie à Cambray, pour le recevoir honorablement, le seigneur de Coucy, le comte de Saarbruck, grand bouteiller de France, le comte de Braine et un grand nombre de gentilshommes *moult bien abilliez*, dit un historien du temps, *et vêtus des livrées des seigneurs*.

L'Empereur arrive à Paris le 4 janvier 1378, le Roi vient au-devant de lui, monté sur un beau palefroi blanc, aux armes de France, richement harnaché ; le Roi, vêtu d'un manteau d'écarlate fourré

---

[1] Froissart.

d'hermines, avait sur sa tête un chapeau à bec très-richement couvert de perles. Les ducs de Berry, de Bourgogne, de Bourbon et de Bar marchaient autour de lui et il était suivi des comtes d'Eu, de Boulogne, Coucy, Saarbruck, Tancarville, Sancerre, Dammartin, Porcien, Salm, Braine, et d'autres barons, chevaliers et gentilshommes en si grand nombre qu'on ne pouvait les compter, tous marchant deux à deux. Le seigneur de Coucy prend ensuite la tête du cortége avec la suite de l'Empereur que le roi l'avait chargé de conduire.

Le jour de l'Epiphanie, le Roi donne à l'Empereur un grand repas pendant lequel le duc de Bourgogne, le comte d'Eu, le seigneur de Coucy et le comte d'Harcourt sont spécialement chargés de la garde du dauphin. L'Empereur ayant témoigné le désir de rendre visite à la Reine, le Roi le conduit vers elle. Près de cette princesse se trouvaient les plus nobles dames du royaume, la duchesse de Bourbon sa mère, la fille du seigneur de Coucy, la dame de Préaux et plusieurs autres comtesses, banneresses, dames et damoiselles en très-grand nombre.

Lorsque l'Empereur retourna en Allemagne, il fut reconduit jusqu'à la frontière par le seigneur de

Coucy, les comtes de Saarbruck et de Brienne, le seigneur de la Rivière et *Jean le Mercier* [1].

Peu de jours après, *Enguerrand* part pour rejoindre en Guyenne l'armée qui, sous les ordres du duc d'Anjou, venait de se rendre maître de Bergerac. Sous les ordres du sire de Coucy se trouvent les sires de Pamiers, de Roye, de Rosoy, de Clermont et plusieurs autres chevaliers. Cette troupe s'empare sur sa route de la petite ville de Sainte-Foy, qui est livrée au pillage. Les chevaliers picards se distinguent au siége de Duras dont le château est emporté d'assaut. Après la prise de cette forteresse, *Enguerrand* ayant envoyé une partie de ses gens sous les ordres d'*Yvain* de Galles en Poitou, suit le duc d'Anjou à Toulouse pour assister aux fêtes et joutes que ce prince y donna à l'occasion de la naissance d'un fils dont la duchesse venait d'accoucher dans cette ville [2].

Le Roi de Navarre, qui avait des intelligences en Normandie, cherche à faire une diversion de ce côté. *Charles V* rappelle aussitôt le sire de Coucy et l'envoie dans cette province avec le seigneur de la Ri-

---

[1] *Christine de Pisan.* — L'Alouëte. — *Histoire du diocèse de Laon.* — Godefroy.
[2] Froissart.

vière ayant sous leurs ordres un grand nombre de gens d'armes, pour réduire toutes les places qui obéissaient au Roi de Navarre.

Ces deux seigneurs avaient avec eux les deux fils du Roi de Navarre, afin que les gens du pays et du comté d'Evreux pensassent que la guerre se faisait au nom de ces princes auxquels appartenaient ces seigneuries du chef de leur mère décédée, et que le Roi de Navarre n'avait nul droit à les retenir. Mais les partisans navarrois étaient trop attachés à leur prince pour que cette insinuation pût faire impression sur eux et les détacher de sa cause. *Enguerrand* et de la Rivière viennent mettre le siége devant Bayeux dont la garnison était disposée à se bien défendre. Sur ses entrefaites le Roi de Navarre, se sentant hors d'état de résister aux troupes du Roi de France, se rend en Angleterre, fait un traité avec le Roi *Edouard*, et en obtient un secours de troupes qui vient débarquer à **Cherbourg**. Le siége de Bayeux est poussé si vivement, que les défenseurs de la ville n'espérant aucun secours, tandis qu'ils voyaient dans le camp ennemi leur seigneur légitime, le prince *Charles*, héritier de sa mère, craignant qu'il ne leur fût fait aucune grâce, se déterminent à se rendre si dans trois jours ils ne sont délivrés. Ils envoient vers le sire de

Coucy demander une trêve de trois jours qui leur est accordée, et pendant laquelle est conclu un traité en vertu duquel les assiégeants prennent possession de la ville, dont les officiers sont changés, et dans laquelle est établie une garnison. Carentan, Moulineaux et Conches sont également occupées par suite de traités ; le château de Pacy est emporté d'assaut, en peu de temps toutes les places sont prises, et il ne reste plus au Roi de Navarre qu'Évreux et Cherbourg. L'importance de ces villes et les garnisons nombreuses qui les défendaient en rendaient la conquête difficile. Cependant Évreux est si étroitement cerné par le sire de Coucy, que cette ville lui ouvre ses portes. Le capitaine *Ferrand*, qui commandait pour le Roi de Navarre, obtient d'en sortir avec les honneurs de la guerre et se retire à Cherbourg avec sa garnison. Cette dernière place ne put être forcée de même, parce que les Anglais pouvaient facilement y faire entrer des troupes et des vivres par le côté de la mer, dont ils étaient maîtres [1].

Après ces exploits qui firent le plus grand honneur à *Enguerrand* et augmentèrent sa réputation militaire, ce seigneur se rend à Rouen où se trouvait le

---

[1] Froissart. — Dom du Plessis.

Roi de France qui lui témoigne tout le plaisir que lui causait sa conduite dans l'expédition qu'il venait de faire, et le retient près de sa personne, voulant ainsi lui donner une nouvelle preuve de son estime et de son amitié.

Le duc de Bretagne, *Jean* de Montfort, soutenu par les Anglais et le Roi de Navarre, osa se révolter contre le Roi *Charles V* et l'envoyer défier. Irrité de ce procédé, *Charles* tint un lit de justice au Parlement dans lequel siégea *Enguerrand* de Coucy, au-dessus d'un comte d'Allemagne et du comte d'Harcourt. Le Roi ayant énuméré ses griefs contre le duc, demanda qu'il fût procédé contre lui, et prononça lui-même du haut de son trône *la confiscation de la personne et des biens de Jean de Montfort, naguères duc de Bretagne.*

1379.

Cette procédure irrégulière couvrait mal le dessein secret du Roi, qui était de réunir la Bretagne à la couronne. Les Bretons mécontents et craignant pour les libertés dont ils jouissaient, prirent fait et cause pour leur duc qui se vit bientôt à la tête d'une armée nombreuse. Le duc d'Anjou fut envoyé avec des troupes pour assurer l'exécution de la sentence, mais la contenance énergique des Bretons ne donnant pas lieu d'espérer une issue heureuse de cette guerre, on eut recours aux négociations et le sire de Coucy fut chargé des pleins pouvoirs du Roi ; le résultat de sa mission fut seulement une suspension d'hostilités [1].

1380. Peu de temps après, le connétable du Guesclin, qui commandait l'armée opposée aux Anglais dans le midi de la France, attaqué d'une maladie violente, meurt devant une place du Gévaudan, nommée Randan. Le Roi, qui cherchait une occasion de récompenser les services que lui avait rendus le sire de Coucy, pense qu'il ne peut trouver un plus digne successeur à *Bertrand* du Guesclin. *Enguerrand*, plein de reconnaissance des bontés de son Roi, ne se laisse pas éblouir par la faveur dont il jouit près de ce monarque, et regarde comme un devoir de sacrifier ses intérêts personnels à ceux de son prince. Le jugement qui, l'année précédente, avait condamné le duc de Bretagne, pour crime de félonie, à voir son duché confisqué et réuni à la couronne, avait excité une grande irritation parmi la noblesse et le peuple de la Bretagne ; il fallait donc, pour assurer au Roi la possession de cette province, un homme qui pût avoir une grande influence sur l'esprit des Bretons. Lorsque *Charles V* offrit à *Enguerrand* l'épée de connétable, ce seigneur chercha d'abord à appuyer son refus sur

---

[1] Duchesne. — Anquetil.

sa jeunesse, quoiqu'il fût alors âgé de quarante ans, et sur son peu d'expérience dans les affaires. La modestie de ces motifs ne pouvant détourner le Roi de son projet, le sire de Coucy fit valoir les considérations politiques relatives à la Bretagne, déclarant qu'il ne voyait entre les sujets du Roi qu'*Olivier* de Clisson qui eût les qualités nécessaires pour remplacer dignement le connétable du Guesclin. Le Roi, déterminé par les instances d'*Enguerrand*, choisit en effet *Olivier* de Clisson qui, après quelque hésitation, se rendit aux désirs de son Roi en acceptant le poste honorable qu'il lui confiait [1].

Le Roi sut gré à *Enguerrand* de la délicatesse de sentiments qu'il avait montrée en refusant la plus grande dignité du royaume, et lui donna, comme dédommagement, le gouvernement de la Picardie. A peine *Enguerrand* avait-il reçu le titre de gouverneur de cette province, que les Anglais, qui méditaient une irruption en France, débarquèrent à Calais au mois de juillet 1380, sous la conduite de Buckingham, comptant se rendre en Bretagne après avoir ravagé les provinces qu'ils auraient traversées [2].

Le sire de Coucy, qui se trouvait alors à Saint-

---

[1] Froissart. — Duchesne. — Dom du Plessis.
[2] Adrien de la Morlière, *Antiquités d'Amiens,* liv. 3.

Quentin, fait aussitôt un appel à la noblesse et aux gens de guerre de l'Artois, du Vermandois et de la Picardie, qui viennent le trouver à Péronne, rendez-vous général. Après avoir visité Saint-Omer, Thérouanne, Béthune, Arras, et y avoir laissé des garnisons pour les défendre contre une surprise, il se dispose à attaquer l'ennemi; mais *Charles V* lui ayant donné l'ordre de ne point en venir aux mains avec les Anglais, et de se borner à leur ôter tout moyen de se procurer des vivres, *Enguerrand*, à la tête de ses troupes, observe de près l'armée du duc de Buckingham et la suit dans sa marche jusque dans la Champagne où, s'étant réuni à Troyes au duc de Bourgogne, il côtoie, de concert avec ce prince, l'ennemi qui se dirige vers la Bretagne, l'empêchant de s'étendre dans la campagne et d'entrer dans les villes [1].

Se sentant près de mourir et laissant des enfants en bas âge, *Charles V* désigne le sire de Coucy dans le nombre des seigneurs qui doivent servir de conseil au duc d'Anjou, son frère, chargé de gouverner le royaume avec le titre de Régent pendant la minorité de *Charles VI*, son fils aîné [2].

[1] L'Alouëte. — Dom du Plessis. — De Barante.
[2] Dom du Plessis.

Un des premiers actes du duc d'Anjou est de donner à *Enguerrand* de Coucy le château, la ville et toute la châtellenie de Mortagne-sur-l'Escaut, entre Tournay et Valenciennes. Cette seigneurie, vacante par la mort de *Jacques* de Verchin, sénéchal de Hainaut, était très-importante, et sa position à l'extrême frontière du royaume, dont elle pouvait défendre l'entrée sur ce point, devait faire désirer au Roi qu'elle fût entre les mains d'un seigneur sincèrement fidèle, et que son rang et ses richesses missent au-dessus des tentatives de corruption de la part des ennemis [1].

1381.

Enguerrand partit bientôt après pour la Bretagne afin de traiter avec *Jean* de Montfort qui, mécontent de la conduite des Anglais à son égard, avait fait faire secrètement des propositions de soumission au Roi de France. Les bases du traité furent bientôt arrêtées et il fut signé le 6 avril suivant. *Enguerrand* revint aussitôt à la cour avec le duc de Bretagne qui jura au Roi soumission et fidélité [2].

Ysabeau d'Angleterre étant décédée après avoir été, ainsi qu'on l'a vu, renvoyée dans sa patrie par *Enguerrand*, ce seigneur épouse, peu de temps après son

---
[1] Froissart. — Duchesne. — Dom du Plessis.
[2] Duchesne. — Dom du Plessis.

retour de Bretagne, *Ysabeau*, fille du duc de Lorraine, qui lui apporte en mariage la seigneurie de Fleurines, au pays de Liége, et une certaine somme d'argent qui devait être payée par son père [1].

L'avarice des princes, oncles du jeune Roi, qui s'étaient emparés des trésors laissés par *Charles V*, avait nécessité l'établissement de nouveaux impôts sur la ville de Paris. Le peuple se soulève et se porte aux excès les plus graves, massacrant les receveurs des impôts et d'autres gens de finances avec des maillets de plomb, ce qui fit donner aux révoltés le nom de *Maillotins*. Le Roi et les princes, alors à Meaux, très-irrités de cette rébellion, envoient le sire de Coucy avec le titre de gouverneur de Paris, pour faire rentrer le peuple dans la soumission. *Enguerrand*, qui avait des pleins pouvoirs pour traiter avec les révoltés, se rend dans la capitale, non point avec des troupes, mais même sans escorte, fort de la seule influence que lui ont acquise ses grandes qualités et la réputation de sagesse et d'intégrité dont il jouit généralement. Étant arrivé, il mande près de lui les principaux de la ville, et leur dit : *qu'il est venu spontanément vers eux pour trouver un moyen de concilier tous les*

---

[1] Duchesne. — Dom du Plessis. — Arch. Gén., *Trésor des Chartes*, carton J., 240, n° 1.

intérêts, et qu'il prierait le Roi et ses oncles de leur pardonner ce qu'ils avaient faits, leur remontrant combien ils étaient coupables de s'être livrés à des excès criminels au lieu d'avoir fait entendre au Roi le sujet de leur mécontentement : qu'il était en particulier, à cause de l'amitié qu'il leur portait, très-peiné de la faute qu'ils avaient commise, le Roi ayant le moyen de leur faire sentir promptement, s'il le voulait, combien il en était irrité; mais que ce prince hésitait à employer la rigueur contre une ville qu'il avait toujours aimé, dans laquelle il était né et qui était la capitale de son royaume. Il termine en promettant d'entretenir le Roi dans ces sentiments d'affection, s'ils veulent, de leur côté, rentrer promptement dans le devoir et pourvoir, en ce qui les concerne, aux besoins du gouvernement. Les Parisiens, touchés de ces remontrances et confiants dans la loyauté d'*Enguerrand*, s'engagent à payer au Roi, chaque semaine, pendant un certain temps, dix mille livres pour l'entretien des gens de guerre, à la seule condition d'être déchargés des nouveaux impôts et que les oncles du Roi ne retireraient aucun profit de cette contribution. Le sire de Coucy étant venu prendre, sur ces propositions, les ordres du Roi, *Charles VI* approuve sa conduite, et, à sa sollicitation, pardonne aux Parisiens [1].

L'esprit de rébellion s'était propagé jusque dans la fidèle Picardie; *Enguerrand* de Coucy, le plus grand feudataire de cette province, y vint en toute hâte; il entra de force dans Péronne, dont on voulait lui fermer les portes; il fit saisir les plus mutins et ordonna qu'on instruisît leur procès; mais il se borna à la simple forme; personne ne fut condamné à mort, à l'exception du seul *Hennequin Doutart*, regardé comme le chef des rebelles. Cet homme, conduit au supplice, allait perdre la vie, lorsqu'une jeune fille, qui s'était mêlée parmi les spectateurs, cria *grâce*! s'offrit à épouser *Hennequin*, et, aux termes des Coutumes de Picardie, l'arracha par ce moyen au trépas [2].

1382.

Le Roi, ayant pris la défense de *Louis* de Mâle, comte de Flandre, contre ses sujets rebelles qui avaient à leur tête un brasseur de Gand nommé *Artevelle*, marche à son secours l'année suivante avec une armée puissante. Le Roi est accompagné, dans cette expédition, par les princes et les seigneurs de son royaume parmi lesquels on distingue *Enguerrand*, sire de Coucy; *Raoul* de Coucy, son oncle; et *Thomas*

---

[1] Froissart. — L'Alouëte. — Dom du Plessis.
[2] Mazas.

de Coucy, cinquième du nom, sire de Vervins, son cousin. Dans le conseil de guerre tenu à Seclin pour décider des mouvements de l'armée, et des moyens de faire lever le siége d'Oudenarde à *Artevelle*, *Enguerrand* donna le premier son avis et dit qu'il fallait passer l'Escaut à Tournay et marcher droit jusqu'à la ville assiégée pour attaquer le chef des rebelles dans son propre camp ; cet avis, d'abord combattu par le connétable *Olivier* de Clisson, allait être adopté d'après les explications données par *Enguerrand;* mais le comte de Flandre, qui était présent, désirait faire une diversion de l'autre côté de la Lys où tout obéissait à *Artevelle* : on se décide, sur ses instances, à passer cette rivière au pont de Commines, et les sires d'Albret et de Coucy sont chargés de régler l'ordre de bataille des troupes. Le pont de Commines se trouve rompu et les Flamands sont sur la rive opposée, décidés à défendre le passage ; le connétable regrette alors que l'avis du sire de Coucy n'ait pas été suivi : cependant on trouve moyen de passer la rivière à peu de distance de là, mais non sans éprouver quelques pertes à cause de la résistance opiniâtre des Flamands [1].

---

[1] Froissart.

Artevelle, informé de la marche des Français, vient à la tête de cent mille hommes, la plupart bourgeois, pour s'opposer aux ravages que les troupes du Roi exercent dans les campagnes et se poste avantageusement près du village de Rosbec, prêt à en venir aux mains. La veille de la bataille, *Charles VI* dit à *Enguerrand* de Coucy qui soupait avec lui, qu'il a résolu de lui confier, pour le lendemain, l'office de connétable, voulant garder *Olivier* de Clisson près de sa personne; celui-ci conjure si instamment le Roi de lui laisser faire le devoir de sa charge, que ce prince ne peut refuser de céder à ses prières et à celles d'*Enguerrand* qui, pour ne point donner au connétable de motifs de jalousie, refusait l'honneur que le Roi voulait lui faire. En conséquence, *Enguerrand* fut seulement chargé, avec le seigneur d'Albret, du commandement de la réserve.

Les Flamands ayant abandonné leur position pour s'emparer d'une colline qui dominait l'armée française, le connétable fait porter sur leurs derrières un corps de cavalerie qui les prend à dos pendant qu'il les attaque de front. En moins d'une demi-heure, après un affreux carnage, les Flamands, laissant sur le champ de bataille quarante mille des leurs, sont mis dans une déroute complète. *Enguerrand* de Coucy et le seigneur d'Albret les poursuivent si vivement qu'ils ne peuvent se rallier, et en passent plus de mille au fil de l'épée[1].

Les Bretons, qui réclamaient une part du butin, ne furent nullement satisfaits par une somme de cent vingt mille livres[2] que le Roi leur fit donner : ils disaient que cette guerre de Flandre ne leur rapportait rien et qu'ils en auraient trop peu de profit. Si bien que pour se dédommager ils résolurent de se répandre dans le Hainaut ; ils s'accordèrent pour cela avec des chevaliers bourguignons et savoyards. Leur prétexte fut que le comte de Hainaut n'étant point venu au secours de son cousin de Flandre, il était juste d'aller chez lui se payer de leur solde et de leurs frais. Le comte de Blois fut instruit de ce projet ; alors, de concert avec les principaux seigneurs de l'armée, le sire de Coucy, le seigneur d'Enghien, le comte de Saint-Pol, le comte de la Marche, il fit tous ses efforts pour en rompre l'exécution. Enfin, à force d'aller de l'un à l'autre et de faire agir ses amis, il dissuada les chevaliers bourguignons de cette entreprise[3].

Après cette victoire, le Roi reprit le chemin de Paris

---

[1] Jean Juvénal des Ursins. — L'Alouète. — Dom du Plessis. — Anquetil.
[2] Environ 1,140,000 francs.
[3] Froissart. — De Barante.

où l'appelaient des affaires importantes. L'esprit de sédition arrêté, ainsi qu'on l'a vu, par *Enguerrand*, n'y était pas éteint. Un nouveau soulèvement s'était manifesté pendant l'absence du Roi, et la révolte, suivant l'expression aujourd'hui consacrée, *s'organisait* avec l'intention de la propager dans tout le royaume. Le chef des séditieux, Nicolas Flamand, qui négociait avec les Flamands, détermina les mécontents à attendre, pour éclater, le résultat de la guerre de Flandre ; la victoire de Rosbec ayant déjoué tous ses projets, il jugea prudent d'en ajourner l'exécution.

1383.

Le conseil du Roi était embarrassé de la manière dont il conviendrait d'agir avec les Parisiens, qui ne se montraient ni soumis, ni rebelles. Pour sonder leurs dispositions, le Roi *Charles*, s'arrêtant au Bourget, envoie le connétable, l'amiral et les sires de Coucy, d'Albret et de la Trimouille qui rencontrent les Parisiens au nombre de vingt mille hommes en armes. Comme ils prétendaient qu'ils étaient ainsi venus non dans de mauvaises intentions, mais pour montrer au Roi les forces de la ville de Paris, afin qu'il pût s'en servir dans le besoin, disposés qu'ils étaient à lui obéir, les seigneurs, arrivés au milieu d'eux, profitant de cette protestation d'obéissance, leur ordonnent, de la part du Roi, de rentrer chez eux.

Le Roi entre alors dans Paris avec son armée, tous les quartiers sont occupés par les troupes, et *Enguerrand*, d'après l'ordre qu'il en avait reçu, fait dépendre les quatre principales portes, enlever les chaînes des rues et contribue puissamment au prompt désarmement de la population [1].

A peine le calme est-il rétabli dans Paris que le sire de Coucy accompagne de nouveau le Roi en Flandre. Cette campagne fut encore pour *Enguerrand* une occasion de se distinguer par de beaux faits d'armes à l'avant-garde, ainsi qu'aux siéges du Mont-de-Cassel, de Berghes, et devant Bourbourg, « où, dit Froissart,
» fut le sire de Coucy et ses états volontiers vu et
» recommandé. Car il avait coursiers parés et armés
» et goussures des anciennes armes de Coucy et aussi
» de celles qu'il portait pour lors, étant bien en main,
» maniant son coursier à l'un et à l'autre côté bien et
» dextrement; lui avenant fort bien tout ce qu'il fai-
» sait. Et tous ceux qui le voyaient, le prisaient pour
» les grâces et vertus qui reluisaient en lui, tant pour
» sa grande sagesse et prudence, que pour son élo-
» quence et riche parler, que pour ses vaillances et
» faits généreux de force et magnanimité incroyable,

---

[1] Froissart. — L'Alouëte. — Dom du Plessis. — Anquetil.

» dont il était admirable à tous. » Après la prise de Bourbourg, le Roi ayant congédié l'armée, *Enguerrand* vint passer l'hiver à Saint-Omer [1].

1384. *Charles VI*, pour témoigner au sire de Coucy sa satisfaction des services qu'il en avait reçus, le revêtit de la charge de grand bouteiller de France, un des premiers offices de la couronne dont avait joui *Guy* de Châtillon, comte de Saint-Paul, père d'*Ysabeau* de Saint-Paul, dame de Coucy, son aïeule, vacante alors par la mort du comte de Saarbruck, et lui permit de faire l'acquisition de la châtellenie de Beaurain pour en jouir pendant sa vie [2].

La guerre de Flandre étant entièrement terminée, le Roi prie le sire de Coucy de prendre le commandement des troupes que ses oncles et lui voulaient envoyer en Italie où le duc d'Anjou, adopté par la Reine *Jeanne* de Naples, était occupé à conquérir ce royaume dont *Charles* de Duras s'était emparé. A la tête de quinze mille hommes, *Enguerrand* quitte la France, pour mener un renfort au duc d'Anjou. Il attaque dans sa route la ville d'Arrezzo et la prend après une vive résistance. Mais la nuit même qui suit la prise de cette ville, on lui annonce la mort du duc d'Anjou

---

[1] Froissart. — L'Alouëte
[2] Duchesne. — Dom du Plessis.

tué dans un combat près de Barlette. *Enguerrand* refuse de croire à cette nouvelle qui n'était cependant que trop vraie, et continue le siége de la citadelle d'Arrezzo dont la conquête lui était nécessaire pour assurer celle de la ville. Cependant, ayant acquis la certitude de la mort du duc d'Anjou, il fait un traité avec les Florentins auxquels il abandonne la ville et revient en France[1].

De nouvelles preuves de la confiance et de la bienveillance de son souverain l'attendaient dans sa patrie; à peine de retour, il fut chargé par le Roi de la garde et de la défense des frontières du royaume du côté de l'Auvergne et du Limousin, ainsi que des bords de la Dordogne jusqu'à la mer[2].

Malgré la trêve existant entre la France et l'Angleterre, les Anglais inquiétaient toujours la France et menaçaient de faire de nouvelles incursions dans les provinces; déjà même ils avaient violé le territoire, en secondant les Flamands, qui attaquèrent les frontières du nord du royaume. Le Conseil du Roi, appelé à délibérer sur les moyens de prévenir les malheurs qui résultaient pour le royaume d'être le théâtre de la guerre, prit la résolution de frapper un coup décisif

1385.

---

[1] Dom du Plessis — Anquetil.
[2] L'Alouëte. — Dom du Plessis.

sur les Anglais, et de porter dans leur île les fléaux qu'ils répandaient sur le continent ; en conséquence, il fut décidé que le Roi enverrait une armée au secours du Roi d'Écosse, alors en guerre avec l'Angleterre, et le connétable, le maréchal de Sancerre et le sire de Coucy furent désignés pour commander cette expédition. En attendant le grand embarquement, *Enguerrand* accompagna le Roi en Flandre avec une petite armée, et s'empara de quelques places, entre autres de celle de Dam, au siége de laquelle fut tué le maître des canons du sire de Coucy [1].

1386.

1387.

L'année suivante, tandis que l'armement du connétable se prépare, le Roi prend la résolution de commander lui-même l'expédition, et le sire de Coucy, suivi de deux mille lances qu'il avait levées de concert avec le comte de Saint-Paul, vient à Lille, d'où il part avec le Roi, qui se rendait à l'Écluse, où se trouvait la flotte, et en attendant le moment de s'embarquer, *Enguerrand* se loge à Bruges. Tout paraissait disposé pour le départ, lorsque la lenteur que mettent les oncles du Roi, et en particulier le duc de Berry, à rejoindre l'armée, fait passer l'époque de l'embarquement, et déconcerte toutes les mesures arrêtées ;

---

[1] Froissart. — L'Alouëte. — Dom du Plessis. — Anquetil.

alors le Roi se décide à porter la guerre en Castille. Tandis que l'armée fait ses dispositions pour se rendre dans ce pays, on attaque aussi les Anglais sur mer. Le connétable rassemble les débris de la flotte à Tréguier, et à la faveur des grandes discordes qui règnent pour lors en Angleterre, forme le projet d'y descendre avec quelques milliers de lances. Le sire de Coucy et les nobles de la Normandie s'étaient aussi mis à tenir la mer, et à courir sus aux Anglais. Ils furent d'abord heureux, défirent une flotte ennemie commandée par *Hugues Spencer*, le firent prisonnier et s'emparèrent d'un riche butin [1].

Afin de hâter la marche des troupes destinées à renforcer l'armée, le connétable se rend en Bretagne, où le duc, qui avait intérêt à rompre toutes les mesures que la France prenait contre l'Angleterre, l'arrête et le fait enfermer dans son château de l'Hermine. Ce prince, d'un caractère violent, était si irrité contre *Clisson*, qu'il veut le faire mourir ; l'ordre en est donné à *Bavalan*, qui ne l'exécute pas. Le duc, revenu à des sentiments plus calmes, est enchanté de la désobéissance de *Bavalan*, et ne consent toutefois à relâcher son prisonnier, qu'à la con-

---

[1] De Barante.

dition qu'on lui remettra une forte rançon en argent, une ville et trois châteaux-forts [1].

Cependant le Roi, irrité de l'insolence du duc, envoie des commissaires en Bretagne pour obtenir satisfaction de l'injure faite au connétable. Les commissaires ayant échoué dans leurs négociations, le Conseil du Roi est d'avis d'envoyer le sire de Coucy, auquel on adjoignit Jean de Vienne, amiral de France, et le sire de la Rivière. Nul n'était mieux choisi pour cette commission que le sire de Coucy; outre qu'il était beau-frère du duc et son grand ami, c'était le seigneur le plus rempli de grâce et de persuasion de toute la chrétienté; partout où il était allé, en France, en Angleterre, en Allemagne, en Lombardie, nul n'avait su plaire autant que lui; c'était son naturel, et de plus il avait vu beaucoup de pays, beaucoup d'hommes et beaucoup d'affaires.

Le duc de Bretagne ayant appris que trois seigneurs de cette importance venaient vers lui, assemble son Conseil, qui est d'avis de ne point attendre qu'ils soient arrivés pour faire au connétable restitution de tout ce qui avait été exigé de lui. Les seigneurs ayant appris en route la résolution du duc, n'en continuent

---

[1] Froissart. — Dom du Plessis. — De Barante.

pas moins leur voyage, leurs instructions secrètes étant de déterminer le duc à se rendre auprès du Roi pour lui faire des excuses. Le duc était près de Vannes, ils se rendent dans cette ville, où ils sont reçus honorablement par le sire de Laval et d'autres chevaliers et gens du duc. Après s'être rafraîchis dans leur hôtel, ils montent à cheval pour se rendre au château de La Motte, où le duc résidait. Ce prince, apprenant leur arrivée, vient au-devant d'eux et les accueille avec des démonstrations de joie, particulièrement le sire de Coucy. Prenant *Enguerrand* par la main : « Beau-» frère, lui dit-il, soyez le bien venu, je vous voy » volontiers en Bretagne. Si vous montrerai chasse de » cerfs et vols de faucons, beaux et bons, avant que » vous départez de moi. — Beau-frère et sire, répond » le sire de Coucy, grand mercy, et tout ce verrons » nous volontiers, avec ces seigneurs, mes compai-» gnons qui vous sommes venus voir. » Le duc ne tarde pas à se rendre aux instances du sire de Coucy, et il est convenu qu'une entrevue aura lieu à Blois, entre lui et les oncles du Roi. Ayant pris congé du duc, les trois seigneurs reviennent à Paris rendre compte de leur mission[1].

[1] Froissart.

Le duc de Bretagne s'étant décidé à venir à Paris, fut conduit à l'audience du Roi par le sire de Coucy, l'amiral *Jean* de Vienne et le sire de la Rivière.

Aussitôt après sa délivrance, Clisson se rend à Paris pour demander au Roi vengeance des procédés du duc de Bretagne qui avait insulté, disait-il, Sa Majesté dans la personne de son connétable, puisqu'il était dans l'exercice de sa charge. Les oncles du Roi, qui gouvernaient encore le royaume, font au connétable un accueil très-froid et ne paraissent pas disposés à agir contre le duc. Le sire de Clisson retourne à son hôtel fort chagrin de cet accueil. Cependant les principaux seigneurs du Parlement et du Conseil s'empressent à le venir voir, l'assurant que tout irait bien et qu'il serait vengé d'une injure qui touchait à l'honneur de la couronne. L'amiral de France, le sire de Coucy, le sire de Saint-Pol lui conseillèrent de se retirer dans son château de Montlhéry et de les laisser conduire cette affaire [1].

Dans le même temps le duc de Gueldres, à l'instigation des Anglais, avait eu la hardiesse de défier le Roi de France et de lui envoyer un héraut pour lui déclarer la guerre. Le Conseil était d'avis de mépriser

---

[1] De Barante.

cette fanfaronnade, mais *Enguerrand* insista si vivement sur la nécessité d'abattre l'orgueil de ce petit prince, pour qu'à l'avenir ses semblables n'eussent pas l'audace de faire au Roi une pareille injure, qu'on résolut de faire marcher des troupes contre lui, et *Charles VI* voulut être lui-même à la tête de son armée.

Le Roi voulant que les préparatifs de cette expédition se fissent secrètement, le sire de Coucy reçoit ordre de se rendre en Champagne pour réunir les chevaliers et écuyers du Barrois et de la Lorraine sous prétexte d'une nouvelle expédition pour son compte en Autriche, mais, dans le fait, pour les réunir à l'armée du Roi lorsqu'elle serait en marche. *Enguerrand*, ayant rempli sa mission, vient trouver le Roi qui était alors à Montereau et lui dit que tous les chevaliers de Bar, de Lorraine et de Bourgogne, sont prêts à marcher avec lui.

Le Roi, en se rendant à Reims où devaient se trouver ses troupes, fit à *Enguerrand* l'honneur de le visiter dans son château de Coucy où il fut reçu avec magnificence [1].

La duchesse de Brabant n'ayant point accordé le

---

[1] Froissart. — Duchesne. — Anquetil.

passage qui lui avait été demandé sur ses terres, il est décidé que l'armée se dirigera par la Thiérache et les Ardennes; le sire de Coucy prend le commandement de l'avant-garde composée de mille lances et est chargé de faire aplanir toutes les difficultés d'une route par laquelle personne n'avait encore passé.

1388. *Enguerrand* se trouvait déjà dans les Ardennes lorsqu'il reçoit ordre du Roi de se rendre en toute hâte à Avignon, vers le pape *Clément;* on ignore l'objet de cette mission qui fut de courte durée, puisqu'il rejoignit l'armée avant qu'elle fut arrivée dans le duché de Gueldres. Le duc de Juliers, père du duc de Gueldres, cherche à calmer le ressentiment du Roi contre son fils, le conjurant de lui pardonner. *Charles VI*, cédant aux prières de ce prince, se montre clément envers le fils qui s'était déterminé à lui faire des excuses.

Le Roi, en revenant du duché de Gueldres, s'arrêta à Reims où il se fit sacrer et couronner, le 4 novembre 1388. *Enguerrand* assista à cette cérémonie en qualité de haut baron, et fut un des seigneurs qui servirent le Roi à cheval pendant son dîner. Après avoir remercié ses oncles des soins qu'ils avaient donnés aux affaires du royaume, *Charles VI* en prit aussitôt la direction. Les anciens amis et serviteurs du Roi

Charles V redevinrent alors en faveur. Le connétable, le sire de Coucy et le sire de la Rivière commencèrent à avoir une grande part au gouvernement. *Jean le Mercier*, sire de Noviant, grand ami du Roi, le sire de Montaigu, le sire de Vilaine, avaient aussi beaucoup de crédit. Ils faisaient tous partie d'un conseil de douze personnes qui fut mis à la tête des affaires[1].

Pendant que le sire de Coucy se rendait célèbre par ses hauts faits d'armes et son habileté dans les négociations, ses domaines avaient beaucoup souffert à cause des dépenses excessives qu'il avait été obligé de faire pour entretenir durant un si long temps des troupes à sa solde; car, à cette époque, le Roi avait encore trop peu de troupes soldées pour pouvoir faire la guerre sans le secours des seigneurs qui, sur sa réquisition, faisaient dans leurs domaines des levées d'hommes qu'ils conduisaient à leurs frais et dépens sous leur bannière. *Enguerrand* avait aussi perdu les seigneuries de Buren et de Nidau, seul fruit qu'il eût retiré de son expédition d'Autriche en 1376. Les Bernois se plaignant de ce que la garnison établie à Buren par le duc d'Autriche, comme protecteur de la seigneurie, les incommodait, voulurent y mettre le

[1] Duchesne. — Dom du Plessis. — Chron. n° 10,297. — De Barante.

feu. Les Fribourgeois qui avaient des hypothèques sur Buren, s'y opposèrent. On en vint aux armes de part et d'autre, et les Bernois, ayant emporté d'assaut la ville et le château, les réduisirent en cendres le 12 avril 1388. Les vainqueurs, le 7 mai suivant, allèrent mettre le siége devant Nidau, prirent d'assaut, le 19 du même mois, la ville qu'ils brûlèrent, et contraignirent par famine le château à se rendre le 21 du mois suivant. La guerre continua entre Fribourg et Berne. Le sire de Coucy envoya au secours des Fribourgeois deux cents lances commandées par *Jean de Roye* son connétable (car les sires de Coucy avaient depuis longtemps, à l'imitation des ducs et des comtes souverains, des officiers pareils à ceux du Roi), mais, le 9 août, ces troupes étrangères quittèrent Fribourg et retournèrent en France. Le traité de paix qui se fit l'année suivante entre la maison d'Autriche et les Bernois assura la possession de Buren et de Nidau à ces derniers, sans compensation pour le sire de Coucy [1].

Les vassaux d'*Enguerrand* se trouvant ruinés par suite de plusieurs fléaux qui avaient pesé sur eux, ce seigneur vint à leur secours en exposant au Roi leur

---

[1] Art de vérifier les dates. — Mazas.

misère, et ce prince, à sa prière, accorda à la ville de Coucy deux foires chaque année. Les lettres patentes sont dans des termes trop honorables pour le seigneur et la ville de Coucy pour ne pas être rapportées ici dans leur entier.

« *Charles*, par la grace de Dieu, Roi de France,
» savoir faisons à tous présents et à venir, que
» comme nostre très-cher et féal cousin le seigneur
» de Coucy, comte de Soissons et bouteiller de
» France, nous eust humblement exposé, que pour
» les grans mortalitez qui depuis aucun temps en ça
» ont esté en ses ville, chastel, terre et chastellenie de
» Coucy, et au pays d'environ; les quels ville et
» chastel, et par espécial la ville ont esté n'a pas
» longtems par troiz foiz comme tous ars et destruiz
» par feu de meschief, qui d'aventure se print en la
» dite ville par deffaut de laboureurs, qui es dites
» mortalitez ont esté trépassez ; et pour autres diver-
» ses fortunes qui sont survenues es diz pays et
» chastellenie de Coucy. Et aussi pour le fait et occa-
» sion de noz guerres, les manans, habitans, et com-
» munautés des dites villes, chastel et chastellenie de
» Coucy, soient tellement apauvris, diminuez et
» amendriz en pueple, maisons, manoir, rentes, re-
» venues et toute autre chevance, que icelle ville est

» en voie et péril d'estre déserte et inhabitable et les
» vignes, terres et autres labourages du dit pays de
» demourer en friches non labourées. Combien que
» le dit chastel soit d'ancienneté l'un des plus nota-
» bles et plus beaux chasteaux de nostre royaume, et
» le principal hostel et manoir de la baronnie et sei-
» gneurie de Coucy, qui est tenue en foi et hommage
» de nous, et qui est clef et frontière de nostre
» royaume vers les pays et marches de Hainaut, de
» Cambresiz et de Liége. Par désertation et inhabita-
» tion desquels ville et chastel, se à ce venoit, que jà
» n'aviegne, plusieurs grans périls, dommaiges et
» inconvéniens irréparables se pourroient en suir à
» nous et à nostre royaume, se pourveu n'y estoit.
» Requérant nostre dit cousin qu'il nous pleust par
» l'augmentation et accroissement du bien de ses dites
» ville et chastel de Coucy luy octroyer deux foires
» chacun an en icelle ville, c'est assavoir l'une le
» jour de sainct Nicolas en may, et l'autre le jour de
» saincte Katherine en novembre, et deux jours en-
» suivans chacune feste, etc. Considérants que très
» grant perte et dommaige seroit se yceux chastel et
» ville qui sont si notables et de si grant ancienneté,
» cheoient ou demouroient en ruine et en destruction.
» Et pour contemplation de nostre dit cousin, qui très

» joyeusement et honnorablement nous a receuz et
» veuz et plusieurs de nostre lignage estant en nostre
» compagnie en son dit chastel. Voulans pour la mé-
» lioration du lieu faire et estendre notre grace en
» ceste partie. A nostre dit cousin le seigneur de
» Coucy ses hoirs, successeurs, et ceux qui de lui
» auront cause ou temps avenir, de nostre certaine
» science, auctorité royal, plaine puissance, et grace
» espécial, avons octroyé et octroyons par ces présen-
» tes les dites deux foires, à estre et servir dorés en
» avant chascun an deux fois en la dite ville de
» Coucy, et à durer chacune d'icelles trois jours tous
» entiers. C'est assavoir la première le jour de sainct
» Nicolas en may, et deux jours ensuivans, et l'autre
» le jour du dit sainct Nicolas en décembre, etc.
» Donné à Paris l'an de grace M. CCC LXXX VIII et
» le IX de nostre règne, ou mois de novembre. »

Cette grâce, que le Roi accorda, contribua puissamment à dédommager les habitants de Coucy de leurs pertes, et insensiblement cette ville et ses environs recouvrèrent leur ancienne prospérité [1].

L'année suivante, le Roi ayant voulu que la Reine fût reçue en grande solennité à Paris, cette princesse

1389.

---

[1] Duchesne.—Dom du Plessis.—Arch. Gén. J. Reg. 135, pièce 39.

partit de Saint-Denis en litière, accompagnée de la duchesse de Bourgogne, la duchesse de Berry, la duchesse de Bar, la comtesse de Nevers, la dame de Coucy, chacune dans sa litière, et de la duchesse de Touraine, montée sur un beau palefroi. Cette journée fut remplie par des fêtes d'une magnificence inouïe jusqu'alors et dont les détails se trouvent dans toutes les chroniques. Un banquet somptueux eut lieu le lendemain. A la table du Roi et de la Reine étaient assis les Evêques de Noyon et de Langres, l'Archevêque de Rouen, le Roi d'Arménie qui pour lors était en France, les duchesses de Bourgogne, de Berry et de Touraine, la comtesse de Nevers, mademoiselle de Bar, madame de Coucy, mademoiselle d'Harcourt et madame de la Trimouille. La foule de peuple qui regardait ce festin était si grande, que la chaleur fit évanouir la Reine et madame de Coucy [1].

Les exercices des armes étaient l'occupation favorite d'*Enguerrand* qui ne laissait échapper aucune occasion où il pût obtenir de la gloire ; aussi l'a-t-on vu prendre part à toutes les expéditions et se faire remarquer par ses talents militaires. Pendant la paix, il figurait dans les tournois, donnant des preuves de

---

[1] Froissart.

son adresse dans ces fêtes chevaleresques que les dames honoraient de leur présence. Dans les tournois qui eurent lieu au mois d'août 1389, à l'occasion de l'ordre de chevalerie conféré aux princes *Louis* et *Charles*, fils du duc d'Anjou, on distingua particulièrement le sire de Coucy [1].

Le Roi, ayant conclu une trêve de trois ans avec l'Angleterre, voulut visiter une partie de son royaume et se rendit à Avignon, où résidait alors le Pape *Clément*, accompagné des princes ses oncles, du duc d'Orléans, alors duc de Tours, son frère, et du sire de Coucy.

Le 7 février 1390, le Roi fit son entrée à Dijon; le duc de Bourgogne et la duchesse firent à tous les seigneurs ainsi qu'au Roi, des présents somptueux de chevaux, de bijoux, d'orfévrerie et de pierres précieuses. Le séjour de Dijon dura plus d'une semaine; durant ce temps ce ne fut que danses, que festins, concerts, joutes et divertissements de toute espèce. Les dames et les demoiselles s'efforçaient de plaire au jeune Roi, à son frère, qui était le plus aimable prince, et au sire de Coucy, modèle de toute chevalerie [2].

Lorsque le Roi quitta Avignon, le Pape *Clément*

1390

---

[1] *Histoire du diocèse de Laon.*
[2] Froissart. — De Barante.

obtint qu'*Enguerrand*, pour lequel il avait une estime particulière, restât encore quelque temps à sa cour, où se trouvait alors la reine de Naples, veuve du duc d'Anjou. Cette princesse, qui regardait le sire de Coucy comme le chevalier le plus sage et le plus expérimenté de la France, lui fit part d'un projet de mariage pour son fils aîné avec une des filles du Roi d'Aragon. *Enguerrand* ayant approuvé la convenance de cette union, la Reine le pria instamment d'accompagner le jeune prince jusques en Espagne; ce seigneur, cédant aux désirs de la princesse, se rendit à Barcelone, où il fut reçu avec la plus grande distinction par le Roi et la Reine d'Aragon [1].

Tandis qu'il était dans ce pays, le sire de Coucy reçut des lettres du Roi de France, qui lui mandait de revenir afin d'entamer avec le comte de Blois une négociation en faveur du duc de Touraine qui, ayant beaucoup d'argent, cherchait à employer la riche dot de madame *Valentine* de Milan, sa femme. Ce prince ayant eu l'idée de s'assurer l'héritage du comte de Blois qui n'avait point d'héritier direct, on en parla au sire de Coucy qui tenait en gage une partie des domaines du comte, pour lui avoir autrefois prêté de

---

[1] Froissart. — L'Alouëte. — Dom du Plessis.

quoi payer sa rançon en Angleterre. D'ailleurs le sire de Coucy était habile dans toute négociation et avait grande influence sur ce prince. Le Roi prit donc son chemin par Château-Regnault, en revenant à Paris avec son frère, le duc de Bourbon et le sire de Coucy. Enfin, ce fut par l'entremise d'un valet de chambre, qui avait tout crédit sur l'esprit de son maître, qu'on obtint que le comte vendît le comté de Blois et ses domaines de Hainaut au duc de Touraine, moyennant quatre cent mille livres [1], au préjudice des enfants du duc de Bourgogne qui devaient en hériter [2].

On raconte que le Roi *Charles VI*, pendant son séjour à Toulouse, étant allé chasser dans la forêt de Bouconne, s'égara et fit vœu d'offrir le prix de son cheval à la chapelle de Notre-Dame d'Espérance, s'il échappait au péril où il se trouvait. Une ancienne peinture sur la muraille du cloître des Carmes de Toulouse, représentait un Roi de France s'inclinant devant une image de la Vierge; il est accompagné de sept seigneurs qui portent des cottes d'armes avec les armoiries chacun de leur maison : ce sont le duc de Touraine, le duc de Bourbon, *Pierre* de Navarre, *Henri* de Bar, *Philippe* d'Artois, *Olivier* de Clisson

---

[1] Environ 3,200,000 francs.
[2] Froissart.

et *Enguerrand* de Coucy. Ce voyage ayant obligé les seigneurs qui accompagnaient le Roi à faire de grandes dépenses, *Charles VI* donna le 30 mars 1389 (1390) une gratification de six mille écus d'or à *Enguerrand*, sire de Coucy, pour frais faits à sa suite au voyage de Languedoc [1].

Peu de temps après, *Enguerrand* est désigné par le Roi pour accompagner comme lieutenant le duc de Bourbon qui, avec quinze cents hommes d'armes, devait marcher au secours des Génois dont le commerce était vivement attaqué par les corsaires de Tunis et d'Alger. Le Roi d'Angleterre envoie aussi des troupes sous les ordres du comte de Derby. Cette expédition, dans laquelle l'armée perdit un grand nombre d'hommes par les maladies, aurait été beaucoup plus glorieuse qu'elle ne le fut, au dire des auteurs contemporains, si *Enguerrand* eût été seul chef de l'armée. Il était estimé des gens de guerre tant à cause de sa vaillance, qu'à cause de ses manières pleines de courtoisie, tandis que le duc de Bourbon, plein de hauteur et d'un caractère difficile, déplaisait généralement. Le siége de Carthage, entrepris contre l'avis d'*Enguerrand*, traînait en longueur, et à la suite d'un

---

[1] Dom Vaissette, *Histoire du Languedoc*, t. IV, page 396.

assaut dont le résultat ne fut point heureux, malgré les brillants faits d'armes de l'amiral de Vienne, du seigneur de Coucy, et d'autres qui étaient toujours les premiers à faire leur devoir et donnaient du courage aux autres, le duc de Bourbon se décida à se retirer et à ramener l'armée en France, après avoir obligé les Beys à acheter la paix à prix d'argent et à donner la liberté à tous les esclaves chrétiens qui étaient dans leurs États. Après avoir essuyé des mauvais temps qui dispersèrent la flotte, l'armée rentra en France sans avoir éprouvé de désastres. Lorsqu'on apprit les tempêtes qui régnaient, la dame de Coucy, la dame de Sully, la dauphine d'Auvergne et toutes les dames de France qui avaient leurs seigneurs et maris dans cette armée, furent en grand émoi, et firent des processions pour eux afin que Dieu les voulût sauver. Le duc de Bourbon et le sire de Coucy, laissant leurs équipages derrière eux, vinrent de suite à Paris où ils arrivèrent environ la Saint-Martin d'hiver [1].

Au récit des faits d'armes qui avaient eu lieu pendant cette campagne, le Roi se sent transporté d'enthousiasme pour les exploits guerriers, et tout à coup, ne respirant que les combats, il veut tantôt attaquer

1391.

---

[1] Froissart. — Jean Juvénal des Ursins. — L'Alouëte. — Dom du Plessis.

l'Afrique, tantôt combattre les Turcs et acquitter sur la Terre-Sainte les vœux non accomplis de *Philippe* et de *Jean* de Valois, ses aïeux. Au milieu de tous ces projets on lui fait adopter celui d'aller en Italie pour forcer les Romains à reconnaître pour Pape *Clément* au lieu de *Boniface* élu par les Italiens, et terminer ainsi le schisme qui partageait la chrétienté. On dresse aussitôt un état des troupes destinées à cette expédition. Le roi commandera quatre mille lances, les ducs de Berry et de Bourgogne chacun deux mille, le duc de Bourbon mille, le connétable deux mille, et mille marcheront sous chacune des bannières de Coucy et de Saint-Paul. A peine fit-on quelques préparatifs que d'autres affaires firent promptement oublier les projets contre l'Italie[1].

Le Roi, désirant terminer les différends qui existaient entre le connétable *Olivier* de Clisson et le duc de Bretagne, se rend à Tours où le duc vient le trouver. Le sire de Coucy s'emploie de telle manière, dans cette affaire, qu'un rapprochement sincère paraît avoir lieu au moyen d'une double alliance du duc de Bretagne avec le Roi et le connétable.

1392. La trêve avec les Anglais était sur le point d'expirer,

---

[1] Froissart. — Anquetil.

et les Rois de France et d'Angleterre songeaient à conclure un traité de paix qui pût être ferme et durable afin d'assurer à leurs États un repos dont ils avaient besoin. La cour de France s'étant rendue à Amiens, les ducs de Lancastre et d'York y arrivèrent, amenant avec eux la princesse *Philippe* leur nièce, fille d'*Enguerrand* de Coucy qui ne l'avait pas vue depuis sa naissance, étant, ainsi qu'on l'a déjà dit, restée constamment en Angleterre où elle avait épousé le duc d'Irlande. Les princes Anglais avaient sans doute pensé que la vue de sa fille rendrait le sire de Coucy plus favorable à leurs prétentions, mais, après de vives discussions, le résultat de ces conférences fut seulement une prolongation de la trêve qui devait durer un an de plus [1].

Le baron de Craon, chassé de la cour à cause de diverses malversations dont il s'était rendu coupable, protégé par le duc de Bretagne, était rentré secrètement dans Paris, et, attribuant au connétable de Clisson ses disgrâces, il tente de se venger par un assassinat. Cet événement jette la consternation dans Paris. Le seigneur de Coucy, qui se trouvait alors dans la capitale, monte à cheval dès qu'il l'apprend, et se rend,

---

[1] Froissart. — Dom du Plessis. — Anquetil.

lui huitième seulement, à l'hôtel du connétable, derrière le temple, où on l'avait transporté, car il l'aimait beaucoup, et ces deux guerriers s'appelaient frères et compagnons d'armes. L'assassin, s'étant échappé de Paris, se réfugie auprès du duc de Bretagne qui, comptant sur l'appui des Anglais, refuse hautement de le livrer. *Charles VI*, irrité de cette insolence, jure qu'il ira le chercher jusqu'au fond de la Bretagne. Des ordres pressants sont envoyés à l'instant même aux troupes, dans les provinces, pour qu'elles se rendent en toute hâte au Mans, où était le rendez-vous général de l'armée [1].

Le Roi quitte le Mans, *Enguerrand* l'accompagne, marchant à quelque distance de lui avec le duc de Bourbon ; tout à coup ce monarque, en traversant la forêt, rencontre un personnage mystérieux qui, s'élançant à la bride de son cheval, l'arrête en s'écriant : *Retourne, Roi, tu es trahi!* et aussitôt disparaît. Cette apparition fait sur l'esprit du Roi une impression si terrible, que, peu d'instants après, il tombe dans un accès de frénésie d'une telle violence que, menaçant de son épée quiconque cherchait à l'approcher, on a beaucoup de peine à se saisir de sa personne. Le sire

[1] Froissart.

de Coucy fait venir à Creil, où le Roi avait été transporté, un habile médecin de Laon nommé *Guillaume de Harcigny*, dont il connaissait les talents et qui, par ses soins, se rend maître de cette maladie qui, sans un événement imprévu, n'aurait peut-être pas reparu [1].

Afin de distraire le Roi dans les moments où la maladie lui laissait un peu de repos, on lui faisait visiter les châteaux des environs, et particulièrement celui de Coucy, dont les magnificences furent célébrées par le poëte *Eustache Deschamps*, qui accompagnait le Roi dans ces voyages [2].

Le premier soin des ducs de Berry et de Bourgogne, en voyant la maladie du Roi, avec lequel ils se trouvaient alors, est de s'emparer du pouvoir à l'exclusion du duc d'Orléans, frère de *Charles VI*. Ces princes, dont l'administration pendant la minorité du Roi avait été ruineuse pour le royaume, ayant été, depuis plusieurs années, entièrement écartés des affaires, ne tardent pas à se venger de la nullité où ils avaient été placés et des contradictions qu'ils avaient éprouvées de la part du connétable et des ministres. *Olivier* de Clisson, accusé de concussion, est cité

1393.

---

[1] Froissart. — Dom du Plessis. — Devisme, *Histoire du diocèse de Laon*. — Mazas.

[2] *Eustache Deschamps*, publié par M. Tarbé, 1849, pages 134 et 135.

devant le parlement et condamné, sans avoir été entendu, au bannissement, à une amende de cent mille marcs d'argent, et privé de son office de connétable. Cette charge est aussitôt offerte à *Enguerrand*, mais ce seigneur, qui voyait avec peine la disgrâce injuste que Clisson éprouvait, et combien la conduite des princes était contraire au bien du royaume, ne veut point accepter sous prétexte qu'il a l'intention de faire un voyage hors de France. Sur son refus les princes nomment à cette haute dignité *Philippe* d'Artois, comte d'Eu, prince du sang[1].

Les deux conseillers intimes de Noviant et de La Rivière sont transférés à la Bastille Saint-Antoine. En attendant qu'un jugement soit porté contre eux, tous les effets meubles et immeubles qu'ils avaient, tant à Paris que dans le royaume, sont saisis et distribués. Les princes qui avaient intérêt à se ménager l'appui du sire de Coucy, font à ce seigneur don de la terre de Pont-Aubenon et du beau château que le sire de Noviant y avait fait bâtir. On ignore les motifs qui ont déterminé *Enguerrand* à accepter ce présent; c'est dans la vie de ce grand homme une faiblesse que rien ne saurait excuser [2].

[1] Froissart. — L'Alouëte. — Dom du Plessis. — Anquetil.
[2] Froissart.

Quelques dissensions s'étant élevées à la Cour de Savoie, relativement à la tutelle du jeune comte *Amédée VIII*, et à la régence pendant sa minorité, *Enguerrand* est envoyé à Chambéry avec les Evêques de Noyon et de Châlons, le seigneur de la Trimouille et le seigneur de Giac, afin de pacifier ces différends. *Enguerrand*, dans cette négociation, sait si bien ménager les intérêts de tous les partis, qu'il les met tous d'accord par un traité passé le 8 mai 1393 [1].

Les Génois, souvent en guerre avec *Galéas Visconti*, duc de Milan, père de *Valentine*, duchesse d'Orléans, se donnent, par un traité secret, à la France, afin d'échapper à la domination des Milanais. Un grand nombre de seigneurs et de chevaliers passent en Italie pour secourir les Génois : *Enguerrand*, suivi de trois cents lances et de cinq cents arbalétriers, fait partie de cette expédition, et se rend maître de Savone et du comté d'Asti, que le duc de Milan avait donnés en dot à *Valentine*, et dont il refusait de remettre la possession à son gendre. Le sire de Coucy demeure un an en Italie, d'où il est rappelé en 1396 [2].

Sigismond, Roi de Hongrie, dont les États étaient

1395.

1396

---

[1] Dom du Plessis. — Anquetil.
[2] L'Alouëte. — Dom du Plessis.

envahis par *Bajazet*, Empereur de Constantinople, avait envoyé de tous côtés demander du secours. Les Rois de France et d'Angleterre se trouvaient réunis à Guines, à l'occasion du mariage du monarque Anglais et d'*Isabelle*, fille de *Charles VI*, lorsque les ambassadeurs de *Sigismond* arrivent. Une grande partie des seigneurs présents s'offre pour faire une expédition contre les Turcs, et le duc de Bourgogne propose son fils aîné, *Jean*, comte de Nevers, pour les commander, ce qui est aussitôt accepté.

Le comte de Nevers étant fort jeune encore, son père jette les yeux sur *Enguerrand* de Coucy, pour lui servir de mentor. « Sire de Coucy, lui disent le
» duc et la duchesse de Bourgogne, nous nous con-
» fions grandement en vous et à votre sens. Nous
» faisons *Jehan* nostre fils héritier à entreprendre un
» voyage en l'honneur de Dieu et de toute la chré-
» tienté. Nous savons bien que sur tous les chevaliers
» de France vous êtes le plus usité et coutumier en
» toutes choses; si vous prions chèrement et féable-
» ment que en ce voyage vous veillez être compaignon
» et conseilleur de nostre fils, et nous vous en sau-
» rons gré à desservir à vous et aux vostres. » A cette proposition, *Enguerrand* répond avec modestie : « Monseigneur, et vous, madame, vostre parole et

» requête me doivent être commandement. En ce
» voyage je irai s'il plaist à Dieu, doublement. Premiè-
» rement par dévotion pour défendre la foy de Jésus-
» Christ. Secondement, puisque tant d'honneur vous
» me faites et vous me voulez charger que je entende
» à *Jehan* monseigneur vostre fils, je m'en tiens pour
» tout chargé et m'en acquitterai en toutes choses à
» mon loyal pouvoir. Mais cher sire, et vous ma très
» chère dame, de ce faix me pourrez bien excuser et
» déporter, et en charger espécialement son cousin et
» son prochain messire *Philippe* d'Artois comte d'Eu,
» connétable de France, et son autre cousin le comte
» de la Marche. Tous deux en ce voyage ils doivent
» aller; car ils vous sont moult prochains de sang et
» d'armes. — Adonc, reprend le duc de Bourgogne,
» sire de Coucy vous avez plus vu que ces deux n'ont,
» et savez trop mieux où on doit aller par le pays que
» nos cousins d'Eu et de la Marche ne font. Si vous
» chargez de ce dont vous êtes requis, et nous vous en
» prions. — Monseigneur, répond le sire de Coucy,
» vostre prière m'est commandement, et je le ferai
» puisqu'il vous plaist, à l'aide et conduite de messire
» *Guy* de la Trimouille [1]. »

Enguerrand avait cinquante-six ans lorsqu'il prit

[1] Froissart. — Duchesne. — L'Alouëte.

la résolution d'aller en Hongrie chercher, par de nouveaux exploits, à augmenter l'illustration de son nom. L'amour de la gloire était pour beaucoup de seigneurs le motif principal qui les déterminait à faire partie de cette expédition, mais le zèle dont *Enguerrand* se sentait animé pour défendre au prix de son sang la foi de Jésus-Christ, le détermina plus encore que toute autre considération.

L'armée, composée de près de deux mille chevaliers et écuyers suivis presque tous de l'élite de leurs vassaux, au nombre de dix mille hommes d'armes, part au mois de mars 1396. Au premier rang des chevaliers figurent les deux frères, *Henri* et *Philippe* de Bar, cousins germains du Roi, ainsi que les comtes de la Marche et d'Eu, ce dernier, connétable de France; le seigneur de Coucy; le maréchal de Boucicaut; le seigneur de la Trimouille; messire *Jean* de Vienne, amiral de France, et le seigneur de Heugeville. Arrivées sans obstacles en Hongrie, les troupes françaises se réunissent à l'armée de *Sigismond* et entrent en Turquie au mois de mai. Après avoir pris quelques places, les deux armées alliées s'avancent dans la Bulgarie et viennent mettre le siége devant Nicopolis [1].

[1] Boucicaut.

Enguerrand, chargé de veiller sur les mouvements de l'ennemi pendant le siége, et de prémunir les chrétiens contre toute surprise, ayant appris qu'un corps considérable s'avançait au secours de la place, marche au-devant de lui. Ses coureurs lui annoncent qu'ils ont aperçu une troupe forte de 20,000 hommes. « Il nous faut aller voir de plus près quelles gens ce » sont, dit le sire de Coucy, puisque nous sommes ve- » nus si avant, nous ne retournerons point sans les » combattre ; car, si nous faisions le contraire, nous » serions blâmés. » Chacun approuve ce projet, et se prépare au combat; la troupe approche avec prudence du lieu où les Turcs sont arrêtés. Quand les Français sont près d'un petit bois qui se trouvait entre les deux armées, ils s'arrêtent, et le sire de Coucy dit à *Renaud* de Roye et au seigneur de Saint-Py : « Je suis d'avis que, pour faire sortir les Turcs » de leur camp, vous preniez cent lances des nôtres, » et que tandis que nous cacherons le reste dans ce » bois, vous alliez en avant. Vous vous ferez pour- » suivre par eux, et quand ils nous auront dépassés, » vous vous retournerez sur-le-champ contre eux, et » nous les enfermerons par derrière; de cette ma- » nière, nous les aurons à mercy. » Ces ordres sont exécutés de point en point. Les Turcs, voyant peu de monde devant eux, se mettent à la poursuite des chrétiens, qui feignent de fuir ; au lieu indiqué, ils font volte-face : alors le sire de Coucy paraît tout à coup, avec les troupes qu'il a cachées, en criant : *Nostre-Dame au seigneur de Coucy !* fond sur l'ennemi avec une impétuosité telle, qu'il taille en pièces, sans faire aucun prisonnier, près de quinze mille hommes. Cet exploit, auquel mille chrétiens seulement avaient pris part, fait le plus grand honneur à *Enguerrand*, et lui attire la jalousie du connétable qui, depuis, chercha à faire échouer toutes ses entreprises, et à détruire l'influence que ses avis pouvaient avoir dans le Conseil [1].

Bajazet, informé de cette défaite, s'empresse de rassembler ses troupes et s'avance à la hâte au secours de Nicopolis à la tête d'une armée considérable. Les Français, encore remplis de l'enthousiasme causé par leur dernière victoire, voulaient marcher au-devant de l'ennemi, mais le Roi de Hongrie étant d'avis de l'attendre, on assemble en conseil tous les chefs de l'armée. Le sire de Coucy, auquel on demande le premier son avis, dit : *qu'il étoit prudent d'attendre dans des retranchements inattaquables*

---

[1] Froissart. — L'Alouëte. — Duchesne. — Dom du Plessis. — Anquetil.

l'arrivée de l'armée ennemie qui, étant trop nombreuse pour trouver des vivres, seroit bientôt obligée de se disperser et fourniroit ainsi aux chrétiens l'occasion de combattre avec avantage. Le connétable, mécontent de ce que l'on a consulté *Enguerrand* avant lui, soutient qu'*il regardoit comme une lâcheté de ne pas attaquer de suite un ennemi qui jusqu'alors avoit toujours été vaincu.* Enguerrand, étonné de cette présomption et voyant que le discours du connétable flattait l'ardeur de la plupart des chevaliers, ne répond pas et demande seulement à l'amiral *Jean* de Vienne, qui portait la bannière de Notre-Dame, quel était son avis sur ce qu'il convenait de faire. « Sire de Coucy, lui répond de Vienne, là
» où vérité et raison ne peut être ouïe, il convient
» qu'outrecuidance règne. »

Le Roi de Hongrie voyant la disposition des esprits demande que les Hongrois soient mis à l'avant-garde, disant que ses gens connaissaient les Sarrasins et leur manière de combattre, ce que les Français ignoraient, et de plus que si ses gens étaient devant et voyaient les Français en volonté de bien faire, ils s'efforceraient de bien combattre, ne pouvant fuir ni reculer, car les Français les suivraient de près ; mais que si, au contraire, les Français étant à l'avant-garde, il survenaît une rupture, tant petite qu'elle fût, tous les Hongrois et autres d'Allemagne se mettraient en fuite et les Français resteraient seuls exposés à être déconfits. Malgré l'avis du Roi de Hongrie et des plus sages chevaliers, il fut décidé que les Français combattraient à l'avant-garde.

Cependant *Bajazet* approchait ; entraînés par le connétable, les Français quittent leur camp et s'élancent avec impétuosité au milieu des bataillons qui leur sont opposés, sans s'inquiéter s'ils sont suivis et soutenus par les troupes de *Sigismond*. Les Français, au nombre de sept cents chevaliers, sont bientôt enveloppés par les troupes de *Bajazet* et réduits à défendre leur vie. *Enguerrand* se fait surtout remarquer par son intrépidité et des faits d'armes incroyables, faisant un grand carnage des ennemis pendant trois heures qu'il combattit, sans pouvoir prendre un instant de repos. Enfin harassé de fatigue, ayant perdu son cheval tué sous lui, ne pouvant plus se défendre, il est contraint de se rendre prisonnier ainsi que le comte de Nevers, le connétable, cause de ce grand désastre, et un grand nombre d'autres. Quatre cents chevaliers étaient restés sur le champ de bataille.

Le lendemain de cette funeste journée, *Bajazet*

placé sous une tente, au milieu de la plaine, fait amener devant lui ses prisonniers au nombre de trois cents, les mains liées derrière le dos et dépouillés de leurs armures. Le seigneur de Coucy, qui s'était particulièrement fait remarquer dans le combat, fut plus que ses compagnons d'infortune exposé aux mauvais traitements exercés contre eux ; on dit même qu'on le chassait devant les autres à coups de piques, et il eût paru devant le vainqueur entièrement nu, si le hasard ne lui eût procuré un manteau dont il se couvrit. *Bajazet* les fait tous asseoir par terre, et ordonne de sang-froid qu'ils soient massacrés sous ses yeux, ne voulant conserver la vie qu'au comte de Nevers, au connétable, à *Boucicaut*, à *Jacques* de Helly, à *Enguerrand* de Coucy et à *Henri* de Bar, son gendre, fils du duc de Bar, qui avait épousé en 1386 *Marie* de Coucy. L'espoir d'obtenir de ces seigneurs de riches rançons est le seul motif qui les fait excepter du massacre de leurs frères d'armes.

Sigismond aurait bien voulu porter secours à ses alliés, mais à peine avait-il fait sortir ses troupes de leurs retranchements, qu'effrayées de la défaite des Français, elles se débandèrent et prirent la fuite. Aussitôt après la victoire, *Bajazet* fit conduire ses captifs à Burse en Bithynie [1].

1397.   Dès que ce désastre est connu en France, on s'empresse de rassembler les sommes énormes exigées pour la rançon des prisonniers ; la dame de Coucy dépêche aussitôt, pour racheter la liberté de son mari, Robert d'Esne.

Les prisonniers tâchaient de prendre avec patience leur malheur ; *mais*, dit Froissart, *le seigneur de Coucy le prenoit en déplaisance, dont c'étoit merveille : car devant cette advanture il avoit toujours été un sire pourvu et plein de grand reconfort ; n'oncques il ne fut ébahy ; mais en celle prison où il étoit à Burse en Turquie, il se déconfortoit et ébahissoit de lui même plus que nul des autres, et se mélancolioit et avoit le cueur trop pesant, et disoit bien que jamais il ne retourneroit en France, car il étoit issu de tant grans périls et de dures advantures que ceste seroit la dernière. Messire Henri de Bar le reconfortoit, si à certes comme il pouvoit, et lui blâmoit les déconforts, lesquels sans besoin il prenoit : et que c'étoit folie de dire et faire ainsi, et qu'en lui devoit avoir plus de reconfort qu'en tous les autres. Mais nonobstant ce il s'ébahissoit de soi-même, et lui souvenoit trop du-*

---

[2] Froissart. — Jean Juvénal des Ursins. — L'Alouëte. — Dom du Plessis. — Anquetil.

rement de sa femme et la regrettoit moult souvent [1].

Enguerrand tombé malade en arrivant à Burse est bientôt à toute extrémité. Le 16 février 1397, il fait, en présence de ses compagnons d'infortune, un codicile par lequel il demande que son corps soit inhumé dans l'église du monastère de la Sainte-Trinité, près de Soissons, dont il avait jeté les fondements en 1390, et pour l'accomplissement duquel il avait engagé dès lors tous ses joyaux et biens meubles, même sa terre de Coucy et son comté de Soissons; ordonnant qu'après sa mort nul de ses héritiers n'en pût jouir jusqu'à ce qu'il fût entièrement achevé. Peu de temps après décéda, à l'âge de cinquante-sept ans, ce seigneur, l'un des plus recommandables du royaume par ses talents, et des plus puissants par ses grands biens [2].

Malgré toute la diligence qu'il fait, *Robert* d'Esne ne peut arriver assez tôt pour délivrer le sire de Coucy. Il apprend à Vienne en Autriche la mort de ce seigneur, et malgré la demande qu'il avait faite de la dépouille mortelle d'*Enguerrand*, il ne peut rapporter en France que le cœur de cet illustre che-

---

[1] Froissart.
[2] Froissart. — Duchesne. — Dom du Plessis.

valier, qui est déposé dans le monastère de la Sainte-Trinité près de Soissons, conformément à son dernier désir : *La belle et bonne baronne de Coucy,* dit Boucicaut, *tant plora et plaignit la mort de son bon seigneur qu'on crut qu'elle alloit mourir de chagrin.* Cependant deux ans après, elle épouse *Etienne,* duc de Bavière, père de la fameuse *Ysabeau,* femme du Roi *Charles VI* [1].

Enguerrand ne laissait aucun héritier direct de son nom. De son premier mariage avec *Isabelle* d'Angleterre, il avait eu deux filles ; *Marie,* qui avait épousé le fils du duc de Bar, et *Philippe,* qui avait épousé *Robert* de Vere, duc d'Irlande et d'Oxford, grand chambellan d'Angleterre, qui la répudia peu de temps après son mariage. D'*Ysabeau* de Lorraine, sa seconde femme, *Enguerrand* n'avait eu qu'une fille nommée *Ysabeau,* qui épousa, quelques années après la mort de son père, ce même *Jean* de Bourgogne, comte de Nevers, chef de cette malheureuse expédition à la suite de laquelle périt le dernier des sires de Coucy. Les généalogistes citent encore, parmi les enfants d'*Enguerrand,* un bâtard nommé *Perceval,* qui mourut en 1437, sans postérité.

[1] Boucicaut. — Duchesne. — Dom du Plessis.

Enguerrand, qui avait déjà fait l'abandon à sa fille *Philippe* des biens possédés par lui en Angleterre et en Ecosse, laissait encore des propriétés considérables en France lorsqu'il mourut : la seigneurie de Coucy et les domaines de Marle, La Fère et Origny; le comté de Soissons; la terre de Ham, qu'il avait achetée; Pinon, ancien domaine de la maison de Coucy, rentré dans ses mains par acquisition; Montcornet en Thiérache; le vinage de Laon; un hôtel à Paris près de Saint-Jean en Grève; et une rente de dix-huit cents livres [1] sur le trésor du Roi [2].

Marie, fille aînée d'*Enguerrand*, peu de temps après la mort de son père, a encore la douleur de perdre son mari, *Henri* de Bar, qui, revenant en France, est atteint de la peste à Trévise, près de Venise, où il expire, laissant deux enfants en bas âge, un fils et une fille. En partant pour l'expédition de Hongrie, *Henri* avait recommandé sa femme et ses enfants au duc d'Orléans, son proche parent et son ami, et ce prince avait promis de garder et de défendre comme lui-même leur honneur et leurs terres [3].

1398.
Marie.

---

[1] 12,600 francs.
[2] Duchesne. — Dom du Plessis.
[3] Boucicaut.

Cependant à peine a-t-il connaissance de la mort du sire de Coucy et de celle de son gendre, que le duc d'Orléans, aussi ambitieux que galant, conçoit le projet de devenir propriétaire de la baronnie de Coucy, alors une des plus puissantes et des plus belles du royaume, de laquelle relevaient cent cinquante, tant villes que bourgs et villages, outre les châteaux, forêts et étangs qui en faisaient partie. Profitant de l'espèce d'autorité que lui avait donnée *Henri* de Bar, en mettant sa femme sous sa protection, ce prince commence à solliciter *Marie* de lui céder le domaine de Coucy ; mais ne pouvant par la séduction obtenir ce qu'il désire, il met dans ses intérêts les domestiques de cette dame et toutes les personnes qui l'approchent, particulièrement le duc de Lorraine et sa sœur, veuve d'*Enguerrand* et belle-mère de *Marie*, pour la déterminer par leurs obsessions à donner son consentement à l'aliénation de ses biens héréditaires [1].

1399.

Fatiguée de toutes les persécutions dont elle est l'objet, *Marie*, pour s'y soustraire, cédant aux conseils de l'amitié, songe à se donner un protecteur en épousant le duc de Bavière, qui semblait alors rechercher sa main. Dès que le duc d'Orléans apprend cette

[1] Duchesne.

résolution, il vient précipitamment trouver *Marie*, et cachant ses desseins secrets sous le masque de sa sollicitude pour les intérêts de l'Etat, il lui représente combien il peut être dangereux de rendre un prince étranger possesseur de domaines si considérables, et en même temps il s'attache à lui faire connaître le duc de Bavière sous des dehors peu avantageux. Comme ses discours ne faisaient pas sur *Marie* l'impression sur laquelle il avait compté, il insinue que son intention est de marier un de ses fils avec *Ysabeau* de Coucy, sœur puînée de *Marie*, qui réclamait une part de l'héritage de son père, que par ce moyen il lui enlèvera la moitié de la baronnie de Coucy, et qu'il saura bien l'empêcher de jouir de l'autre moitié. Pour donner à sa menace une apparence de vérité, il feint avec le duc de Lorraine de vouloir accomplir le mariage de son fils et d'*Ysabeau* de Coucy.

Sur ces entrefaites le duc de Bavière épouse la veuve d'*Enguerrand*, et le duc d'Orléans renouvelle ses instances auprès de *Marie*. L'ayant attirée à Senlis, où il résidait alors, il l'entretient un jour fort longuement en particulier, et par ses pressantes importunités il lui arrache enfin une promesse de vente qu'il s'empresse aussitôt de convertir en un acte authentique du 15 novembre 1400, par lequel

1400.

Marie lui cède en en conservant l'usufruit sa vie durant, la propriété de la seigneurie de Coucy et de ses dépendances, ainsi que des châtellenies de La Fère et de Marle, chargées du douaire d'*Ysabeau* de Lorraine, veuve du dernier des sires de Coucy, moyennant la somme de quatre cent mille livres [1], prix évidemment inférieur à la valeur de ces propriétés dont un auteur estime le revenu à cent vingt mille livres [2]. (*Voir* note 14.)

Ainsi fut perdu pour les descendants des sires de Coucy un domaine dont les seigneurs étaient si puissants et dont le nom était devenu si illustre, non-seulement dans le royaume, mais encore dans toute l'Europe, que les plus grands souverains se faisaient honneur de l'admettre à leur alliance. Depuis cette époque, les seigneurs de Coucy ne prirent plus un nom porté avec tant d'éclat pendant cinq siècles par les familles de Chartres et de Guignes. La première donna onze seigneurs au domaine de Coucy, et la seconde seulement quatre dont le dernier avait porté plus haut encore que ses prédécesseurs l'illustration de son nom.

[1] Environ 3,100,000 francs.
[2] Environ 840,000 francs, ce qui représenterait aujourd'hui un capital de plus de 16 millions de francs. — L'Alouëte. — Duchesne.

Marie, victime des persécutions d'un prince et d'un parent qu'elle regardait comme son protecteur, se retira à Bar où elle vécut quatre ans encore avec le regret d'avoir eu la faiblesse d'aliéner le patrimoine de ses pères dont la moitié du prix lui fut à peine payée avant sa mort en 1405 ; le duc d'Orléans obtint des héritiers de *Marie* de nouveaux délais pour le paiement des 200,000 livres qu'il redevait encore et qu'il ne pouvait payer, attendu, dit-il, les grandes dépenses qu'il a faites pour réparer le château de Coucy [1].

Le duc d'Orléans ne se voit pas plutôt possesseur de la baronnie de Coucy, qu'il songe à se garantir contre les poursuites en annulation de vente qui auraient pu lui être intentées par les sœurs de *Marie* de Coucy et par les enfants de cette dame. A cet effet, il obtient du Roi son frère, sur l'esprit duquel il avait tout crédit, que les biens vendus par *Marie* seraient érigés pour lui en pairie. Les lettres patentes lui en furent délivrées le 21 décembre 1400 [2]. Cette nouvelle pairie comprenait les « ville, chasteau et chas- » tellenie du lieu auquel appartenaient les ville et

Louis I d'Orléans.

---

[1] Duchesne.
[2] Duchesne. — Dom du Plessis. — Bibl. N. manus., fonds Saint-Germain, 1351.

» lieux de Folembray et de St-Aubin : les ville, chas-
» teau et chastellenie de La Fère-sur-Oise, avec le
» chasteau du Chastellet et le lieu de St-Lambert-des-
» Eaux : les ville, chasteau et chastellenie de Marles
» et les chasteaux d'Acy et de Gercy avec toutes
» leurs autres appartenances[1]. »

1401.   Le duc d'Orléans prend aussitôt possession de sa nouvelle propriété, amène *Valentine*, son épouse, au château de Coucy d'où il part avec environ quinze cents hommes d'armes et se dirige vers l'Allemagne pour accomplir la promesse qu'il avait faite de secourir l'empereur Venceslas, Roi de Bohême, dont les droits à l'Empire étaient vivement contestés. Il est à peine arrivé à Reims qu'il apprend que les principales villes d'Allemagne se sont soumises au nouvel Empereur, et que Venceslas lui-même se résigne à sa chute. Pour lors le duc d'Orléans emploie son assemblée de gens d'armes à aller prendre possession du duché de Luxembourg qu'il avait acheté de ce même Roi de Bohême en remboursant au marquis de Moravie la somme pour laquelle ce duché était en gage. Il met garnison dans les forteresses, ensuite il a une entrevue à Mouzon avec le duc de Gueldres,

---

[1] Duchesne, Preuves, p. 425.

ennemi depuis longtemps du duc de Bourgogne. Dès le mois de juin précédent il avait secrètement conclu une alliance avec ce prince, et profitant d'un intervalle de santé du Roi, il lui avait fait signer un traité dont les conditions étaient contraires à l'intérêt du royaume. C'est en vertu de ce traité que le duc d'Orléans rentre en France, accompagné du duc de Gueldres et d'un renfort de deux cents lances. Il le mène d'abord au château de Coucy. Là il lui fait grand et pompeux accueil. La duchesse d'Orléans venait d'accoucher d'une fille; le duc de Gueldres est prié d'en être le parrain, ensuite ces deux princes arrivent à Paris. Le duc d'Orléans y loge ses hommes d'armes autour de son hôtel, à la porte St-Antoine, et dans les villages des environs [1].

Ysabeau de Lorraine, veuve du dernier sire de Coucy, tutrice de sa fille mineure, avait intenté des poursuites contre *Marie*, relativement au partage de la succession d'*Enguerrand VII*, dont *Marie* s'était mise en possession au préjudice de sa sœur consanguine, sous prétexte que sa sœur *Philippe*, ayant eu en partage les biens immenses possédés en Angleterre par son père, elle devait hériter du reste du patri-

---

[1] J. Juvénal des Ursins. — De Barante, *Histoire des ducs de Bourgogne*.

moine paternel, offrant seulement de partager les biens acquis par *Enguerrand* pendant son mariage avec *Ysabeau*. Ce procès n'étant point terminé lorsque *Marie* mourut, *Ysabeau* continua ses poursuites contre *Robert* de Bar, fils de *Marie*, et contre le duc d'Orléans.

1402. Le duc de Bourgogne, profitant de l'éloignement du duc d'Orléans, s'était emparé de l'autorité. Le duc d'Orléans, voyant que le moment ne lui était pas favorable, affecta de dire qu'il ne s'en souciait guère, et se retira quelque temps à son château de Coucy. Il occupa ses loisirs à faire de nombreux embellissements qui rendirent ce château un des plus agréables séjours du royaume (*Voir* note 15). Ce fut de là que le 7 août 1402 il envoya un défi solennel au Roi d'Angleterre. Les exemples de ces cartels de chevalerie se multipliaient toujours, lorsqu'il n'y avait pas de guerre.

C'était une autre joute aussi qui avait appelé le duc d'Orléans à Coucy. Le sire de Verchin, sénéchal de Hainaut, avait fait publier, dès le mois de juin, un défi à tous les chevaliers, écuyers et gentilshommes de nom et d'armes, pour qu'ils eussent à se trouver, si bon leur semblait, au château de Coucy, afin d'y faire contre lui un tournoi d'armes, en présence et sous l'autorité du duc d'Orléans. De là, il devait partir pour le pèlerinage de Saint-Jacques de Compostel, et il s'offrait à faire joute contre tout venant pendant le chemin, à l'aller et au retour, pourvu que cela ne le détournât pas de plus de vingt lieues. Le sire de Verchin vint donc à Coucy, mais, personne ne se présentant au jour indiqué, il s'achemina vers Saint-Jacques de Compostel [1].

Le duc d'Orléans, usant adroitement de l'ascendant qu'il avait su prendre sur l'esprit de son frère, et de ses intrigues galantes avec la Reine *Ysabeau* de Bavière, était parvenu à s'emparer de nouveau du pouvoir, et à en écarter ses oncles, particulièrement le duc de Bourgogne, qui conserva le reste de sa vie un vif ressentiment contre son neveu ; mais il mourut avant d'avoir pu mettre à exécution ses projets de vengeance. *Jean*, duc de Nevers, qui avait commandé l'expédition de Hongrie, hérita de la haine que son père portait au duc d'Orléans, et se mit aussitôt en mesure de lui disputer le pouvoir.

1404.

On parvint cependant à opérer un rapprochement entre ces princes, et il fut convenu que le pouvoir serait partagé entre eux. Le duc de Bourgogne fut

1406.

---

[1] Monstrelet.

chargé de l'administration du nord de la France, et le duc d'Orléans de celle du midi. Après la réconciliation de ces princes, il se conclut de grands mariages qui furent pompeusement célébrés. Le plus important de tous fut celui de Madame *Isabelle* de France, veuve du Roi d'Angleterre, avec son cousin *Charles*, comte d'Angoulême, fils aîné du duc d'Orléans. Elle était plus âgée que lui, qui n'avait alors que quatorze ans. Elle perdait son titre de Reine, aussi pleura-t-elle beaucoup. Ce fut à Compiègne que se donnèrent les fêtes pour ce mariage ; il fut solennisé en même temps que celui de *Jean*, duc de Touraine, second fils du Roi avec *Jacqueline* de Bavière, fille du duc d'Ostrenant. Tous les princes rivalisèrent de magnificence [1].

1407. Le partage du pouvoir n'était pas un moyen propre à faire taire la rivalité des deux princes, à peu près du même âge ; elle prend bientôt un caractère d'aigreur qui parvient au plus haut degré. Le duc d'Orléans, s'étant vanté d'avoir obtenu les faveurs de la duchesse de Bourgogne, l'époux, offensé, conçoit de cet affront un dépit mortel, qu'il s'efforce cependant de dissimuler, afin de mieux assurer sa vengeance. Le

---

[1] Monstrelet. — De Barante.

23 novembre 1407, le duc d'Orléans, sortant le soir de chez la Reine, est assassiné dans les rues de Paris, sous les yeux et par les ordres du duc de Bourgogne.

Le duc d'Orléans, avide de plaisirs, dissipait des sommes immenses en fêtes et en prodigalités de toute espèce. Ses vassaux n'avaient pas plus lieu que le peuple de tout le Royaume de bénir son administration, car il les accablait d'impôts excessifs pour fournir à ses folles dépenses. Toutefois, sa mort et les circonstances de son assassinat font une impression pénible, et enlèvent au duc de Bourgogne toute la popularité dont il jouissait.

Au milieu de ses dissipations de tout genre, le duc *Louis* d'Orléans se plaisait souvent à suivre les pratiques religieuses ; il fut un des bienfaiteurs des Célestins établis à Paris vers 1350, sous la protection du Roi *Charles V* son père. Il leur donna la terre seigneuriale de Porchefontaine près de Versailles. Il avait pour ces religieux tant d'affection qu'il avait sa cellule dans leur dortoir, jeûnait et veillait avec eux, suivait leurs exercices, allait à Matines comme eux durant et avant le carême. Il leur donna la grande bible manuscrite sur vélin, ornée de miniatures, qui avait appartenu au Roi son père, conservée aujourd'hui à la bibliothèque nationale et signée de *Charles V* et de *Louis* duc d'Orléans, et une autre bible en cinq volumes in-folio, aussi manuscrite sur vélin, qui a servi jusqu'à la fin aux lectures quotidiennes du réfectoire. Ce prince, en expiation d'un accident arrivé dans un bal de cour qui se donnait à l'occasion du mariage d'une des dames de la reine *Isabelle* de Bavière, fonda dans l'Eglise des Célestins une magnifique chapelle portant son nom et qui attenait au flanc méridional de l'édifice. C'est sous l'autel de cette chapelle que ce prince fut inhumé, couvert de l'habit des Célestins, aux termes d'une disposition de son testament du 19 octobre 1403 dont l'original fut conservé dans les archives du prieuré.

Le duc d'Orléans laissa de *Valentine* de Milan, son épouse, trois enfants en bas âge, *Charles* qui quitta le nom d'Angoulême pour prendre le titre de duc d'Orléans, *Philippe*, comte de Vertus, et *Jean*, comte d'Angoulême [1].

Charles 1 d'Orléans. 1408.

La seigneurie de Coucy échoit à *Charles* d'Orléans, l'aîné des enfants de *Louis*, sous la tutelle de *Valentine* sa mère. Le Roi *Charles VI*, dans un des intervalles de sa funeste maladie, indigné de l'assassinat d'un frère qu'il aimait tendrement, promet à *Valentine* de punir les meurtriers; mais un nouvel

---

[1] Duchesne. — Anquetil. — *Biographie universelle.*

accès ayant rendu le Roi incapable de gouverner et d'exiger l'exécution de ses volontés, le duc de Bourgogne peut se retirer tranquillement dans ses domaines avec ses complices.

Le procès entamé depuis plusieurs années par la veuve d'*Enguerrand* dans l'intérêt de sa fille *Ysabeau* pour la propriété de la seigneurie de Coucy, est enfin jugé par le parlement. *Robert* de Bar, héritier de *Marie* de Coucy sa mère, poursuivant de son côté le duc d'Orléans en paiement des sommes encore dues, fit connaître publiquement les moyens déloyaux employés par *Louis* d'Orléans pour forcer *Marie* à lui céder ces domaines pour lesquels elle n'avait encore touché que 90,000 livres [1] en divers paiements au lieu de 400,000 livres. Le parlement, après avoir entendu les diverses parties, rendit le 11 août 1408 un arrêt par lequel il fut déclaré que *Marie* s'étant indûment emparée de la succession d'*Enguerrand* de Coucy, son père, cette dame n'avait pu légalement vendre que la portion qui devait lui revenir ; en conséquence, procédant au partage des biens entre les deux sœurs suivant les divers usages des pays où les biens étaient situés, il adjugea à *Ysabeau* de Coucy

---

[1] 630,000 francs.

la moitié des seigneuries de Coucy, de Marle, de La Fère et d'Origny; le quart de celles de Montcornet et de Pinon; et la cinquième partie de Ham. Le duc d'Orléans fut obligé de payer deux cent mille livres [1] au moyen de quoi il fut déclaré légitime possesseur de la baronnie de Coucy. Ce jugement termina cette affaire et ôta à la famille des *Coucy* de Vervins, descendant de *Raoul Ier*, tout espoir de rentrer en possession d'un domaine dont elle portait le nom [2].

Le duc de Bourgogne alors occupé à soumettre les Liégeois révoltés contre l'Évêque leur seigneur, ayant remporté sur eux une victoire décisive, se disposait à revenir à Paris à la tête de son armée, afin de s'emparer de nouveau du gouvernement. A son approche, *Valentine,* voyant que la juste vengeance qu'elle ne cessait de réclamer de la mort de son mari allait encore lui être ravie, se retire à Blois où elle succombe à sa douleur au mois de décembre 1408. Sa vie n'avait pas été heureuse, sa beauté, sa grâce, les charmes de son esprit et de sa personne n'avaient servi qu'à exciter la jalousie de la Reine et de la duchesse de Bourgogne. Dans les derniers temps de sa vie, elle avait pris pour devise *Rien ne m'est plus, plus ne*

[1] 1,400,000 francs.
[2] Duchesne.

m'est rien. C'était grande pitié d'entendre, au moment de sa mort, ses plaintes et son désespoir; elle mourut entourée de ses trois fils et de sa fille; mais, avant d'expirer, elle exhorta vivement ses enfants à poursuivre l'assassin de leur père sans se laisser jamais décourager [1].

Valentine fut inhumée suivant ses désirs dans l'église du prieuré des Célestins de Paris, près de son époux qu'elle avait si tendrement aimé. Le Roi *Louis XII*, son petit-fils, fit élever dans cette chapelle un vaste et superbe mausolée de marbre blanc, entouré des douze apôtres et de plusieurs autres saints, et sur lequel étaient couchées les statues des deux époux et de leurs deux fils.

Cependant le duc de Bourgogne, qui, à la tête de troupes nombreuses, avait eu l'audace de reparaître à la cour, profitant de l'influence que lui donnaient sa puissance et les nombreux partisans qu'il avait su s'attacher parmi les grands et le peuple par ses largesses, ose remplir la vaine formalité de demander au Roi pardon de son crime, qu'il prétend avoir été utile à l'Etat. Le Roi, qui, dans l'état de démence où sa maladie l'avait réduit, était incapable d'avoir une volonté à lui, se prête à tout ce que l'on veut, et on

1409.

---

[1] De Barante.

exige des jeunes princes d'Orléans une promesse de pardon qu'ils donnent en versant des larmes. Après cette espèce de raccommodement, et avoir réglé les affaires du royaume de concert avec le duc de Berry et les Rois de Navarre et de Sicile, le duc de Bourgogne part pour Soissons où se célébrait le mariage de son frère, le comte de Nevers, avec *Ysabeau* de Coucy, fille cadette de messire *Enguerrand* qui avait péri à la croisade [1].

1410. Cette réconciliation ne pouvait être sincère, aussi le duc de Bourgogne se tient-il toujours sur ses gardes. Le duc d'Orléans, qui avait épousé en 1406 la fille du Roi *Charles VI*, étant devenu veuf, épouse, à la sollicitation de ses oncles les ducs de Berry et de Bourbon, *Bonne*, fille du comte d'Armagnac, l'un des seigneurs les plus puissants du midi de la France. Par ce mariage le comte d'Armagnac, qui était rempli de courage et d'habileté, devint de fait le chef du parti d'Orléans. Cette union est conclue à Méhun-sur-Yèvres en Berry où se trouvent les princes d'Orléans, le comte de Clermont, le comte d'Alençon, le comte d'Armagnac et le connétable d'Albret [2].

1411. Tous les princes, mécontents de la conduite du duc

---

[1] Anquetil. — *Biogr. universelle.* — De Barante.
[2] *Biog. univ.* — De Barante.

de Bourgogne qui n'avait aucun égard pour eux, se liguent et engagent le jeune duc d'Orléans à faire cause commune avec eux. Ce prince publie un manifeste dans lequel il adresse un cartel à son ennemi, lui reprochant d'avoir assassiné son père, et entre de suite en campagne. Le duc de Bourgogne, maître de la personne du Roi, force ce monarque à déclarer ennemis de sa personne et de l'Etat, son neveu le duc d'Orléans, et tous ses partisans connus sous la dénomination d'Armagnacs, du nom du comte d'Armagnac, leur chef principal, et la France est bientôt divisée entre les factions d'Orléans ou d'Armagnacs et des Bourguignons [1].

La plupart des villes de la Picardie se déclarent en faveur du duc d'Orléans. Ce prince qui s'était rendu près du comte d'Armagnac son beau-père, envoie sous les ordres du duc de Bourbon et du comte de Vertus, des troupes vers le comté de Clermont en Beauvoisis et le comté de Coucy près de Soissons, qui était une de ses seigneuries. Ces troupes se répandent dans la campagne de Laon où elles commettent de nombreux excès, saccagent Royc et s'emparent de Ham et de Chauny dont les principaux habitants se réfugient à Coucy. En même temps le duc d'Orléans

---

[1] Anquetil. — *Biog. nuiv.*

prend ses mesures pour approcher de Paris, il met une forte garnison à Montlhéry. Sans cesse il parcourt, sous prétexte de chasser et de se divertir, le Valois, le Soissonnais ; il va à Coucy, à Melun et même jusqu'à Corbeil. Mais les paysans qui avaient appris ce qui se passait ailleurs, demandent à s'armer et commencent à tomber sur les Armagnacs lorsque ceux-ci marchent par petites troupes. Le duc de Bourgogne, à la tête d'une armée forte de 60,000 combattants, composée des troupes du Roi réunies aux siennes, ayant repris ces différentes places, envoie *Valeran* de Luxembourg, comte de Saint-Pol, mettre le siége devant Coucy, très-forte place tant la ville que le château, où se trouvait une grande quantité de gens tant de guerre que des communes [1].

Le duc d'Orléans avait confié le commandement de la ville à *Enguerrand* de Fontaines qui, gagné par le duc de Bourgogne, se rend sans coup férir, tout le peuple criant : *Vive Bourgogne!*

Le comte de Saint-Pol se loge avec ses troupes dans la ville et aux environs, et fait sommer *Robert* d'Esnes, gouverneur du château (*Voir* note 16) de rendre la forteresse pour et au nom du Roi. Mais ce gouverneur

---

[1] J. J. des Ursins. — De Barante.

répond qu'ayant été chargé par le duc d'Orléans de la garde de cette place, il a juré fidélité à ce prince, et qu'à moins d'un ordre exprès de sa part, il se défendra jusques à l'extrémité. La place était abondamment pourvue de vivres et de munitions; plusieurs gentilshommes s'y étaient renfermés dans la résolution d'y périr au service de leur prince, et le gouverneur espérait pouvoir tenir assez longtemps pour permettre au duc d'Orléans de le secourir ou de triompher de son rival dans la faveur du Roi.

On se prépare donc de part et d'autre à combattre avec vigueur. Le comte de Saint-Pol fait loger ses gens au plus près de la forteresse, commence à battre les murs avec le canon et charge un mineur nommé maître *Odon* de miner la forte porte de la première enceinte, c'était un des plus forts édifices qui fussent à vingt lieues à la ronde. Quand tout est prêt, le gouverneur est de nouveau sommé de se rendre et répond encore par un refus. Le comte de Saint-Pol ordonne alors à ses troupes de se tenir prêtes pour l'assaut, et le feu est mis aux mines; l'explosion se fait entendre, mais comme elle ne renverse que la moitié de l'épaisseur de la muraille, les assiégés continuent à se défendre vaillamment. Une des tours située à l'extrémité des fossés ayant aussi été minée, ne put être renversée entièrement, parce que le mur de la ville la soutint dans sa chute, et un homme d'armes qui était en sentinelle sur le sommet resta suspendu avec elle, exposé à un grand danger dont il fut heureusement tiré par ses compagnons. Après une résistance de trois mois *Robert* d'Esnes, commençant à manquer de munitions, et ne recevant point de secours, songe à capituler : ayant fait offrir au comte de Saint-Pol de lui remettre la forteresse s'il consentait à des conditions honorables, ce seigneur accorde 8,000 écus à titre d'indemnité et la faculté pour la garnison de se retirer ainsi que le gouverneur avec armes et bagages à Crèvecœur ou au Câteau-Cambrésis, places qui tenaient encore pour le duc d'Orléans [1].

Le duc de Bourgogne attachait une grande importance à la prise de Coucy, et pour récompenser le comte de Saint-Pol de ce succès, il lui fait donner l'épée de connétable dont on prive *Charles* d'Albret, qui était en possession de cette haute fonction ; mais ce seigneur agissait dans les intérêts du duc d'Orléans. *Gérard* d'Herbannes, homme dévoué au duc

---

[1] Pierre de Fénin. — J. Juvénal des Ursins. — Monstrelet. — *Histoire du diocèse de Laon.* — Dom du Plessis. — Anquetil.

de Bourgogne, est en même temps nommé gouverneur du château de Coucy [1].

Il ne paraît pas que le duc d'Orléans, dont les partisans s'emparèrent de Vervins et d'autres places, ait fait des tentatives pour reprendre Coucy, qui demeure près de deux ans au pouvoir des Bourguignons, au grand préjudice des vassaux de cette seigneurie qui éprouvèrent de nombreuses vexations de la part des vainqueurs qui en usaient à leur bon plaisir.

Les princes, las enfin de la guerre, font la paix à la fin de l'année suivante et, par le traité d'Auxerre, Coucy est rendu au duc d'Orléans; mais ce prince ne peut recouvrer le comté de Soissons qui, par ordonnance du Roi *Charles VI*, du 18 décembre 1411, avait été confisqué et réuni à la couronne, attendu, est-il dit, la forfaiture du duc d'Orléans. 1412.

La paix d'Auxerre est à peine une suspension d'armes de quelques instants, les dissensions civiles éclatent avec une nouvelle fureur, et le Roi, pour mettre un terme aux malheurs qui pèsent sur le royaume, assemble les Etats généraux à Paris. Le duc d'Orléans ne veut point y paraître et envoie son chancelier, qui se borne à exposer les griefs de son maître. 1413.

[1] Id.

Il se plaint de ce que le traité d'Auxerre n'est pas observé, le connétable de Saint-Pol se refusant à lui rendre le château qu'il avait détruit en partie et dont il avait envoyé vendre à Paris les tuyaux de plomb qui distribuaient l'eau dans tout ce grand et bel édifice [1]. On ne peut parvenir à calmer l'irritation des deux princes, et la guerre continue entre le duc de Bourgogne et le duc d'Orléans ; ce dernier, ayant réussi à remplacer le duc de Bourgogne dans la faveur du Roi, reprend l'offensive avec son ennemi qui est enfin obligé de se soumettre aux conditions de paix qui lui sont imposées à Arras.

1415. *Henri V*, Roi d'Angleterre, dans l'espoir de profiter des troubles de la France, déclare la guerre et débarque avec une nombreuse armée à la vue de Harfleur qu'il prend d'assaut. Le dauphin, qui, pendant la maladie du Roi, gouvernait le royaume, appelle à son secours le duc d'Orléans, qui se hâte de lever des troupes et de rassembler ses partisans pour les réunir à l'armée royale. Cette armée, beaucoup plus nombreuse que celle du monarque Anglais, joint l'ennemi près d'un petit village de Picardie, appelé Azincourt, où se livre une bataille dont le résultat

---

[1] De Barante, *Histoire des ducs de Bourgogne*.

est aussi désastreux que celui des batailles de Crécy et de Poitiers. Les Français sont complétement défaits ; le duc d'Orléans s'était conduit pendant l'action en héros et fut trouvé blessé parmi les morts [1].

Le Roi d'Angleterre s'empresse de faire donner au duc d'Orléans tous les soins qu'exige son état et le fait transporter en Angleterre, où il est étroitement gardé à vue ; le monarque Anglais s'oppose à ce que ce prince recouvre sa liberté à cause des droits que sa naissance pouvait lui donner à la couronne de France, sur laquelle lui-même élevait des prétentions.

La captivité du duc d'Orléans n'empêche pas le duc de Bourgogne de continuer les hostilités contre les vassaux de ce prince. Les seigneurs de Maucourt, de Bournonville, d'Humereuilles et d'autres partisans du prince Bourguignon, étaient prisonniers au château de Coucy, commandé par *Pierre* de Xaintrailles, gentilhomme gascon. Les agents du duc de Bourgogne parviennent à séduire deux domestiques du gouverneur, et une femme de chambre qui avait conçu une vive passion pour un des prisonniers. Cette femme s'étant introduite une nuit du mois de

[1] *Histoire du diocèse de Laon.* — Anquetil. — *Biog. univ.*

février 1419 dans la chambre de son maître, prend pendant son sommeil, sous le chevet du lit, les clefs de la grosse tour, où les prisonniers étaient enfermés en grand nombre, et leur ouvre la porte. Dès qu'ils sont libres, ceux-ci courent avec les domestiques dont il vient d'être parlé, à l'appartement du gouverneur qu'ils assassinent ainsi que son valet de chambre, égorgent les sentinelles et les gens dévoués au duc d'Orléans, et mettent tous les prisonniers en liberté, au cri de *vive Bourgogne!* Au même instant un parti de Bourguignons qui se trouvait à cette intention en embuscade dans la vallée, est introduit dans le château.

Etienne Vignolle, célèbre depuis sous le nom de *La Hire*, qui commandait dans la ville, apprenant ce qui se passait dans le château, accourt à l'instant avec ses troupes et vient jusque sur le pont du château pour s'en rendre maître; mais d'Humereuille, qui était monté sur la plate-forme de la grosse tour, aidé par d'autres Bourguignons, fait pleuvoir une telle quantité de pierres sur de La Hire et ses gens, que ce chevalier, voyant qu'il perd inutilement beaucoup de monde, prend le parti de rentrer dans la ville jusqu'à ce qu'il soit jour. Ayant alors reconnu l'impossibilité de se maintenir dans la ville avec une faible garnison, il fait passer au fil de l'épée soixante prisonniers qui se trouvaient sous sa garde et se retire avec ses soldats vers Guise [1].

Les chevaliers Bourguignons prient *Jean* de Luxembourg, comte de Ligny, de venir à leur secours ; mais, tandis que ce seigneur assemble à la hâte des troupes pour se rendre à Coucy, ils délibèrent entre eux et conviennent de ne point le laisser entrer dans la forteresse avant qu'il ne leur eût promis de leur laisser la propriété de tout ce qui se trouvait dedans. Le sieur de Maucourt, envoyé au-devant de Luxembourg pour lui donner connaissance de cette résolution, n'ayant point osé lui dire quelle était sa mission, ce seigneur vient jusqu'aux portes du château, et est étonné de les trouver fermées devant lui. Soupçonnant une trahison, il fait aussitôt arrêter de Maucourt, et se dispose à lui faire trancher la tête ou à le faire pendre, lorsque les autres gentilshommes, effrayés de la colère de leur allié, lui ouvrirent les portes. Luxembourg leur pardonne à tous et prend possession en son nom du château où il met garnison [2].

Bientôt de La Hire, réuni à *Pothon* de Xaintrailles, 1420.

---

[1] *Hist. chron. de Charles VI.* — Monstrelet. — *Histoire du diocèse de Laon.* — Dom du Plessis. — *Biog. univ.* — Dupleix.
[2] Monstrelet. — Pierre de Fenin.

qui brûlait du désir de venger la mort de son frère, se rapproche de Coucy, et parvient à reprendre cette place. Le duc de Bourgogne fait aussitôt avancer des troupes, car il savait de quelle importance était la possession de cette forteresse ; mais son armée est repoussée, et un nommé *Tabary le Boiteux*, un des brigands les plus renommés de cette époque, qui commandait une bande de paysans pour le compte du duc de Bourgogne, est tué devant Coucy [1].

La même année, le duc de Bourgogne, à qui sa bravoure et son audace ont valu le surnom de *Jean Sans-Peur*, qui avait ouvert la France aux Anglais, dans l'espoir qu'ils seconderaient ses projets, est assassiné sur le pont de Montreau, au moment où il paraissait disposé à faire sa paix avec le dauphin, et à réunir ses forces à celles de ce prince contre le Roi d'Angleterre, dont la puissance et les conquêtes étaient devenues inquiétantes pour le sort de la monarchie [2].

1423. Coucy reste au pouvoir des Orléanais jusqu'en 1423, que cette place est assiégée par les Anglais, maîtres de tout le nord de la France. Le duc de Suf-

---

[1] De Barante.
[2] Monstrelet. — *Histoire du diocèse de Laon*. — Anquetil. — Dom du Plessis. — *Biog. univ.*

folck, après quelques jours de siége, s'empare de la ville et du château, défendus alors par une trop faible garnison qui ne pouvait espérer du secours.

Charles VII, qui avait succédé à son malheureux père, mort à la fin de 1422, ayant appelé auprès de lui, au delà de la Loire, tous les chefs qui avaient embrassé son parti contre les Anglais, La Hire et Xaintrailles s'empressent de se rendre, avec la plus grande partie de leurs hommes d'armes, auprès de ce prince [1].

Les Anglais restèrent durant sept années maîtres du château de Coucy et des pays environnants, où l'on retrouve encore des traces de leur domination. Ce fut pendant ce temps que fut bâti le joli clocher en pierres de taille de l'église du village de Coucy, la ville dont la tradition attribue la construction à ces étrangers.

Le duc d'Orléans qui, dans sa captivité, gémissait des malheurs de la France pour laquelle il ne pouvait plus combattre avec son frère le bâtard d'Orléans, célèbre sous le nom de *Dunois*, avait plusieurs fois inutilement offert sa médiation pour traiter de la paix. Ce malheureux prince, pour adoucir ses longs malheurs, n'avait d'autres consolations que les lettres

1433.

[1] *Histoire du diocèse de Laon*. — Dom du Plessis.

qu'il avait toujours aimées. Il faisait des vers mieux que personne en France, et trouvait un douloureux plaisir à célébrer dans de touchantes ballades le regret de passer sa vie loin de son pays, de sa famille, de ses amours, et de rester oisif et inutile, sans pouvoir gagner la gloire des chevaliers [1].

1439. Quelques années après, les Anglais ayant éprouvé des revers acceptèrent les propositions de ce prince, et des conférences s'ouvrirent en 1439 dans la petite ville d'Oyes entre Calais et Gravelines. Ce ne fut que

1440. l'année suivante que le duc d'Orléans obtint sa liberté après vingt-cinq ans de captivité, à la sollicitation de *Philippe le Bon*, duc de Bourgogne, fils de *Jean*, assassiné sur le pont de Montreau. Le duc d'Orléans qui avait perdu *Bonne* d'Armagnac, sa seconde femme, peu de temps après la bataille d'Azincourt, donna alors à son cousin de Bourgogne une preuve sincère de réconciliation en épousant la princesse *Marie* de Clèves, nièce de ce prince. La rançon du duc d'Orléans fut réglée à 120,000 écus d'or. Le dauphin et tous les princes de France se rendirent caution pour cette somme, et les états de Bourgogne accordèrent un subside à leur duc pour l'ai-

---

[1] De Barante.

der à payer les 30,000 écus qu'il avait garantis[1].

Le duc d'Orléans, après avoir pris congé du Roi d'Angleterre, fut conduit à Calais et de là à Gravelines ; là la duchesse de Bourgogne, qui, plus que personne, avait travaillé à sa délivrance, était venue l'y attendre. Peu après, le duc arriva avec toute sa cour. Les deux princes s'embrassèrent à plusieurs reprises, se serrant dans les bras l'un de l'autre. Chacun était attendri de la joie de ce pauvre prince qui revoyait son pays, après vingt-cinq années de captivité en terre étrangère. De tout le pays d'alentour, des villes voisines et surtout de ses seigneuries de Coucy, de Valois et de Soissons, on venait en foule pour le voir, c'était une joie publique dans le royaume.

Jean de Luxembourg tenait encore pour les Anglais une partie des villes du Vermandois, au nombre desquelles se trouvait Coucy ; mais ce seigneur étant mort au château de Guise, l'officier qui commandait pour lui à Coucy, prêta l'oreille aux propositions que lui fit faire le duc d'Orléans et consentit à remettre cette place au prince, moyennant une somme d'argent qui lui fut payée [2].

Dès que le duc d'Orléans fut rentré en possession

---

[1] *Biog. univ.* — Jean Chartier. — De Barante.
[2] Devisme, *Chron. historique.*

de Coucy, il s'occupa des moyens de réparer les désastres que ses vassaux et ses terres avaient soufferts pendant la longue occupation de ses ennemis. Ce prince avait obtenu, avant sa captivité, l'établissement d'un grenier à sel auquel les habitants des villes et villages environnants devaient être tenus de prendre le sel ; mais les troubles qui agitaient alors cette partie du royaume avaient empêché l'exécution des ordres du Roi à ce sujet, et le grenier à sel avait été établi à

1442. Chauny. Le duc d'Orléans obtint de nouvelles lettres patentes en vertu desquelles le grenier à sel fut transféré de Chauny à Coucy où il est resté jusqu'à la suppression de cette juridiction en France [1].

Le duc d'Orléans, mécontent de la méfiance que le Roi lui témoignait à cause de sa réconciliation avec le duc de Bourgogne, se retira de la cour et vécut dans
1457. ses domaines jusqu'à la mort de *Charles VII* ; il n'en sortit que deux fois, la première pour se rendre avec les ducs d'Angoulême, du Maine, de Foix, de Vendôme et autres seigneurs au-devant des ambassadeurs
1458. envoyés par le Roi de Hongrie; la seconde fois pour se rendre à Vendôme afin d'assister, en qualité de pair, au jugement du duc d'Alençon convaincu de crime

[1] Dom Duplessis. — *Biog. univ.* — *Recueil des ordonnances*, tome XIII.

d'Etat. Dans cette affaire il porta la parole au nom des pairs et chercha par tous les moyens possibles à sauver l'accusé, dont la peine fut commuée en une prison perpétuelle [1].

Le duc d'Orléans continua à ne point se mêler des affaires publiques et à vivre dans la retraite où il s'occupait du bien-être de ses vassaux et de poësie, rassemblant autour de lui les gens de lettres dans la société desquels il aimait à se trouver. Ayant perdu sa troisième femme, ce prince, qui n'avait pas d'héritiers, épousa dans un âge avancé *Marguerite* d'Anjou [2]. Le Roi *Charles VII* étant mort, le duc, malgré son grand âge et ses infirmités, suivit à cheval le convoi de ce monarque; mais il paraît que les fatigues de cette cérémonie l'empêchèrent de se trouver au sacre de *Louis XI.* Cependant deux ans après il put suivre la cour en Touraine où la princesse sa femme accoucha à Chinon d'un fils que le Roi tint sur les fonts de baptême et qui fut nommé *Louis* [3].

1461.

1463.

Le Roi ayant convoqué à Tours les princes du sang, les principaux seigneurs, les députés des villes, *Charles* d'Orléans se rendit à cette assemblée solennelle

1465.

---

[1] Jean Chartier. — Anquetil. — *Biog. univ.*
[2] Anquetil.
[3] Jean Chartier. — Mathieu de Coucy.

dans laquelle le Roi *Louis XI* accusa le duc de Bretagne de haute trahison. Le duc d'Orléans, que ses vertus rendaient encore plus respectable que son âge, se crut autorisé à parler en faveur du duc de Bretagne et à faire des remontrances sur quelques abus du gouvernement. Ces remontrances déplurent au Roi qui entra contre le duc dans une violente colère, l'accusa d'intentions criminelles et lui parla si durement que ce prince en mourut de chagrin deux jours après, le 4 janvier 1465, à l'âge de soixante-quatorze ans. Ce prince était bon, humain, charitable, et l'un des hommes les plus vertueux de son temps; il emporta les regrets de ses contemporains [1].

Louis II d'Orléans.

A la mort de son père, *Louis*, qui n'avait que deux ans, était déjà fiancé à *Jeanne* de France, fille de *Louis XI*. Ce prince héritant des domaines de son père prit le titre de duc d'Orléans et fut élevé à la cour du Roi.

1483.

Les premières années de la vie de *Louis* d'Orléans n'offrent rien de remarquable; la politique du Roi *Louis XI* n'aurait pas permis au premier prince du sang de se mêler des affaires de l'État et de jouer un rôle politique. D'ailleurs le jeune duc avait

[1] Anquetil. — *Biog. univ.*

à peine vingt ans quand ce monarque mourut.

La minorité du Roi *Charles VIII* ouvrit le champ à l'ambition des princes qui voulaient exercer la régence. Le duc d'Orléans fait valoir ses prétentions avec une hauteur et une fermeté de caractère qu'on ne lui connaissait pas, et se fait donner les gouvernements de Paris, de l'Ile de France, de Champagne et de Brie, avec le droit d'assister à tous les conseils et de les présider en l'absence du Roi qui fut cependant déclaré majeur par les Etats généraux assemblés à Tours [1].

Mécontent des manières que madame de Beaujeu, tante et tutrice du jeune Roi, avait avec lui, le duc d'Orléans se prête aux desseins ambitieux de plusieurs seigneurs et lève des troupes pour enlever le Roi et dépouiller madame de Beaujeu de l'autorité qu'elle avait prise dans le gouvernement; mais n'ayant pu réussir dans ses projets et ne se croyant plus en sûreté en France, il se retire auprès du duc de Bretagne toujours rebelle au Roi [2].

L'archiduc *Maximilien*, Roi des Romains, avec lequel les mécontents étaient liés, voulant faire en leur faveur une diversion, était entré en Picardie, à

---

[1] Anquetil.
[2] Anquetil. — *Biog. univ.*

la tête de douze mille Allemands ; il est repoussé par l'armée royale commandée par le maréchal d'Esguerdes. Comme on craignait que le duc d'Orléans ne fit introduire dans son château de Coucy des troupes de l'archiduc, le maréchal reçoit ordre d'occuper cette place. Il fait en conséquence marcher son corps d'armée sur Coucy qui, après huit jours seulement de siége, lui est remis et où il place un gouverneur au nom du Roi [1].

1488. Le duc d'Orléans fait prisonnier quelque temps après dans le Poitou, à la bataille de St-Aubin, est renfermé pendant trois ans dans diverses prisons.

1491. Enfin à la sollicitation de la duchesse d'Orléans, sa sœur, *Charles VIII* lui rend la liberté. Une réconciliation sincère a lieu entre le Roi et le duc auquel ce monarque confie le gouvernement de la province de Normandie. En même temps le duc d'Orléans rentre en possession de tous ses biens et envoie *Georges* de Sully, son chambellan, avec le titre de gouverneur, prendre possession, en son nom, de son château de Coucy [2].

1493. Depuis cette époque, le duc d'Orleans se montre

---

[1] Dom Duplessis. — *Histoire du diocèse de Laon* — Devisme, *Manuel hist.*

[2] Devisme. — Dom du Plessis. — *Biog. univ.*

sujet fidèle. Il accompagne *Charles VIII* en Italie et donne des preuves de valeur pendant cette expédition qui dure plusieurs années. Il s'empare de Novarre après deux ou trois jours d'attaque, et de plusieurs autres places dans le voisinage de Milan. Assiégé à son tour dans Novarre par de nombreuses troupes, il résiste, malgré la nécessité où le réduit bientôt le manque de vivres, et obtient de se retirer avec honneur par suite du traité fait par le Roi avec le duc de Milan.

Revenu en France avec le Roi, le duc d'Orléans se trouve près de ce prince lorsqu'il meurt à Amboise des suites d'une contusion violente à la tête, en 1498.

1498.

Charles VIII, qui avait perdu quatre enfants, ne laissant point d'héritiers, *Louis* d'Orléans, premier prince du sang, est aussitôt reconnu Roi, et règne sous le nom de *Louis XII*. Ce prince en montant sur le trône s'empresse de pardonner à toutes les personnes qui, sous le règne précédent, s'étaient montrées ses ennemis. *Ce n'est point*, dit-il, *au Roi de France à venger les injures faites au duc d'Orléans.*

Par l'avénement de *Louis* d'Orléans au trône, la baronnie de Coucy devient une propriété royale et cesse pendant plusieurs années d'avoir un seigneur particulier. En 1514 *Louis XII*, ayant marié sa fille

1514.

aînée, *Claude* de France, à *François* duc d'Angoulême, premier prince du sang, donne en dot à cette princesse la moitié du comté de Soissons et la baronnie de Coucy; mais l'année suivante, le Roi étant mort sans laisser d'enfants mâles, le duc d'Angoulême monte sur le trône sous le nom de *François I*[er]**,** et la seigneurie de Coucy fait de nouveau retour au domaine royal [1].

Pendant le règne de ce prince dont la vie appartient à l'histoire générale de la France, Coucy étant resté domaine royal, il ne sera fait mention des actions de *François I*[er], qu'autant qu'elles intéresseront l'histoire particulière de cette ville.

1535. En 1535 *François I*[er] parcourant les frontières de son royaume du côté des Pays-Bas, vient à Coucy, dont le séjour lui paraît si agréable, qu'il y demeure
1545. quelques jours. Ce prince y revient encore quelques années après et visite Follembray dont il avait fait rebâtir le château qui depuis longtemps tombait en ruines [2].

1552. Jusqu'en 1552 il ne se passe rien d'intéressant pour l'histoire de Coucy, mais cette année-là *Henri II* qui avait succédé à son père *François I*[er] en 1547,

---

[1] Devismes, *Chron. hist.*
[2] Devismes, *Hist. chron.*

voulant se procurer l'argent nécessaire pour entretenir une armée qu'il destinait à faire la guerre à l'Empereur, rendit plusieurs édits pour lever des contributions sur toutes les villes. Il y eut aussi des créations de charges utiles au fisc, entre autres celles des présidiaux, tribunaux auxquels fut attribué le droit de juger en dernier ressort sur les appels des bailliages pour les affaires s'élevant à 250 livres [1], que l'on était obligé de porter jusqu'alors au parlement, ce qui entraînait à de grands frais pour les parties. Un de ces tribunaux fut établi dans la ville de Laon, et son ressort s'étendit sur les bailliages de Saint-Quentin, Soissons, Noyon, Ribemont, Coucy, Chauny, Guise, Péronne, Roye et Montdidier [2].

Cette même année, le comte de Rœux, envoyé par la Reine de Hongrie, gouvernante des Pays-Bas, à la tête de quarante compagnies d'infanterie et de deux mille chevaux, s'avance rapidement dans le Vermandois avant que le Roi ait pu rassembler une armée, et commet dans cette province des cruautés horribles, sept à huit cents villages sont dévastés. Les habitants de Coucy qui, sous la direction de M. de Bayencourt, gouverneur de la place, avaient réparé les fortifica-

[1] 750 francs.
[2] Devismes. — *Histoire du diocèse de Laon.*

tions de la porte de Laon (*Voir* note 17), voient du haut de leurs remparts les flammes dévorer les villes de Noyon, Nesles, Chauny, et renverser de fond en comble le beau château de Folembray, magnifique rendez-vous de chasse, mais l'ennemi toutefois n'ose pas attaquer le château de Coucy [1].

1557. *Philippe II*, fils de l'Empereur *Charles-Quint*, suivant l'exécution des projets ambitieux de son père, avait repris les hostilités, et le duc de Savoie, son général, assiégeait Saint-Quentin. L'armée française ayant éprouvé une défaite complète sous les murs de cette ville, la consternation est générale dans le royaume, car l'ennemi, en marchant droit sur la capitale, aurait pu s'en emparer; mais heureusement le duc de Savoie ne profite pas de sa victoire, et le duc de Nevers peut rallier sous les murs de Laon les débris de l'armée. On envoie aussitôt des généraux prendre le commandement des places qui peuvent arrêter la marche des Espagnols qui, après s'être emparés de Ham, poussent leurs conquêtes jusqu'à Noyon et Chauny. M. de Bouchavannes reçoit ordre de se jeter dans Coucy avec trois compagnies de gens de pied. Peu après le Roi envoie le maréchal de Noailles

---

[1] François de Rabutin. — Anquetil. — Devismes, *Hist. chron.* — *Hist. du diocèse de Laon.*

prendre le commandement supérieur de Coucy, où il profite de la suspension des hostilités pendant l'hiver, pour réunir à la hâte un corps d'armée composé de nouvelles levées [1].

Le duc de Nevers, se trouvant à Compiègne, est averti que la garnison ennemie de Chauny, forte de quatorze à quinze cents chevaux, a l'habitude de parcourir la campagne non-seulement pour piller, mais encore pour insulter les garnisons de Coucy et de Soissons, qu'elle repousse jusque dans les bois près de Coucy, sans que celles-ci osent faire une résistance sérieuse; ce prince propose de dresser une embuscade et de s'y trouver si à point, que ces troupes devaient être défaites entièrement. La ruse réussit en effet, et le prince de Condé poursuit les débris de la garnison de Chauny jusque dans l'intérieur de cette ville; mais il ne peut s'y maintenir, cette place ayant été ruinée. Le duc de Guise, ayant remporté de grands avantages à l'ouverture de la campagne suivante, le théâtre de la guerre se trouva éloigné de Coucy [2].

Pendant le court et malheureux règne de *Fran-*

---

[1] Mathieu de Coucy. — Anquetil. — *Histoire du diocèse de Laon*
[2] François de Rabutin.

çois *II*, Coucy continua à faire partie du domaine royal, et il ne se passa aucun événement qui mérite d'être conservé par les historiens de cette ville.

Lorsque *Charles IX* monta sur le trône, depuis longtemps une secte religieuse, fondée par *Calvin*, faisait de nombreux prosélytes dans le royaume. Quelques seigneurs puissants, ayant embrassé les nouvelles doctrines, ces sectaires formèrent bientôt un parti considérable. Le prince de Condé et les Coligny étaient leurs principaux appuis. Cette secte s'étendit dans le Laonnais, où elle était protégée particulièrement par le comte de Roucy, allié du prince de Condé. Ces novateurs, sous prétexte de s'assurer la liberté de conscience et de réformer les abus du gouvernement, arborèrent l'étendard de la rébellion et donnèrent naissance à des guerres civiles qui durèrent plus d'un siècle.

1567. Des hostilités sérieuses avaient déjà eu lieu depuis plusieurs années, lorsqu'en 1567, *Genlis*, chef des calvinistes dans le Vermandois, et *Bouchavannes*, seigneur de Quincy, dans le Laonnais, ayant, de concert avec le prince de Condé, gouverneur de la Picardie, réuni secrètement des troupes, marchèrent la nuit du 26 au 27 septembre vers Soissons. Le prince et *Genlis*, s'étant emparés par intelligences d'une des portes, se rendent maîtres de la ville dont ils font leur place d'armes. Ils se répandent ensuite dans la campagne, se livrant au pillage des églises et des monastères, entre autres de celui de Prémontré. Quelques jours après, les calvinistes, s'étant présentés devant Coucy, enlevèrent au Roi cette place laissée sans défense [1].

Le prince de Condé, s'étant avancé vers Paris, perd une bataille dans la plaine Saint-Denis et est obligé de se retirer avec l'amiral de Coligny vers la Lorraine, où ils espéraient rencontrer les troupes que les princes protestants d'Allemagne avaient promis d'envoyer à leur secours. Les calvinistes, pendant ce temps, demeurent toujours maîtres de Coucy, de Soissons et des autres places dont ils s'étaient mis en possession.

L'année suivante les hostilités se trouvent portées sur un autre point du royaume, et la bataille de Jarnac, où est tué le prince de Condé, chef des calvinistes, fait abandonner par ceux-ci une partie des places qu'ils possédaient dans le Vermandois. *Genlis*, étant mort, et *Bouchavannes*, pour sauver sa vie, ayant donné sa parole de ne plus se mêler d'affaires po-

1568.

---

[1] *Hist. du diocèse de Laon.* — Devismes, *Chron. hist.* — *Hist. de Laon.*

litiques, Coucy rentre sous l'obéissance du Roi.

Quoique les troubles fussent apaisés en apparence, les calvinistes ne laissaient pas de faire souvent des courses dans les campagnes où ils commettaient des excès, surtout envers les églises qu'ils mettaient au pillage. Mais le traité de paix conclu en 1570, et par lequel les calvinistes obtiennent plusieurs places dans lesquelles il leur est permis d'entretenir des troupes pour leur sûreté, met tout à fait fin aux hostilités; et pour assurer d'une manière plus certaine la tranquillité du royaume, le Roi *Charles IX* propose au prince de Béarn, devenu chef des calvinistes, de resserrer les liens de parenté qui les unissait déjà, en faisant épouser à ce prince sa sœur *Marguerite* de France.

1570.

Les chefs des calvinistes, fatigués de la guerre civile, acceptent avec empressement les propositions du Roi, et n'ayant aucun soupçon du piége dans lequel on voulait les faire tomber, viennent tous à la cour pour assister aux fêtes qui sont données à l'occasion du mariage du prince de Béarn, devenu roi de Navarre. Au milieu des réjouissances est donné, le 24 août 1572, jour de la fête de saint Barthélemy, le signal du massacre général des calvinistes, qui fait verser, dans toute la France, des torrents de sang. La

1572.

crainte qu'inspiraient aux catholiques les calvinistes, très-nombreux dans les environs de Coucy, de Soissons et de Laon, préserva ces pays des scènes d'horreur dont ils auraient pu être le théâtre [1].

Les grands événements qui, pendant plusieurs années, agitèrent la France, et les sanglantes guerres qui remplissent le règne de *Charles IX*, ne présentent aucun fait particulier qui intéresse l'histoire de Coucy, dont la seigneurie, ainsi que celle de Folembray, fut donnée par lettres du mois de février 1576 à *Diane*, fille naturelle et légitimée du roi *Henri II*, à l'occasion de son mariage avec *François*, duc de Montmorency, pair et maréchal de France, moyennant une redevance annuelle de 5,500 écus, avec faculté de rachat perpétuel. La forteresse de Coucy fut toutefois exceptée de la donation [2].

1576.

Le duc de Montmorency, nommé gouverneur de Picardie, convoque à Laon, l'année suivante, la noblesse du Vermandois, qui donne son adhésion à la coalition formée contre les calvinistes, et devenue si célèbre sous le nom de la *Ligue*. Le gouverneur de Coucy, qui pour lors se nommait de Lameth, lutte avec succès contre les *Guises*, qui cherchaient à se

1577.

---

[1] Mathieu. — Devismes, *Chron. hist.*
[2] Arch. de Coucy. — Devismes, *Chron. hist.*

rendre maîtres de cette place, et devient dans ce pays un des principaux défenseurs des catholiques contre les calvinistes, à la tête desquels se trouvait un officier nommé *La Foucaudière*[1].

1589. La ville de Laon, abandonnant les intérêts du Roi, avait embrassé ceux de la Ligue et cherchait à seconder ce parti; mais Lameth, ayant fait entrer quelques soldats dans le château de Presles-l'Évêque, près de Laon, se rend maître de cette forteresse, dans laquelle il met garnison au nom du Roi, et gêne beaucoup de ce côté les habitants de Laon, qui ne peuvent faire des excursions sans s'exposer à être attaqués[2].

1591. Pendant plusieurs années, Coucy et les pays environnants sont le théâtre de vives hostilités de la part des différents partis qui divisent la France. Le gouverneur de Coucy maintient constamment cette place dans l'obéissance au Roi; mais après l'assassinat de *Henri III* par *Jacques Clément*, la crainte de voir le royaume livré aux hérétiques dans la personne de *Henri IV*, qui professait alors le calvinisme, jette dans le parti de la Ligue la plupart des Français qui, jusqu'alors, n'avaient reconnu d'autre autorité que celle du Roi. Les habitants de Coucy et le gouverneur

[1] Devismes, *Chron. hist.*
[2] Devismes, *Chron. hist.*

Lameth, vivement pressés par les ligueurs, maîtres de presque tous les pays des environs, se déclarèrent enfin pour la Ligue, au mois de février 1591 [1].

Après l'abjuration de *Henri IV* et son sacre, qui eut lieu au mois de février 1594, à Chartres, la plupart des gouverneurs des places fortes s'empressent d'accepter les propositions qui leur sont faites de la part du Roi, et se soumettent à son autorité, moyennant quelques avantages pécuniaires qui leur sont accordés. Lameth avait, dès le mois de mars, promis de remettre Coucy au Roi; mais soit qu'il se défiât de la parole de *Henri*, et qu'il voulût tenir, avant de se déclarer, la somme de 8,500 écus qui lui avait été promise, soit qu'il eût été ainsi convenu, la place ne fut rendue que le 1er mai suivant au Roi lui-même, qui, voulant assiéger Laon, dont le gouverneur et les habitants refusaient de reconnaître son autorité, se trouvait à Folembray avec *Gabrielle* d'Estrées, alors madame de Liancourt [2].

Le Roi jugeant que Folembray n'est point un lieu assez sûr pour y laisser *Gabrielle* pendant qu'il serait occupé au siége de la ville de Laon, au secours de la-

---

[1] Devismes, *Chron. hist.*
[2] Mémoires de Sully. — Mémoires de Goulard. — Devismes, *Chron. hist.*

quelle une armée espagnole s'avançait par la route de La Capelle, vient prendre son logement au château de Coucy, et fait mettre à la disposition de *Gabrielle* un hôtel dans la ville, occupé par le commandant de la place. Cette dame, dont le Roi était éperdûment amoureux, et qu'il projetait même d'élever sur le trône, était alors près d'accoucher, et le 7 juin suivant, elle donna le jour à un fils qui reçut le nom de *César* et le titre de duc de Vendôme [1].

On voit encore, dans la chambre que *Gabrielle* occupait, placée sur le manteau de la cheminée ornée de riches sculptures, une plaque de marbre noir où se trouve une inscription destinée à consacrer le souvenir de cet événement [2].

1596. Coucy resta depuis fidèle à *Henri IV*, qui vint plusieurs fois visiter les beaux sites des environs de cette ville. Ce prince aimait à se retrouver à Folembray, d'où sont datés plusieurs édits importants, entre autres celui du mois de janvier 1596, qui rendit public l'accommodement fait, par l'entremise de *Gabrielle* d'Estrées, avec le duc de Mayenne, chef de la Ligue, auquel fut abandonnée, comme place de sûreté, la ville de Soissons. Cette soumission du duc de Mayenne

---

[1] Devismes, *Chron. hist.* — *Biog. univ.*
[2] Voir les dessins des Souvenirs de Coucy.

entraîna bientôt celle des autres chefs de la Ligue, et amena la fin de la guerre civile qui, depuis si longtemps, désolait la France.

Par arrest du Conseil du 16 juillet 1606, le Roi ordonne la reconstruction du Beffroi et de la Geôle de la ville de Coucy; les travaux furent adjugés par ordonnance des trésoriers de France à Soissons, moyennant 3,500 liv.; mais cette somme ayant été insuffisante, le Roi faisant droit à la requeste présentée par les officiers, maïeur et habitans de la ville de Coucy, affecta de nouveau, le 20 mars 1608, une somme de 1500 liv. pour l'achèvement des travaux, à prélever sur le grenier à sel de Coucy, comme pour les 3,500 liv. précédentes, au moyen de la levée de trente livres 16 sols sur chacun muid de sel vendu au dit grenier venant de la rivière de Somme[1].

Les princes, mécontents de la conduite que la régente *Marie* de Médicis, veuve de *Henri le Grand*, tenait à leur égard, et de la faveur exclusive dont *Concini* et sa femme jouissaient auprès d'elle, se retirèrent de la cour en 1614. A la tête des mécontents se trouvaient le prince de Condé, le duc de Ven-

---

[1] Arch. Gén. E. 16, pièce 310.

dôme et son frère, et le duc de Bouillon. La régente s'empressa de faire sa paix avec eux, et sut avec adresse les engager à revenir près d'elle. Mais l'année suivante, les mêmes personnages ayant formé une confédération avec ce qu'il y avait de plus illustre en France, sous prétexte de réformer les abus du gouvernement, le prince de Condé se retira à Clermont. Se trouvant peu en sûreté dans cette ville, à cause du voisinage de Paris, et profitant des intelligences qu'il s'était ménagées près des gouverneurs de plusieurs places, entre autres de Soissons, de Laon et de Coucy, il se réfugia dans cette dernière ville où commandait alors *Charles* de Lameth, fils de celui dont il a déjà été question [1].

Le prince de Condé ayant rassemblé ses amis à Coucy pour concerter ses opérations, le Roi envoie dans cette ville le président *Jeannin* et *Villeroy* proposer un accommodement qui ne fut point accepté. Le prince, refusant d'accompagner sa Majesté qui se rendait au-devant de l'infante d'Espagne qu'elle allait épouser, part de Noyon à la tête d'une armée, s'empare de Château-Thierry et d'Epernay et s'avance dans le Poitou jusqu'à Loudun où se fait un traité de paix

---

[1] Mathieu. — Fontenay-Mareuil. — Devismes, *Chron. hist.*

qui n'a d'autre résultat que de suspendre les hostilités. On accusa le prince de Condé d'avoir voulu se rendre maître de la personne du Roi, et le maréchal d'Ancre *Concini* donna le conseil à ce monarque et à la Reine mère de faire arrêter le prince, qui fut conduit dans le château de Vincennes [1].

Ce coup d'autorité, loin d'effrayer les partisans du prince de Condé, n'eut d'autre résultat que d'augmenter leurs mécontentements. Les princes s'étaient rendus à Soissons dès le 2 septembre 1616. MM. de Guise et de Chevreuse y étant arrivés les premiers, le sieur de Fresnes, gouverneur de la ville sous M. de Mayenne, leur refusa les portes jusqu'à l'arrivée de ce prince.

1616.

Dès le même jour ils s'assemblèrent et furent d'avis d'envoyer vers le duc de Vendôme, qui était à La Fère, et vers M. le duc de Longueville, qui était à Péronne, pour les prier de se trouver à trois jours de là à Coucy, où ils se rendraient tous pour prendre conseil de leurs affaires. Le cardinal de Guise, qui arriva à Soissons le 3, se trouva à Coucy à la conférence ; M. de Guise y était fort triste et décontenancé, cela mettait les princes en peine et les faisait se méfier de lui : pour

---

[1] Mémoires de Richelieu. — Mathieu. — *Histoire du diocèse de Laon.* — Devismes, *Chron. hist.*

essayer de le gagner tout à fait à eux, ils lui rendaient l'honneur qu'ils pouvaient et lui déféraient davantage qu'ils n'eussent fait sans cela, lui donnant lieu d'espérer qu'ils le reconnaîtraient pour leur chef, excepté M. de Longueville qui y montra de la répugnance. Cela n'empêcha pas qu'ils ne prissent une résolution commune de faire, chacun de leur côté, le plus de levées d'hommes qu'ils pourraient pour, dans douze jours après, se trouver aux environs de Noyon, où ils avaient assigné leur rendez-vous général.

Ce conseil si bien pris n'eut pas le succès qu'ils espéraient, car, après s'être séparés pour faire leurs levées, chacun d'eux se retira dans la place dont il était maître, Vendôme à La Fère, Mayenne à Soissons, Bouillon à Sedan, Nevers à Mézières et Cœuvres à Laon dont il était gouverneur. Les coalisés se méfiant les uns des autres songèrent, chacun de leur côté, à se ménager l'avenir, et comme ils agissaient sans ensemble, les hostilités continuèrent avec peu de succès de part et d'autre pendant dix-huit mois, et cessèrent en 1617 à la mort du maréchal d'Ancre dont la faveur était le principal motif des mécontentements. Le prince de Condé étant sorti de prison, obtint des places de sûreté pour ses partisans et l'éloignement de la cour de la Reine mère qui en effet fut exilée à Blois [1].

Le duc de Luynes, dont la faveur près du Roi était toujours croissante, prit pour lui l'année suivante le gouvernement de l'Ile de France avec celui de Soissons, Chauny et Coucy que M. du Maine quittait, et il acheta aussitôt celui de La Fère de M. de Vendôme. Peu de temps après il fit faire au Roi la visite de toutes les places de son gouvernement. Mais ce seigneur ne conserva pas longtemps le gouvernement de Coucy, il le céda à M. de Montbazon en échange d'autres places en 1619 [2].

1618.

Depuis cette époque et pendant près de vingt années il ne se passa aucun événement qui fût d'un intérêt spécial pour la ville de Coucy qui demeura fidèlement attachée au Roi; mais en 1635 la tranquillité dont jouissaient les habitants de cette ville fut troublée par suite d'un démêlé qui eut lieu entre les jeunes gens de la ville et les religieux de l'abbaye de Nogent; voici à qu'elle occasion :

Les religieux avaient reçu de *Raoul I*, seigneur de Coucy, divers droits sur les bois situés près de l'abbaye, à la charge par eux de délivrer le mardi-gras de chaque

1635.

---

[1] Mémoires de Richelieu. — Mathieu. — *Histoire du diocèse de Laon.*
[2] Fontenay-Mareuil.

année, à titre d'aumône, un pain à tout individu qui se présenterait pour le réclamer. Le nombre des mendiants augmentant chaque année, il résultait quelquefois des désordres pendant la distribution, et l'abbé de Nogent, pour les prévenir et les réprimer, avait sollicité le secours des jeunes gens de la ville de Coucy, qui formaient alors un corps de milice commandé par un chef élu chaque année sous le titre de *prince de la jeunesse* : les jeunes gens avaient coutume de se présenter quelques jours après à l'abbaye et de demander à l'abbé la permission de *tendre la perque* (mettre la nappe). Les portes de l'abbaye s'ouvraient alors, et les jeunes gens trouvaient un repas qui leur était offert et servi par les religieux pour les remercier de leur assistance et de leur peine à maintenir l'ordre pendant la distribution du mardi-gras. Cet usage durait déjà depuis longtemps, lorsque les jeunes gens eurent la prétention d'exiger ce repas comme un droit. N'ayant pas trouvé convenable le repas qui leur fut donné en 1634, ils firent entendre des plaintes et prétendirent avoir le droit d'en régler la composition.

Les religieux de Nogent, pour faire voir aux jeunes gens qu'ils n'étaient point fondés dans leurs exigences, résolurent de leur refuser à l'avenir ce repas et ne requirent point leur assistance pour le mardi-gras de l'année 1635. Les jeunes gens, ayant à leur tête un nommé *Jean* de Coucy élu cette année *prince de la jeunesse*, se rendirent comme de coutume à l'abbaye de Nogent dont ils trouvèrent les portes fermées. Ayant demandé avec exigence qu'elles leur fussent ouvertes, on leur répondit en se moquant de leur prétendu droit. Irrités de cette réception à laquelle ils ne s'étaient point attendus, les jeunes gens se livrèrent à un emportement inexcusable, et ayant apporté des matières conbustibles mirent le feu aux portes de l'abbaye qui furent bientôt consumées.

Antoine de Longueval alors abbé de Nogent se plaignit de cette violence, et une enquête fut commencée à Coucy par le juge de cette ville ; mais les religieux, craignant sans doute la partialité de ces magistrats, obtinrent que l'instruction de l'affaire serait faite par M. *Dambray*, maître des requêtes, intendant de la justice de la généralité de Soissons, qui délégua à cet effet le lieutenant général de Soissons. Malgré les réclamations adressées au Roi par le maire de Coucy et le *prince de la jeunesse* au nom de tous les habitants contre l'attribution donnée aux juges de Soissons dans une affaire qui était naturellement du ressort des juges de Coucy, la cause fut soumise à la décision des requêtes ordinaires de l'hôtel du Roi qui par un jugement souverain, rendu par contumace, condamna *Jean* de Coucy, *prince de la jeunesse*, et deux autres jeunes gens, au bannissement pendant trois ans du ressort du bailliage de Coucy, avec injonction de garder leur ban *sous peine de la hart ;* et défendit à la jeunesse de Coucy de se présenter à l'avenir à l'abbaye de Nogent pour assister à la distribution des pains. Cette distribution, n'ayant pu avoir lieu cette année le jour du mardi-gras, à cause des désordres auxquels les jeunes gens s'étaient livrés, fut remise au vendredi saint et continua depuis à se faire ce même jour [1].

1636. Le despotisme du Cardinal de Richelieu et l'esprit entreprenant et inquiet des protestants ayant excité des soulèvements dans toutes les parties de la France, Coucy fut occupé par les troupes royales envoyées tant pour mettre cette place à l'abri de toute surprise de la part des factieux, que pour contenir dans l'obéissance au Roi tous les pays voisins.

1643. La mort du Roi *Louis XIII* arrivée en 1643 et la minorité de *Louis XIV* aggravèrent la position des habitants de Coucy. Les troubles de la régence et le mécontentement des princes contre le ministère de *Mazarin* obligèrent le gouvernement à placer de

[1] Pièces autographes de la procédure, archives de Coucy.

fortes garnisons dans un grand nombre de forteresses, et Coucy, par sa situation qui commande une grande étendue de pays et se trouvant alors sur un des points les plus rapprochés des frontières du nord par lesquelles les Espagnols, guidés tantôt par le prince de Condé, tantôt par le vicomte de Turenne, pénétrèrent dans le royaume, devint un point de défense très-important. Pendant douze ans, les habitants furent écrasés de logements de gens de guerre qui souvent se conduisirent comme en pays conquis. Plusieurs fois la petite ville de Coucy fut obligée de loger et de nourrir, pendant une partie de l'année, deux régiments entiers. Les plus pauvres habitants avaient dans leurs maisons vingt-cinq et trente soldats auxquels ils étaient très-souvent obligés de donner de l'argent pour éviter le pillage [1].

Malgré les vexations qu'ils avaient à souffrir, les habitants de Coucy demeurèrent fidèles au Roi. Ce prince ayant été forcé par les Frondeurs, après la fameuse journée des barricades, de quitter la capitale et de se retirer à St-Germain en 1649, les habitants de Coucy députèrent vers lui le sieur *Sacquispée* afin d'exprimer à Sa Majesté les sentiments de fidélité et

[1] Archives de Coucy.

d'obéissance dans lesquels ils persistaient à l'égard de sa personne royale [1].

1652. Le prince de Condé recommença en 1651 les hostilités contre le Roi ; un grand nombre d'anciens militaires suivit la fortune d'un chef dont les talents avaient jeté sur sa carrière un si grand éclat. L'officier qui avait le commandement de la ville et du château de Coucy, nommé Hébert, s'étant lié avec les mécontents, reçut dans la place des gens d'armes du duc de Longueville, beau-frère du prince de Condé, dont les sentiments étaient fort suspects quoiqu'il ne se fût pas déclaré ouvertement contre le Cardinal Mazarin dont la faveur et la puissance étaient le prétexte de toutes les révoltes.

Le Cardinal, craignant sans doute qu'Hébert ne livrât Coucy à ses ennemis, le fit sommer de remettre le commandement de la ville et du château au maréchal d'Estrées, gouverneur de Laon. Hébert, comptant sur les troupes qui occupaient le château, et sur une partie des habitants dont les opinions politiques étaient favorables aux mécontents, répondit : *Qu'ayant reçu immédiatement du Roi Louis XIII le commandement de la place de Coucy pour récom-*

[1] Arch. de Coucy.

pense de ses services, et l'ayant toujours fidèlement gardée, il ne croyoit pas que Sa Majesté voulût l'en dépouiller; et qu'à moins qu'il ne vît des ordres plus exprès, il étoit résolu de s'y maintenir, qu'enfin il ne s'y passeroit rien sous ses ordres contre l'obéissance due au Roi [1].

Le maréchal d'Estrées, suivant les ordres du Cardinal, se mit aussitôt en mesure de se rendre maître de Coucy, et fit avancer quelques troupes contre cette place, dont il commença le siége le 10 mai 1652, de concert avec le sieur de Manicamp, gouverneur de La Fère, qui vint le joindre avec six pièces de canons, dont la batterie fut dressée du côté de la porte de Laon, près de laquelle elle fit bientôt une brèche considérable. Malgré la vigueur de l'attaque, les assiégés firent bonne contenance, et ce ne fut que le cinquième jour que les assiégeants pénétrèrent dans la ville qui leur fut abandonnée. Hébert se retira dans le château avec les troupes sous ses ordres et une partie des habitants qui y avait transporté ses effets les plus précieux [2].

Pour se maintenir dans la ville, il était indispen-

---

[1] Dom du Plessis.
[2] Dom du Plessis. — *Hist. du dioc. de Laon.* — Devismes, *Hist. de Laon.*

sable que le maréchal d'Estrées se rendît maître de la forteresse; cela était d'autant plus difficile, qu'Hébert et tous ceux qui étaient avec lui, paraissaient résolus à tout, plutôt que de lâcher pied. Toutefois il voulut essayer la voie des négociations, et le capitaine La Pierre, exempt des gardes du corps du Roi, fut chargé, le 21 mai, de sommer Hébert de lui remettre le commandement de la ville et du château. Sur le refus du commandant d'obtempérer aux ordres dont il était porteur, le capitaine La Pierre se retira à l'hôtel de ville, où le sieur Cœur-de-Roi, un des échevins, lui donna acte de la démarche qu'il venait de faire et fit, en son nom et celui des habitants restés dans la ville, qui signèrent le procès-verbal, protestation contre le refus fait par Hébert d'obéir aux ordres du Roi, rejetant sur lui toutes les conséquences qui pourraient en advenir, attendu que la ville était prête à se soumettre à tout ce qu'il plairait au Roi d'ordonner [1].

Sur ces entrefaites, le duc de Lorraine, de concert avec le prince de Condé et les Espagnols, s'étant avancé du côté de Soissons, envoie au secours des assiégés douze cents hommes et huit cents chevaux

[1] Arch. de Coucy.

qui, ayant attaqué le quartier de Manicamp, défont complétement le régiment de Piémont et une partie d'un autre nouvellement levé. Cette attaque vigoureuse jette la terreur parmi les assiégeants qui abandonnent leur artillerie et se retirent en désordre dans les bois voisins. Les assiégés cependant n'ouvrent pas tout de suite aux troupes lorraines les portes de la ville, dont elles prennent seulement possession le 28 mai, mais elles n'entrent pas dans le château, d'après un arrangement fait avec Hébert, qui conserve le commandement supérieur [1].

Le 17 juin, le duc de Lorraine fait retirer son armée vers le Luxembourg, Coucy est évacuée, et les bourgeois reprennent possession de leur ville. Un des premiers soins du maire, nommé *Scellier*, est de rassembler les habitants pour les engager, d'après l'invitation du maréchal d'Estrées, gouverneur de la province, à adresser au Roi une nouvelle assurance de fidélité et d'obéissance, ce qu'ils font à l'unanimité, s'engageant à ne recevoir, ni n'admettre dans la ville d'autres troupes que celles du Roi, et à ne contracter avec qui que ce soit, même avec le commandant Hébert, aucun engagement contraire au service de Sa Majesté [2].

[1] Dom du Plessis. — *Hist. du dioc. de Laon.*
[2] Arch. de Coucy.

Les désastres du siége et l'occupation de la ville par les troupes lorraines réduisirent les habitants à un tel point de dénûment, qu'un grand nombre d'entre eux ayant perdu leurs maisons et leurs meubles, se retirèrent dans les villes voisines.

Le maréchal d'Estrée, qui résidait à Soissons, ayant à cœur de se rendre maître du château de Coucy, et se méfiant sans doute des dispositions des habitants, envoya au mois de juin, malgré l'observation qu'ils lui firent de leur misère, les régiments de Piémont et de l'Ile de France, qui pendant deux mois tinrent garnison dans la ville où ils vécurent à discrétion, tandis qu'ils allaient dans la campagne couper et emporter les blés, les fourrages et les raisins, de manière qu'il ne se fit presque point de récolte cette année-là. Toutefois ces troupes ne firent aucune démonstration hostile contre la garnison du château, se contentant de la tenir en observation [1].

Par suite des événements, le Cardinal Mazarin étant sorti de France le 19 août de cette même année, le commandant Hébert ne fit nulle difficulté de remettre au Roi, dans les premiers jours de septembre, le château de Coucy [2].

[1] Arch. de Coucy.
[2] Dom Duplessis. — *Hist. du dioc. de Laon.* — Devismes, *Chron. hist.*

Le Roi faisant droit à la prière des habitants qui se plaignaient du tort que leur faisait cette forteresse qu'ils étaient tenus de garder eux-mêmes, lorsqu'il n'y avait point de garnison, et considérant qu'en cas de guerre l'occupation par les ennemis de cette place voisine des frontières pouvait porter un grand préjudice aux pays circonvoisins, après avoir pris l'avis de son conseil d'Etat, ordonna que le château serait complétement rasé de manière que l'emplacement pût en être labouré. En même temps une contribution de quinze mille livres fut établie sur les habitants de la ville et des villages voisins obligés de fournir la garde pour le château; au moyen de quoi ils furent déchargés pour toujours de cette servitude [1].

Louis XIV voulant récompenser le commandant Hébert qui, tout en résistant aux ordres qui lui avaient été donnés par le maréchal d'Estrées, n'avait jamais admis dans sa forteresse de troupes étrangères et n'avait reconnu dans ces temps de troubles aucune autre autorité supérieure à lui que celle du Roi, fit don à cet officier des quinze mille livres dont il venait d'ordonner l'imposition. Un ingénieur nommé Métézeau, fils de celui qui, sous les ordres du Cardinal de Ri-

---

[1] Archives de Coucy.

chelieu, avait construit la digue de la Rochelle, fut envoyé pour diriger les travaux de démolition auxquels furent appelés à travailler à titre de corvée les habitants de la ville et des villages voisins; les matériaux furent abandonnés comme gratification au maréchal d'Estrées [1].

Malgré les ordres précis du Roi et l'intérêt personnel qu'avait le maréchal à en accélérer l'exécution, on se contenta de faire sauter les voûtes intérieures des tours, principalement celles de la grosse tour dont le mur d'enceinte appelé la Chemise fut rompu en plusieurs endroits, et de découvrir les bâtiments. Les fortifications de la ville et en particulier les portes contre l'une desquelles, celle dite de Laon, l'hôtel de ville était adossé, furent détruites en partie ainsi que cet hôtel, ce qui obligea les habitants à tenir depuis leurs assemblées dans le bâtiment du Beffroi. On laissa au temps et aux habitants le soin d'achever la destruction de tous ces édifices. Une grande partie des constructions immenses que renfermait l'enceinte du château disparut peu à peu par suite du besoin de matériaux qu'eurent les habitants pour réparer les désastres que le siége avait causés à leurs habita-

[1] Arch. de Coucy.

tions, le reste a servi de carrière jusqu'à nos jours [1].

Les années suivantes le théâtre de la guerre ayant été porté en Flandre et en Picardie, de nombreuses garnisons continuèrent à occuper la ville de Coucy et à appauvrir ce pays. Le régiment de Créqui, étranger, y séjourna pendant deux ans en 1654 et 1655, y vécut à discrétion, et se conduisit de manière que le nom de Créqui fut longtemps pour les habitants de toute la province un sujet de terreur [2].

1654.

La population de Coucy, qui avait beaucoup diminué, par suite des malheurs qui avaient pesé sur cette ville, resta depuis beaucoup au-dessous de ce qu'elle avait été. Le Roi, dans l'intention sans doute de favoriser la population en donnant plus d'importance à la ville, ordonna par un édit du mois d'août 1669 que la maîtrise des eaux et forêts de Chauny serait réunie à celle de Coucy, et que le siége de cette juridiction serait à Coucy; mais cette réunion, qui ne fut point utile à ce pays, cessa d'avoir lieu vingt ans après [3].

1669.

En 1672 *Louis XIV*, voulant augmenter l'apanage de son frère le duc d'Orléans, lui fit don du marquisat

1672.
Philippe I d'Orléans.

---

[1] Voir l'état actuel des ruines dans les dessins des Souvenirs de Coucy, publiés par M. de l'Epinois, 1834.

[2] Archives de Coucy.

[3] *Hist. manuscrite de Chauny*, par M. Labbé.

de Coucy et de Folembray dont ce prince et ses descendants ont continué jusqu'à nos jours à être seigneurs. Par suite de cette donation, le domaine de Coucy cessa d'appartenir au domaine royal et redevint une seigneurie particulière relevant seulement du Roi : la destruction du château commencée en 1652 ne permettant plus aux princes qui le possédèrent depuis d'y faire leur résidence, la vie de ces princes devient en quelque sorte étrangère à l'histoire de Coucy qui, elle-même, n'offre plus qu'un petit nombre de faits intéressants. L'éloignement des frontières du royaume par suite des conquêtes de *Louis XIV* fit perdre tout à fait à la ville de Coucy l'importance qu'elle avait acquise depuis longtemps par sa position qui servait à défendre de ce côté l'en- du royaume aux ennemis.

1678. Un événement étranger à l'histoire de Coucy, mais qui émotionna vivement les habitants de cette ville et des environs, se passa dans l'année 1678, et mérite d'être rapporté ici.

Le château de Pinon, qui autrefois faisait partie des nombreux domaines de la maison de Coucy, appartenait à cette époque à la famille de Lameth, dont deux membres avaient été gouverneurs de Coucy. Le comte de Bussy-Lameth venait d'épouser *Henriette* de Roucy, d'une beauté remarquable, qui lui avait valu à la cour de Louis XIV le surnom de *la belle Picarde;* jaloux des hommages dont sa femme était l'objet, il était venu se retirer avec elle dans le vieux château de Pinon, dont l'entrée était sévèrement interdite à tous ceux qui pouvaient lui porter ombrage.

Parmi les seigneurs de la cour qui avaient adressé leurs hommages à la belle Picarde, un descendant des sires d'Albret, le jeune *Charles Amanjeu*, marquis d'Albret, avait su toucher le cœur d'*Henriette*, qui conserva, après son mariage, des relations secrètes de correspondance avec son amant. Le comte de Lameth ayant eu connaissance de cette intrigue, résolut de se venger de l'outrage fait à son honneur. Ne pouvant dissimuler devant sa femme la fureur violente dont il est agité, il lui reproche un jour son infidélité, et fait entendre d'horribles menaces; la comtesse essaie d'abord de nier ses relations avec le marquis, mais convaincue par une lettre que lui présente son mari, sa tête s'exalte, et elle ne craint pas de l'irriter encore par l'aveu complet de ses tendres sentiments pour le marquis, et de l'aversion qu'elle éprouve pour le comte. M. de Lameth voulant se venger doublement du marquis et de la comtesse, montre alors à celle-ci une lettre vraie ou supposée de ce jeune seigneur, adressée à une autre dame à laquelle il semblait sacrifier la comtesse, qui ressent subitement dans son cœur tous les transports de la jalousie. Le désir de la vengeance semble un instant rétablir la bonne harmonie entre les époux ; le comte profite de cette disposition favorable pour exiger de sa femme qu'elle donne un rendez-vous au marquis. Entraînée par les sentiments qui déchirent son cœur, et peut-être aussi par la crainte de devenir elle-même victime de la fureur de son époux qu'elle a mortellement offensé, *Henriette* cède à sa volonté, et mande à son amant que le comte devant s'absenter, il pourra la voir au château de Pinon.

Le marquis d'Albret était alors près de Mézières, à l'armée du maréchal de Schomberg, où il remplissait les fonctions de maréchal de camp. A peine a-t-il reçu la lettre de la comtesse, qu'il sollicite vivement du maréchal et en obtient un congé de quelques jours, part tout de suite pour Laon, où il quitte son équipage, et se rend, accompagné d'un seul domestique, au village de Chavignon, à une lieue de Pinon. Il envoie aussitôt son domestique au château, afin de s'informer secrètement si le comte de Lameth est absent, et faire connaître son arrivée à la belle comtesse. Bientôt le domestique revient accompagné du laquais de confiance de madame de Lameth, porteur d'une lettre de cette dame, qui confirme au marquis l'absence du comte, et lui annonce qu'elle l'attend à minuit.

A l'heure indiquée, le marquis part de Chavignon avec les deux domestiques et un postillon; laissant ses chevaux à quelque distance du château, il s'avance seul avec le laquais de la comtesse. A peine ont-ils franchi le mur de la première cour, qu'ils sont vivement attaqués par trois hommes; d'Albret tire son épée, et d'un coup de pistolet renverse un des assaillants, mais deux coups de feu se font entendre, et lui-même tombe mort, tandis que son compagnon prend la fuite.

Les habitants du château, éveillés par le bruit des armes à feu, se lèvent à la hâte. La comtesse de Lameth, à peine habillée, descend aussi avec précipitation dans les cours; aussitôt qu'elle a reconnu le corps de *Charles* d'Albret, elle se fait remettre les lettres qui se trouvent sur lui, les examine avec inquiétude, en prend une qu'elle se hâte de brûler avec la lumière que porte une femme de chambre, et se renferme ensuite dans son appartement. Ceci se passa le 6 août, entre une et deux heures du matin. Ainsi périt, à l'âge de trente-trois ans, victime d'un guet-apens, le dernier rejeton d'une des plus illustres familles du royaume.

Ce jour-là se trouvait au château de Pinon un sieur Cœur-de-Roi, conseiller du Roi, président, lieutenant-général au bailliage de Coucy, qui fut témoin d'une partie des faits. Le bruit de l'assassinat du marquis d'Albret s'étant promptement répandu, les magistrats de Coucy se transportent sur les lieux, font arrêter et conduire dans les prisons de Coucy plusieurs domestiques du comte de Lameth. Quant à ce seigneur, malgré les graves présomptions qui tendaient à le faire regarder comme le principal auteur de cette scène sanglante, il parvint à prouver judiciairement qu'il était cette nuit-là absent de son château. S'étant rendu la veille à Laon, sous prétexte de faire ses adieux à un de ses parents, il avait eu soin de s'arrêter dans plusieurs endroits sur la route, et de parler à différentes personnes, leur annonçant son intention de passer la nuit à Laon. La manière dont le marquis s'introduisait dans le château, et l'heure à laquelle la scène se passa, servirent d'excuse aux assassins, qui alléguèrent qu'ils avaient pris le marquis et les gens qui l'accompagnaient pour des malfaiteurs.

Malgré ses instances, la marquise d'Albret, dame du palais de la Reine, ne put obtenir justice de l'assassinat de son mari, attendu le défaut de preuves nécessaires pour constater la culpabilité des prévenus; mais l'opinion publique se prononça si fortement contre le comte de Lameth, que ce seigneur fut obligé de quitter le pays et de vendre sa terre acquise alors par un des ancêtres du vicomte de Courval, qui la possède aujourd'hui [1].

La révocation de l'édit de Nantes en faveur de la religion protestante, à laquelle *Louis XIV* consentit, à la sollicitation du clergé catholique et de Madame de Maintenon, qu'il venait d'épouser secrètement, amena la destruction du temple que les calvinistes avaient élevé à Coucy-la-Ville et fut cause de l'émigration d'un grand nombre de familles [2].

1685.

L'année 1692 est remarquable dans les annales de la ville de Coucy, à cause du fameux tremblement de terre qui se fit ressentir le 18 septembre dans toutes les provinces septentrionales de la France, les Pays-Bas et la Hollande, où il causa de grands désastres et produisit à Coucy un effet qui atteste encore aujourd'hui la violence de la commotion. Voici ce que rapporte un témoin oculaire, le sieur *Tenaire*, échevin

1692.

---

[1] Pièces de la procédure, communiquées par M. Carlier.— Hénault, *Hist. de France*. — Moreri.

[2] *Hist. du dioc. de Laon.*

de Coucy, qui a laissé dans les archives de la ville, une note qui constate cet événement extraordinaire.

« Le 18 septembre de cette année, sur les deux heures après-midi, il a fait un tremblement de terre fort violent, il a bien duré l'espace de deux *Ave Maria*. J'étais pour lors assis sur une pierre, que quatre hommes auraient eu peine à lever, avec un de mes amis, dans son jardin, chez le sieur *Mauroy* à la Feuillée ; nous sentîmes tout d'un coup que cette pierre nous levait, et jetant la vue en l'air, nous vîmes les tours du château branler, la grosse entre autres balançait de côté et d'autre, il en tomba des pierres fendues en trois endroits différents, et elle s'est ouverte en cet endroit de plus d'un pas ; les oiseaux s'en sont enfuis avec impétuosité, deux heures après, ils n'osaient encore se mettre sur la tour. »

Les effets de ce tremblement de terre furent partout assez remarquables, il sortit des puits une vapeur semblable à de la fumée qui se répandit dans l'air, et y forma un brouillard épais ; l'ordre des saisons fut changé, la neige couvrit la terre quelques jours après, et, le 2 octobre, la récolte des vignes fut gelée [1].

1693.   L'année suivante on eut à souffrir extrêmement de

---

[1] Arch. de Coucy. — Devismes, *Hist. de Laon*.

la disette qui fit périr dans les environs de Coucy un grand nombre de malheureux qui, ne pouvant se procurer le pain nécessaire à leur existence, étaient réduits à se nourrir d'herbes et de racines d'arbres.

A partir de cette époque, les événements relatifs à l'histoire de Coucy sont peu intéressants, et le souvenir ne mérite pas d'en être conservé. Les ducs d'Orléans n'entreprirent pas de réparer le château, et se contentèrent de toucher les revenus de cette partie de leur apanage, abandonnant au temps le soin de détruire ce magnifique monument de la féodalité. Le Régent aurait pu profiter du pouvoir dont il était revêtu pour relever la gloire déjà presque oubliée de Coucy; mais ce prince, trop occupé de ses plaisirs, ou peut-être dissuadé par le Cardinal Dubois, son favori, devenu abbé de Nogent, ne fit rien pour empêcher la ruine du château et de la ville. *Philippe II d'Orléans.*

Les anciens seigneurs de Coucy avaient fondé dans cette ville un hôpital pour le soulagement des pauvres malades; mais par suite des désordres amenés dans l'administration par les malheurs des temps et les dilapidations des revenus, qui, loin de s'augmenter en proportion des misères à secourir, avaient sensiblement diminué, cet établissement ne remplissait plus depuis longtemps le but de ses pieux *1733.*

fondateurs. Le duc d'Orléans résolut de remédier à cet état de choses, et obtint en 1733 des lettres patentes qui reconstituèrent sur de nouvelles bases cet Hôtel-Dieu qui depuis, grâce à quelques libéralités qui ont contribué à l'augmentation de ses revenus, rend des services importants à la population. Voici le texte de ces lettres patentes datées de Fontainebleau le 6 octobre 1733, et dont le préambule fait connaître le triste état dans lequel se trouvait à cette époque cet Hôtel-Dieu, ainsi que les dispositions prises pour y remédier.

« Louis, etc., à tous présens et à venir salut, notre très cher et amé oncle le duc d'Orléans, premier prince de notre sang, nous a remontré que dans la ville de Coucy le Château, terre de son apanage, il y a un Hôtel-Dieu étably depuis plusieurs siècles et dont la fondation est vraysemblablement l'ouvrage de la piété des anciens seigneurs, qui l'avaient destiné pour y faire recevoir, panser et médicamenter les pauvres malades de la ville et de son territoire, mais que depuis longtemps les pauvres ne recevaient presque aucun secours de cet établissement, non-seulement parce qu'il n'y avait plus de lits dans la maison pour y admettre les malades, ny de personnes préposées et capables d'en prendre soin, mais encore parce que les revenus sont très-modiques, mal administrés ou souvent employés à d'autres usages qu'à ceux auxquels ils ont été destinés par les fondateurs, d'autant plus que cet Hôtel-Dieu a toujours été gouverné par les mêmes administrateurs qui choisissaient un d'entre eux pour faire la recette des revenus dont on ne rendait compte que très-rarement, de sorte qu'il n'était pas facile de justiffier ou de contredire ces comptes dont les dépenses se faisaient souvent par des distributions annuelles sans ordonnances, ni délibérations par écrit; que, par la connaissance que notre très-cher oncle a cru devoir prendre de l'état de cet Hôtel-Dieu et des motifs pour lesquels l'hospitalité avait cessé d'y être entretenue, il a reconnu qu'outre la modicité des revenus, le peu d'ordre dans la régie des biens et l'employ des revenus et des dépenses arbitraires, on ne trouve plus les lettres pattentes confirmatives de cette fondation ou on a négligé d'en obtenir, ce qui faisait douter de la stabilité de cet Hôtel-Dieu et par ce doute ralentissait la charité des fidelles et leurs dispositions à l'augmenter par des dons, legs et aumosnes, surtout depuis qu'on avait cessé d'admettre les pauvres malades dans cette maison; dans ces circonstances notre très-cher et amé oncle le duc d'Orléans, désirant contribuer au rétablissement de l'hospitalité dans l'Hôtel-Dieu de Coucy-le-Château, d'y rétablir quatre lits au moins, avec deux ou trois sœurs pour prendre soin des malades et veiller à l'instruction des filles de la dite ville, s'est proposé et a promis d'augmenter les revenus de cet Hôtel-Dieu de trois cent cinq livres de rente sur nos aydes et gabelles au principal de 12,000 livres. Et nous a supplié de permettre que par le sieur Evêque de Laon, ou son official, ou autre commissaire par luy nommé, il soit procédé à l'union de la chapelle et prieuré de la Madelaine du château de Coucy dont notre dit oncle est collateur à cause de la dite terre qui fait partie de son apanage, la quelle chapelle est actuellement vacante par la démission pure et simple de Philippe Toupet, prêtre docteur en Sorbonne, curé de Soret, suivant l'acte passé par devant les notaires de Chartres, résidens à Dreux, le 15 décembre 1728, pour être les dits 305 livres de rente et les revenus de la dite chapelle et prieuré réunis et incorporés à perpétuité au dit Hôtel-Dieu, etc. »

« A ces causes, etc. approuvons l'établissement du dit Hôtel-Dieu, le quel demeurera soumis pour le spirituel à la juridiction de notre très cher et bien amé cousin le sieur Evêque de Laon pair de France et de ses successeurs, permettons qu'il soit incessamment procédé à l'union de la dite chapelle et prieuré de la Madelaine et à l'extinction et suppression du titre, pour demeurer avec tous ses biens, droits et revenus, uni à perpétuité au profit du dit Hôtel-Dieu quant au temporel; voulons que sous l'autorité du dit sieur Evêque de Laon, le curé de la ville de Coucy-le-Château ait l'administration des sacremens et de la parolle de Dieu tant à l'égard des malades que des filles qui seront establies pour avoir soin des pauvres malades et l'instruction des filles de la dite ville; que le dit Hôtel-Dieu quant au temporel soit régy, gouverné et administré sous l'autorité de notre très cher oncle le duc d'Orléans par le curé, le lieutenant général et le procureur du baillage, les maire et échevins de la dite ville, comme administrateurs nez perpétuels et irrévocables aux quels seront açossiés dans la dite administration deux des principaux habitants, les quels seront élus tous les trois ans à la pluralité des voix le premier dimanche d'après la St-Martin d'hyver dans une salle du dit Hôtel-Dieu par tous les anciens administrateurs aux quelles assemblées le dit sieur Evêque pourra assister et présider si bon luy semble; que le même jour au quel on élira les administrateurs il sera aussi procédé au choix d'un notable habitant du lieu, bon et solvable, le quel sera chargé de faire la recette de tous les revenus du dit hôpital pendant trois ans, et pourra même être continué autant de tems que les administrateurs jugeront à propos pour le bien et avantage du dit Hôtel-Dieu. »

Le Roi ordonne que les nouveaux statuts seront communiqués au préalable au duc d'Orléans, et que comptes des recettes et dépenses lui seront rendus tous les ans. Si, après avoir satisfait aux besoins des malades il reste du revenu, il en sera pris une partie pour être distribuée aux pauvres honteux de la ville, après réparations prélevées. Les filles chargées du soin des malades, seront choisies par les administrateurs, leur pension ne pourra excéder 140 livres pour nourriture et entretien de chacune. Tous dons, legs faits aux pauvres sont applicables à l'Hôtel-Dieu, etc. [1].

Louis d'Orléans. 1740. Le successeur du Cardinal Dubois essaya de profiter des sentiments de piété du fils du Régent pour soustraire son abbaye aux obligations de vassalité imposées par les anciens seigneurs et surtout à la cérémonie des rissoles.

Louis d'Orléans ne céda point aux sollicitations de l'abbé de Nogent, et consentit seulement à ce que la

---

[1] Arch. Gén. E., pièce 3419. — Registre du secrétaire d'Etat de la Maison du Roy, année 1733, 6 oct.

distribution de pain faite aux pauvres le mardi gras, fût convertie en une rente annuelle de cent cinquante livres appliquée à l'instruction de la jeunesse de la ville de Coucy, et maintint formellement la cérémonie de l'hommage telle qu'elle avait toujours eu lieu [1].

Les abbés de Nogent ne firent plus d'inutiles tentatives, et la cérémonie continua à avoir lieu régulièrement trois fois par an jusqu'à la suppression des droits féodaux en 1790.

Au mois de mars 1743, le prieuré de Saint-Rémi de Coucy fut uni à la cure de cette ville par lettres patentes du roi *Louis XV* [2].

1743.

Une intrigue priva pendant vingt-deux ans la ville de Coucy de son bailliage, qui fut, ainsi que celui de Villers-Cotterets, réuni au bailliage de Soissons. Mais trop d'intérêts locaux étaient lésés pour qu'on ne fît pas droit aux réclamations qui s'élevaient contre l'éloignement du siége de la justice, et en 1780 le bailliage fut rétabli à Coucy.

Louis-Philippe d'Orléans.
1758 à 1780.

L'assemblée dite Constituante, voulant changer les circonscriptions administratives du royaume et leur donner une nouvelle forme, régla par un décret du

Louis-Philippe-Joseph d'Orléans.
1790.

---

[1] Arch. de Coucy.
[2] Bibl. nat. *D. Grenier*, t. VII, f⁰ 51.

15 janvier 1790 la circonscription du département de l'Aisne, dans lequel fut compris le territoire de Coucy. Cette ville, faisant partie du district de Chauny, devint le chef-lieu de la justice et la résidence du tribunal ; Chauny eut en partage l'administration civile. Plus tard Coucy perdit encore cette faveur et ne fut plus qu'un chef-lieu de canton de l'arrondissement de Laon.

Le château de Coucy, devenu par suite des troubles révolutionnaires, propriété nationale, fut cédé à l'Hôtel-Dieu de cette ville en remplacement de biens fonciers qui avaient été pris et vendus par le gouvernement. Le duc d'Orléans, fils du trop célèbre citoyen Egalité, racheta les ruines à l'Hôtel-Dieu en 1829 moyennant la somme de 6,000 fr. à la charge par lui d'empêcher autant que possible la dégradation de ce monument curieux.

La ville, dépouillée successivement de tous les établissements qui pouvaient rappeler son ancienne splendeur, s'est encore vu enlever son territoire aujourd'hui restreint à l'enceinte de ses murailles. Mais quelles que soient la jalousie et l'injustice qui, jusqu'à présent, ont prévalu contre elle, elle demeure le plus bel ornement d'une vallée qu'elle domine en reine, et sera longtemps encore visitée avec intérêt par les amateurs des souvenirs historiques que rappelle un nom qui fut pendant plusieurs siècles une des gloires de la France!

HISTOIRE DE LA VILLE ET DES SIRES

DE COUCY

NOTES

NOTE I, PAGE 9.

Je n'entreprendrai pas de réfuter l'opinion de dom du Plessis qui, se fondant sur l'autorité de Guibert de Nogent, appelle cette rivière Ailette, qu'il fait dériver du mot latin *Aquila* employé par Guibert. Ce premier abbé de Nogent, qui vivait dans un siècle d'ignorance, s'est sans doute fort peu occupé de rechercher le nom primitif de cette rivière, et a rendu par un mot analogue le nom vulgaire. On voit sur d'anciennes cartes géographiques cette rivière désignée par le mot Lette seulement : nom conservé par plusieurs géographes modernes, notamment par Brué et Dubrena.

NOTE II, PAGE 25.

Il est étonnant que Duchesne, et après lui D. du Plessis, aient dit que *Herbert* confia la garde du château de Coucy à *Ansel* ou *Anseau* en récompense de ce qu'il lui avait livré le château de Vitry.

Nicolas Chesneau, qui a traduit Flodoart, dit au livre IV, chapitre xxii, qu'*Herbert* prit une première fois le château de Vitry, et au chapitre xxiii, qu'après la paix faite entre *Herbert* et les comtes *Hugues* et *Boson*, *Herbert* rendit à *Boson* le château de Vitry ; mais que cette pacification dura fort peu, car *Herbert*, par le moyen d'*Ansel*, sujet de *Boson* et son châtelain en Vitry, reprit ledit château et donna à *Boson* le village de Coucy appartenant à Saint-Remy, avec une autre terre.

Cette version me paraît la plus naturelle; on ne voit nulle part qu'*Herbert* rendit une seconde fois le château de Vitry, et il n'est pas probable qu'il ait pu le garder sans donner quelque chose en compensation. Etant administrateur des biens de l'Eglise de Reims, il a pu faire cet échange, avec l'arrière-pensée de reprendre pour son compte dans un moment favorable le château de Coucy, qui était près de ses propres domaines.

Le passage cité de Flodoart a été ainsi entendu par l'Alouëte et par dom Nicolas Le Long, dans son Histoire du diocèse de Laon. Les observations contenues dans la note suivante viendront à l'appui de ce que je viens de dire.

NOTE III, PAGE 31.

Les historiens ont tous été embarrassés pour expliquer pourquoi le jeune *Richard* fut mené à Coucy et non à Senlis où demeurait *Bernard*, son oncle maternel ; ils ont conclu de ce fait que *Bernard* était seigneur de Coucy, sans expliquer d'une manière satisfaisante à quel titre il possédait ce domaine.

L'Alouëte, dans son *Histoire généalogique* de la maison de Coucy, *suppose*, expression singulière pour un généalogiste, que le domaine de Coucy avait été apporté en dot à *Bernard* par une fille de l'Empereur *Louis*, Roi de Bourgogne et de Provence, qui en avait hérité de son père *Boson* qui l'avait obtenu, du comte *Herbert* de Vermandois, en échange du comté de Vitry. Je ferai d'abord observer que l'Alouëte, pour établir son système, fait, par ignorance des faits ou à dessein, confusion de deux personnes distinctes. Livre II, chapitre IV, il dit que *Boson, Roi de Provence, frère du Roi Charles le Chauve, devint seigneur de Coucy par échange avec Herbert comte de Vermandois, auquel il céda Vitry :* chapitre V du même livre, il dit que ce même *Boson* est décédé en 880. Tout cela est erroné, car Flodoart dans ses Chroniques et tous les historiens disent positivement que *Boson*, comte de Vitry, frère du Roi *Raoul*, ne devint seigneur de Coucy qu'en 930. *Boson*, Roi de Provence, dont parle l'Alouëte, n'a jamais été frère du Roi *Charles le Chauve*, et mourut en effet en 880, cinquante ans avant l'échange du comté de Vitry et du domaine de Coucy.

Aucun historien ne dit qu'en 931, après la mort de *Boson*, le comte de Vermandois fut remis en possession de Coucy : Flodoart dit qu'en 949 cette place appartenait à *Hugues le Grand* ou à *Thibault*, comte de Chartres, et non *et à Thibault*, comme le disent Duchesne et dom du Plessis ; car le texte cité par Duchesne porte : *Codiacum castrum domno Artaldo præsuli redditur ab his qui custodiebant illud ex parte Hugonis comitis* VEL *Thetbaldi*. Ainsi Duchesne fait une supposition que rien ne justifie quand il dit que si *Bernard* eut de l'intelligence et de l'autorité dans Coucy, ce ne fut pas comme seigneur de cette forteresse, mais à cause de sa parenté avec le comte *Herbert*.

Dom du Plessis, dans son histoire de Coucy, réfute Duchesne, et dit positivement que *Bernard* était maître de Coucy, et il s'appuie pour le prouver sur un passage de Dudon, qui dit que *Bernard* alla trouver le comte *Hugues* pour l'engager à prendre le parti de son neveu ; il lui parla ainsi : *Habeo Co-*

diciaco tanti amoris puerum captione Regis perfidi ab Hosmundo liberatum. Si Coucy n'eût point appartenu à *Bernard*, mais à *Hugues*, ajoute dom du Plessis, Dudon aurait fait dire à *Bernard*, *habes*, ou du moins *habemus*, au lieu de *habeo*. Et pour corroborer son opinion, il cite encore d'après ce même Dudon la réponse que fit au Roi le comte Hugues : *Sylvanectensem et Codiciacum et Torotense non auferam Bernardo*, etc.

Je réponds à ces raisonnements : 1° que l'histoire de Dudon est moins une histoire qu'un roman en prose et en vers et que les discours qu'il y a introduits sont souvent pris dans son imagination pour donner une forme plus dramatique à son récit; que Guillaume, moine de Jumiége, qui écrivit sur le même sujet peu de temps après Dudon, entre dans de grands détails sur l'évasion du jeune *Richard*, et ne fait mention d'aucun des discours rapportés par Dudon ; d'où je conclus qu'ils ne sont point exacts et ne peuvent servir de preuves.

Après avoir combattu les opinions des historiens qui ont écrit avant moi, je dois rendre compte des motifs qui m'ont fait adopter une version différente des leurs.

Il est certain que *Boson*, frère du roi *Raoul*, devint seigneur de Coucy en 930 et qu'il mourut en 931. Les historiens ne faisant point mention des héritiers de ce prince, il est naturel de penser qu'à sa mort ses domaines revinrent au roi *Raoul*. Ce monarque était redevable de sa couronne à son beau-frère le comte *Hugues*, qui alors le soutenait dans la guerre contre le comte de Vermandois. Dom Nicolas Le Long, auteur d'une histoire du diocèse de Laon, dit que le roi *Raoul* avait laissé au comte *Hugues* tout ce qu'on avait pris au comte de Vermandois. Lorsque le Roi fit la paix avec ce seigneur, *Hugues* fut obligé de lui restituer une partie des places dont il était en possession ; or le comte *Hugues* demanda alors et obtint très-probablement en compensation la seigneurie de Coucy, vacante par la mort de *Boson*, qui venait d'être tué au siége de Saint-Quentin. Si, comme le suppose Duchesne, *Herbert* fût resté maître de Coucy jusqu'à sa mort, l'Église de Reims en eût été remise de droit en possession; le Roi n'aurait pu en disposer sans exciter ses justes réclamations. Aucun auteur ne fait mention de cette circonstance importante, parce qu'alors l'Église de Reims jouissait du château de Vitry, donné en échange de Coucy par *Boson*.

Le comte *Hugues* était, à cette époque, le seigneur le plus puissant de la France; il devait naturellement chercher à maintenir l'équilibre entre le Roi et lui. *Louis* d'Outre-Mer, voulant usurper le duché de Normandie en faisant mourir le jeune *Richard*, ce projet devait inquiéter *Hugues*, dont la puissance n'aurait plus balancé celle du Roi. Par ce motif *Hugues* a donc pu se prêter au projet d'évasion du jeune *Richard* et promettre à *Bernard* de recevoir le jeune prince dans son château de Coucy, qui était la forteresse la plus voisine de Laon; aussi Guillaume de Jumiége dit qu'aussitôt que *Bernard* vint avertir *Hugues* de l'évasion de *Richard*, ces deux seigneurs se rendirent à Coucy avec une troupe nombreuse et conduisirent *Richard* à Senlis.

On avait dû prévoir que le Roi, qui avait un si grand intérêt à garder *Richard*, emploierait à l'instant tous les moyens de l'arrêter dans sa fuite; or il fallait mettre le jeune prince en sûreté le plus promptement possible. Il était facile de se rendre en moins de deux heures, avec le même cheval, de Laon à Coucy, tandis qu'il fallait une journée et changer plusieurs fois de chevaux pour arriver à Senlis, et il était à craindre que, dans un trajet si long, le prince ne fût arrêté par les gens envoyés par le Roi à sa poursuite. *Bernard* s'étant assuré des dispositions du comte *Hugues*, il est tout simple que *Richard* ait été amené à Coucy et confié au châtelain, qui était sans doute dans la confidence de toute cette intrigue.

Je crois donc être fondé à dire que Coucy appartenait à *Hugues*, et que *Bernard* n'y avait aucun pouvoir.

Quant à l'hypothèse de Duchesne qui dit que *Bernard* était parent du comte de Vermandois, le tableau suivant des alliances des maisons de Vermandois, de Normandie, de Senlis et de Chartres, fera voir quel degré de parenté existait entre eux, et quel intérêt ces différents seigneurs avaient à soutenir contre le Roi la guerre qui éclata peu de temps après.

MAISON DE VERMANDOIS

PEPIN, comte de Vermandois

Herbert I.

Herbert II (1).
épouse Gerloc sœur de Guillaume duc de Normandie

Hébert III.   Eudes.   Hugues,   Leutgarde
Cte de   Archevêque   épouse Thi-
Vermandois.   de Reims.   bault Cte de
                                             Chartres.

N. (2)
épouse Robert Cte de Paris et Roi de France.

Hugues le Grand,
Cte de Paris.

Hugues Capet,   Agnès
Roi de France.   ou Emme (3)
                  épouse Richard duc de Normandie.

MAISON DE NORMANDIE.

Rollon, duc de Normandie.

Guillaume (4), Longue-   Gerloc,
épée, épouse Sphor-   épouse Herbert II Cte
te fille d'Hébert Cte   de Vermandois.
de Senlis.

Richard

MAISON DE SENLIS,

Hébert, prince Danois (5), Cte de Senlis

Bernard, Cte de   Sphorte,
Senlis.   épouse 1° Guillaume
                      de Normandie, 2° en
                      secondes noces Thi-
                      bault Cte de Char-
                      tres.

MAISON DE CHARTRES ET DE TOURS.

Thibault le Vieil (6), vicomte de Tours, épouse Richilde, fille de Robert le Fort, Cte de Paris, et sœur de Eudes et Robert, Rois de France.

Thibault le Tricheur, Cte de Chartres et de Tours (7), épouse en premières noces Sphorte, sœur de Bernard de Senlis, veuve de Guillaume de Normandie, mère de Richard, épouse (8) en secondes noces Leutgarde, fille de Herbert II, Cte de Vermandois, dont il eut plusieurs enfants.

(1) Biog. univ. art. Rollon.
(2) L'Alouéte.
(3) Hist. du dioc. de Laon.
(4) L'Alouéte. — Biogr. univ.
(5) L'Alouéte.
(6) Chalmel, Hist. de Touraine.
(7) Duchesne.
(8) Id.

NOTES. 321

NOTE IV, PAGE 44.

Duchesne, ensuite dom Duplessis et quelques autres historiens ont dit qu'après *Eudes*, auquel l'Archevêque *Odalric* céda Coucy en 965, cette seigneurie fut possédée par plusieurs chevaliers, dont les noms ne sont pas connus, qui la tinrent des religieux de Saint-Rémy. Ni l'un ni l'autre ne cite de preuves à l'appui de cette assertion qui en fait déposséder les héritiers de *Eudes*, et ils sont ensuite obligés, à l'exemple de l'Alouëte, de se jeter dans des hypothèses pour expliquer la généalogie d'*Enguerrand Ier*, et à quel titre il prend possession de la terre de Coucy après la mort d'*Albéric*.

A défaut de preuves contraires, pourquoi ne pas suivre le raisonnement le plus simple pour établir la généalogie des seigneurs de Coucy? Voici quelle est mon opinion à ce sujet.

Eudes, fils du comte *Thibault* de Chartres, a pu, à la mort de son père, vers l'an 978, céder la seigneurie de Coucy à un de ses fils nommé *Théodoric*. M. Bovet, auteur d'une histoire manuscrite de Chartres, parle d'un fils de *Eudes*, seigneur de Coucy et comte de Tours, nommé *Théodoric*, dont le sort, dit-il, est inconnu. A *Théodoric* paraît avoir succédé *Léon* ou *Lion*, dont fait mention une ancienne chronique, citée dans l'*Art de vérifier les dates*, et qui fut tué en 1037, dans une bataille contre les Lorrains, en même temps que *Eudes*.

> Lion qui de Couchy tenait tout le terral
> Qui fut neuf pis gran (1), un bras eut trop mortal
> Ces Lohérains détranche tiestes (2) jambes et musteals (3).
> L'Evêque Réginaire noblement soy demaine,
> De sa mache (4) assena Lion le capitaine.

Il n'est pas probable que *Eudes*, en prenant possession de l'héritage de son père, ait rendu purement et simplement la seigneurie de Coucy aux religieux de Saint-Rémy. Cette

---

(1) Grand de neuf pieds. — (2) Testes. — (3) Corps. — (4) Masse d'armes.

seigneurie était d'une trop grande importance pour que *Eudes* ne fût pas jaloux de la conserver dans sa famille. D'ailleurs, si *Lion* n'était pas le fils ou le petit-fils de *Eudes*, quel intérêt ce seigneur de Coucy aurait-il eu à soutenir les prétentions du comte de Tours contre l'empereur *Conrad ?* A ce *Léon* ou *Lion* a succédé *Albéric*, mort ou disparu en 1079 (1).

Dreux de Coucy ou de Boves, fils d'*Albéric*, fut pourvu de la vicomté et comté de Corbie par cession de *Gaultier*, comte d'Amiens, son oncle maternel en 1040 ; car *Albéric* ayant épousé *Adèle*, fille de Dreux, comte d'Amiens, seigneur de Boves, était beau-frère du comte *Gaultier* qui n'avait pas d'enfants [1]. A cette époque, Dreux de Coucy devait avoir au moins vingt ans, ce qui le supposerait né vers 1020. En admettant qu'*Albéric* ait eu vingt-cinq ans de plus que son fils, il serait né en 995. La cession faite par *Eudes* à son fils, dont le nom ne nous est pas positivement connu, ayant eu lieu vers 978, rien ne s'oppose à ce que *Albéric* soit petit-fils ou arrière-petit-fils de *Eudes* de Chartres. Ainsi s'expliquera la filiation des seigneurs de Coucy jusqu'à *Enguerrand I*^{er}, fils de Dreux, et le nom de Coucy donné à Dreux par quelques historiens n'a rien de surprenant.

Il existe à la Bibliothèque de Reims, cart. B. de Saint-Rémi, p. 71, un acte passé à Laon en 1116 entre *Enguerrand* et l'abbé *Azenaire*, par lequel *Enguerrand* reconnaît l'obligation imposée aux seigneurs de Coucy de payer à l'abbaye de Saint-Rémi de Reims un cens de soixante sous comme *avoués* de cette église. Cet acte, qui semble avoir motivé l'opinion de Duchesne et de Dom Duplessis, ne contient rien qui soit en contradiction avec notre induction ; il dit seulement que les chevaliers qui avaient obtenu Coucy n'en avaient joui qu'à la charge de payer le cens de soixante sous, et l'avaient payé jusqu'au temps où *Enguerrand* en devint possesseur et refusa injuste-

---

(1) Colliette, *Histoire du Vermandois*.

ment de payer. *Milites qui Cociacum obtinebant a monachis Sancti Remigii impetraverunt ut Cociacum castellum sub censu* LX *solidorum annuatim persolvendorum obtinerent. Et hunc censum habuit Ecclesia Sancti Remigii usque ad tempus Ingelranni.* Or, c'était, en effet, à cette condition qu'en avaient joui *Thibault* de Chartres et *Eudes*, son fils; et ces mots: *Milites qui Cociacum obtinebant*, peuvent s'appliquer tout aussi bien aux héritiers et successeurs directs de *Eudes* qu'à des étrangers.

Lorsque *Gaultier* céda à Dreux le comté de Corbie, celui-ci portait le surnom de *Parpes*; quelques années plus tard, en 1042, le même Dreux ajoute à son nom celui de Boves; n'a-t-il pas pu prendre ce nom comme propriétaire de la terre de Boves donnée ou promise en dot à sa mère, *Adèle* de Boves? Les seigneurs de Boves étaient comtes d'Amiens, c'est donc à ce titre qu'*Enguerrand* a pu succéder à ce comté, à défaut d'héritier direct des anciens seigneurs de Boves.

Albéric, seigneur de Coucy, est mort en 1079, son fils Dreux avait été tué en 1070, à la bataille de Cassel, c'est pourquoi *Enguerrand*, son petit-fils, est son successeur immédiat. Le comté d'Amiens n'étant devenu vacant qu'en 1076 par la retraite de *Simon*, qui se fit moine, par la même raison Dreux n'a pu lui succéder, et *Enguerrand* a pu prendre du chef de sa mère le titre de comte d'Amiens.

De cette manière il n'y a plus de lacune dans la suite des seigneurs de Coucy. L'alliance présumée par les historiens qui m'ont précédé est encore à l'appui de ce que je viens de dire sur la généalogie des sires de Coucy, car les comtes d'Amiens étaient alors des seigneurs assez puissants, ils étaient alliés des comtes de Valois et de Vermandois, et en donnant sa fille à *Albéric* de Coucy, issu des comtes de Chartres, Dreux d'Amiens formait une alliance digne de son rang, ainsi que le fait observer fort judicieusement l'auteur anonyme d'un *Mémoire pour faire suite à l'histoire des seigneurs de*

Coucy, manuscrit de la Bibl. imp., fonds Saint-Germain, n° 1558, mais qui à tort cependant fait descendre les seigneurs de Coucy en ligne directe de la famille de Boves.

NOTE V, PAGE 68.

Dom du Plessis place l'assassinat de *Gaultier* à l'époque où *Thomas* soutenait à Amiens le parti d'*Enguerrand*, et non point après la blessure de *Thomas* et la trahison de *Sibylle*, comme Duchesne l'a entendu. Le texte même de Guibert de Nogent, sur lequel dom du Plessis s'appuie, me paraît impliquer contradiction, car il dit : que *Gaultier* favorisait la révolte des bourgeois d'Amiens contre *Enguerrand ;* et plus bas : qu'il venait de voir *Sibylle*, sa sœur utérine, lorsqu'il fut assassiné. Si, comme dom du Plessis le fait entendre, *Thomas* le fit assassiner parce qu'il secondait la révolte des bourgeois, il n'est pas probable que *Gaultier* fût d'intelligence avec *Sibylle* contre les intérêts d'*Enguerrand*. N'est-il pas présumable que Guibert, qui, comme le remarque dom du Plessis, est sujet à faire des erreurs de date, en a fait une ici de date et de personne, et que ce n'est qu'après la trahison de *Sibylle* que *Gaultier* se joignit, ainsi qu'elle, aux bourgeois pour attaquer *Adam*, qui défendait alors le château pour *Thomas*. Dans le premier cas, le crime est inutile, *Thomas* ne pouvait avoir aucun intérêt à faire périr un homme qui tenait de si près à *Sibylle*, à laquelle il croyait alors devoir sa réconciliation avec son père ; dans le second cas, le crime est motivé par la vengeance. D'ailleurs, le meurtre d'un ecclésiastique était un crime qui, à cette époque, eût soulevé le clergé et attiré immédiatement une sentence d'excommunication contre son auteur ; en suivant l'interprétation de dom du Plessis, ce n'aurait été que près d'un an après que le concile de Beauvais aurait excommunié *Thomas*, tandis qu'en plaçant l'assassinat après la trahison de *Sibylle*, la sentence d'excommunication suit de près le crime. Il est à remarquer que Guibert de Nogent et Suger, tous deux ecclésiastiques, et d'autres auteurs contemporains, ont toujours cherché à isoler les crimes de *Thomas* des circonstances qui les ont amenés.

NOTE VI, PAGE 71.

Extrait du Cartulaire B *de Saint-Remi, p.* 71, *Bibliothèque de Reims.*

In nomine Patris, et Filii, et Spiritus sancti, Ego Bartholomeus, Dei gratia Laudunensium Presul, Beatus Remigius merito sanctitatis sue terram que Megium dicitur in qua est castellum Cociacus a principibus Francie adquisivit, et in vita sua obtinuit. Post cujus gloriosum transitum Ecclesia illius nomine consecrata eandem terram longo tempore quiete possedit. Sed postea Ecclesiarum vigore immunito milites qui Cociacum obtinebant a monachis Sancti Remigii impetraverunt ut Cociacum castellum sub censu LX solidorum annuatim persolvendorum obtinerent. Et hunc censum habuit Ecclesia Sancti Remigii usque ad tempus Ingelranni. Sed tandem ingravescente iniquorum perversitate predictus Ingelrannus qui Cociacum obtinebat, censum Ecclesie diu abstulit insuper etiam homines Sancti Remigii qui in megis habitabant pervasit et quosdam eorum militibus suis in feodum sub nomine advocationis distribuit. Tandem vero divino instinctu et religiosorum virorum ammonitione compunctus injusticiam suam recognovit et censum pro castello per singulos annos in festivitate Sancti Remigii se esse persoluturum Azenario abbati et monachis ejus spopondit; advocationem vero in sua propria manu retinuit, ita quod nulli eorum quibus eam dederet amplius auctor et warandus erit. Habebunt autem monachi in hominibus supradictis mortuam manum totam, si per se adquirere poterint. Quod si ad advocatum facto clamore adierint et advocatus justiciam fecerit, monachi duas partes advocatus terciam habebit. Transitum eciam piscium rerumque omnium ad Ecclesiam Sancti Remigii pertinentium, sinè omni precio in tota terra sua concessit. Huic constitutioni interfuerunt, etc. (*Les noms.*)

Actum Lauduni, anno Incarnationis Dñi m c xvi.

indict. v, Epacta iiii, concurrente vi.

note VII, page 75.

Les historiens qui ont parlé de la cérémonie des rissoles n'ont point fixé l'époque de son institution. L'Alouëte, et après lui Jovet, continuant le roman des exploits d'*Enguerrand Ier*, qu'ils font à tort petit-fils de *Thomas* de Marle, prétendent que ce fut en réjouissance et souvenir de la victoire d'*Enguerrand* contre un lion, combat dont il sera parlé plus loin (note 10), que fut établie cette cérémonie. Il suffira, pour démontrer combien cette opinion fondée sur des récits populaires est peu satisfaisante, de faire remarquer que dans cette cérémonie il y a deux objets qui ne peuvent en aucune façon se rattacher au prétendu combat du lion, car dans cette hypothèse on ne saurait expliquer raisonnablement pourquoi l'abbé de Nogent aurait été tenu de venir trois fois l'an prêter foi et hommage au seigneur de Coucy et faire des distributions de gâteaux, tandis que l'abbé de Prémontré, auquel les seigneurs de Coucy ont fait de grandes libéralités, n'aurait été soumis à aucune charge pour un fait qui intéressait particulièrement son Ordre et complètement étranger à celui de Nogent, puisque le lieu où ils prétendent que le combat s'est passé, est le même que celui où fut construite l'abbaye de Prémontré.

Ainsi qu'on le verra plus loin, *Thomas* de Marle ne pouvant être le héros du prétendu combat du lion, il faut donc en faire honneur à *Enguerrand*, père de ce dernier. Or, il est assez singulier que les historiens contemporains, Guibert, Suger, etc., qui ont laissé de grands détails sur la vie de ce seigneur, ne nous aient rien dit du combat du lion, auquel quelques historiens postérieurs attachent tant d'importance, ni de la cérémonie des rissoles, établie suivant eux à cette occasion.

En 1741, lorsque le duc d'Orléans consentit la conversion des rissoles en une prestation de blé, ce prince ne souscrivit cette conversion qu'à la condition expresse que l'hommage continuerait d'être servi, *attendu qu'il était de toute ancienneté*. Dans le même acte, l'abbé et les religieux de Nogent s'engagèrent à servir *l'hommage établi par Enguerrand second en 1131*. On voit, par cette date, que les religieux avaient adopté pour l'établissement de cette cérémonie l'époque indiquée par L'Alouëte, dont l'ouvrage avait été publié en 1577.

Thomas de Marle n'ayant épousé *Milesende* de Crécy qu'en 1107 ou 1108, *Enguerrand* son fils n'a pu naître qu'en 1108 ou 1109 : ainsi en 1131 il avait tout au plus vingt ans, et *Thomas* était mort en 1130 ; or il n'est pas probable que ç'aurait été pendant la minorité de ce jeune homme, au moment où la maison de Coucy venait d'être punie sévèrement des excès de son dernier chef, que l'on aurait imposé aux religieux de Nogent des conditions aussi dures et aussi humiliantes ; en second lieu, on ne voit, dans les auteurs, aucun acte de donation faite par *Enguerrand* à l'abbaye de Nogent à cette époque. *Enguerrand* était occupé des restitutions qu'il était obligé de faire à divers établissements religieux des biens usurpés par son père, sous peine d'excommunication, et les historiens ne disent pas qu'il ait eu des restitutions à faire à Nogent. En admettant même cette circonstance, est-il croyable que d'un côté *Enguerrand*, qui devait restituer les biens usurpés sous peine d'excommunication, ait pu mettre des conditions à cette restitution, et d'un autre côté que les religieux de Nogent, qui n'ignoraient point combien, dans ce siècle, étaient redoutables les armes de l'Église, se soient volontairement soumis à une obligation humiliante vis-à-vis du seigneur de Coucy, lorsqu'ils pouvaient exiger de lui l'entière restitution de leurs biens. Dom Toussaint du Plessis, religieux de Nogent, loin d'accuser *Thomas* de Marle d'avoir dépouillé Nogent, dit positivement : qu'*il fit quelque bien à cette abbaye;* et il cite à l'appui de ce qu'il avance un privilége de *Thomas*, tiré du Cartulaire de Nogent, sous la date de 1120 ou 1121, par lequel ce seigneur accorde à l'abbé et aux religieux de Nogent droit de justice sur le territoire de l'abbaye.

En examinant cet acte et le caractère si altier de *Thomas*, ne peut-on pas conclure que c'est lui qui imposa la cérémonie de l'hommage et des rissoles, afin de conserver et de perpétuer le souvenir de l'ancienne dépendance dans laquelle s'étaient trouvés les religieux de Nogent vis-à-vis des seigneurs de Coucy, auxquels ils devaient leur existence et les priviléges dont ils jouissaient. Ainsi on pourra, sans craindre de commettre une erreur trop grande, fixer à l'année 1121 l'établissement de cette singulière cérémonie.

NOTE VIII, PAGE 101.

Extrait d'un manuscrit de 1620, *à la Bibliothèque de Lyon, intitulé* : Amours du chastelain de Coucy et de la dame de Fayel.

Il se trouve en une bonne chronique escrite il y a plus de deux cent cinquante ans, que, au temps que le Roi *Philippe* régnoit et le Roi *Richard* d'Angleterre vivoit, il y avoit en Vermandois un aultre, moult gentil, gaillard et preux chevalier en armes qui s'appeloit *Regnault* de Coucy. Ce chevalier fut moult amoureux d'une dame du païs qui étoit femme du seigneur de Faïel. Moult orent de peines et travail pour leurs amours, ce chastelain de Coucy et la dame de Faïel, si, còmme l'histoire le raconte qui parle de leur vie, dont il y a roman propre. Or advint que quand les voyages d'oultre mer se firent, que les Rois de France et d'Angleterre y furent, ce chastelain de Coucy y fut pour ce qu'il exerçoit volontiers les armes. La dame de Faïel, quand elle seut qu'il s'en devoist aller, fit un las de soie moult bel et bien faict, et y avoit de ses cheveux ouvrez parmi la soie dont l'œuvre sembloit moult belle et riche, dont il lioit un bourrelet moult riche par dessus son heaume : et avoit longs pendans par derrière à gros boutons de perle. Le chastelain alla oultre mer, à grand regret de laisser sa dame par deça. Quand il fut oultre mer, il fist moult de chevalerie, car il étoit vaillant chevalier, et avoit grand joie que on rapporta par deça nouvelles de ses faicts, afin que sa dame y prist plaisir. Si advint qu'à un siège que les chrestiens tenoient devant Sarrazins oultre mer, ce chastelain fust fine d'un quarriel au costé bien avant; du quel coup il lui convint mourrir. Si avoit à sa mort moult grand regret à sa dame ; et pour ce appela un sien escuyer et lui dist : *Je te prie que quand je serai mort, que tu prennes mon cueur, et le mette en telle manière, que tu le puisses emporter en France à madame de Faïel et l'envelopper de ces langes icy.* Et lui bailla le las que la dame avoit faict de ses cheveux, et un petit escriviet, où il y avoit plusieurs anelets et diamans que la dame lui avoit donnés, qu'il portoit tousiours avant lui pour l'amour et souvenance d'elle. Quand le chevalier fust mort, ainsi le feist l'escuyer et prist l'escriviet, et lui ouvrist le corps et prist le cueur, et sala et confit bien en bonnes épices, et mit en l'escriviet, avec les las de ses cheveux et plusieurs anelets et diamans que la dame lui avoit donnés et avec une lettre moult piteuse que le chastelain avoit escrite à sa mort et signez de sa main. Quand l'escuyer fust retourné en France, il vint vers le lieu où la dame demouroit, et se bouta en un bois près de ce lieu, et lui mésavint tellement qu'il fut vue du seigneur de Faïel, qui bien le cogneut. Si vint le seigneur de Faïel en ce bois, et trouva cet escuyer auquel il voulut courrir sus en dépit de son maître, qu'il hayait plus que nul homme du monde. L'escuyer lui cria merci, et le chevalier lui dist : *Ou je t'occirai, ou tu me diras où est le chastelain.* L'escuyer lui dist qu'il étoit trépassé, et pour ce qu'il ne l'en vouloit croire et avoit cest escuyer paour de mourir, il lui monstra l'escriviet pour l'en faire certain. Le seigneur de Faïel prist l'escriviet et donna congié à l'escuyer. Ce seigneur vint à son queux, et lui dist qu'il mist ce cueur en si bonne manière et l'appareilla en telle confiture, que on en peut bien mangier. Le queux le fist, et fist d'autre viande toute pareille, et mist en bonne charpente en un plat, et en fust la dame servie au disner, et le seigneur mangeoit d'une autre viande qui lui ressembloit : et ainsi mangea la dame le cueur du chastelain son amy. Quant elle ot mangié, le seigneur lui demanda : *Dame, avez-vous mangié bonne viande ?* Et elle lui répondit que elle l'avoit mangié bonne ; il lui dist : *Pour cela vous l'ai-je faite appareiller, car c'est une viande que vous avez moult aimée.* La dame, qui jamais ne pensast que ce fust, n'en dist plus rien. Et le seigneur lui dist de rechef : *Savez-vous que vous avez mangié ?* Et elle répondit que non. Et il lui dist : *Adonc or sachiez que vous avez mangié le cueur du chastelain de Coucy.* Quand elle oït ça, si fust en grande pensée pour la souvenance qu'elle eust de son amy ; mais encore ne peut-elle croire cette chose, jusques à ce que le seigneur lui bailla l'escriviet et les lettres. Et quand elle vist les choses qui étoient dedans l'escriviet, elle les cogneut : si commença à lire les lettres, quand elle cogneut son signe manuel et les enseignes, adonc commença fort à changer et avoir couleur, et puis commença fortement à penser. Quand elle ot pensé, elle dit à son seigneur : *Il est vrai que ceste viande ai-ie moult aimée, et croy qu'il soit mort, dont est grand dommage comme du plus loyal chevalier du monde. Vous m'avez fait mangier son cueur, et est la dernière viande que ie mangerai oncques, ne oncques ie ne mangeai point de si noble et de si gentil. Si n'est pas raison qu'après si gentil viande ie en doye mettre autre dessus, et vous iure par ma foi que jamais ie n'en mangerai d'autre après ceste cy.* La dame leva de disner, et s'en alla en sa chambre faisant moult grand douleur, et plus avoit de douleur qu'elle n'en monstroit la chère. Et en cette douleur à grands regrets et complainte de la mort de son amy, fina sa vie et mourut. De cette chose fut le seigneur de Faïel courroucé, mais il n'y peut mettre remède, ne homme ne femme du monde. Cette chose fut sceue par tout le pays, et en ot grand guerre le seigneur de Faïel aux amys de sa femme : tant qu'il convint que la chose fut rapaisé du Roi et des barons du païs. Ainsi finirent les amours du chastelain de Coucy et de la dame de Faïel (1380—1620).

note IX, page 104.

La charte de paix ou établissement de la commune de Coucy, dont j'ai fait connaître les principales dispositions, n'avait pas encore été imprimée lorsque je me suis occupé de cette histoire; c'est ce qui m'a décidé à publier ici textuellement cette pièce intéressante. Je n'ai point vu l'original qui est perdu depuis 1789, mais M. Carlier, ancien lieutenant général du bailliage, puis maire de Coucy, a bien voulu me confier une copie qu'il avait et qu'il m'a dit être exacte; c'est cette copie que je donne avec sa traduction. M. Melleville, qui a publié en 1848 une *Histoire de la ville et des sires de Coucy* illustrée, a donné un texte de la charte de commune de Coucy, il présente quelques légères différences avec celui-ci;

M. Melleville n'ayant pas indiqué la source où il a puisé, je n'ai pu collationner le texte.

In nomine sancte et individue Trinitatis amen.

Ego Alix Domina Cociaci, notum facimus tam futuris quam presentibus, quod assensu domini Ingelranni filii nostri et aliorum liberorum nostrorum Thome et Roberti et assensu Guidonis, castellani de Cociaco, concilio quoque bonorum hominum nostrorum, hominibus de Cociaco pacem indulsimus. Ita videlicet quod singulis annis septies vigenti libras parisiensis monete in crastino Natalis Domini nobis solvere tenebuntur, salvis tamen omnibus redditibus nostris, omni justitiâ nobis remanente quo modo universis apud Laudunum pertinet dominis, preter justitiam pacis facte quam pertinet majori et juratis; salvo etiam banno venditionis vini nostri et castellani Cociaci, quod bannum tribus mensibus in anno habemus et castellanus similiter tribus. Eos autem preterea terram notram pro defensione terre nostre quam modo tenemus et quam tenebimus, et pro defensione terre liberorum nostrorum si voluerimus, exceptis tornamentis, ducere poterimus. Si autem extra terram notram aliquod negotium habuerimus a quolibet castello istorum castellorum, videlicet Cociaci Farre Marle eos movere et nobiscum spatio unius diei bis in anno ducere poterimus, et pro liberis notris si voluerimus; tamdiu ergo quam sine advocato erimus, per senescalcum terre nostre ut plegium ligium hominem nostrum hoc modo ire tenebuntur. Si autem advocatum habuerimus eidem advocati hujus modi servitium reddent : nobis autem si ire competit redeuntibus ut assignatis ductoribus nostris sine forisfacto redire poterunt; quamdiù ergo nos aut ductores nostri moram fecerimus ipsis moram facere oportebit. Pacis autem

AU NOM DE LA SAINTE ET INDIVISIBLE TRINITÉ,
AINSI SOIT-IL.

Moi, *Alix* dame de Coucy, faisons savoir à tous présens et à venir, que du consentement de messire *Enguerrand*, notre fils, et de nos autres fils *Thomas* et *Robert*, et du consentement de *Guy*, chatelain de Coucy, et de l'avis de nos fidèles, nous avons octroyé cette paix aux hommes de Coucy. Qu'ainsi d'abord chaque année, ils seront tenus de nous payer le lendemain de la Nativité de Notre-Seigneur, cent quarante livres de monnaie parisis tous nos revenus et toute justice nous demeurant néanmoins de la manière qu'elle s'exerce par tous les seigneurs du pays de Laon, excepté le droit de justice établi par la paix qui appartiendra au mayeur et aux jurés, sauf aussi le ban de la vente de notre vin et de celui du châtelain de Coucy, lequel ban nous exerçons pendant trois mois dans l'année et le châtelain semblablement pendant trois mois. Or nous les pourrons conduire pour la défense de notre terre qu'à présent nous tenons et tiendrons et pour la défense de la terre de nos enfants, si c'est notre volonté. Et si nous avons quelqu'affaire hors de notre terre, nous pourrons les prendre dans chacun des châteaux ci-après, savoir : Coucy, La Fère et Marle et les garder avec nous pendant l'espace d'un jour, deux fois par an et pour nos enfants si c'est notre volonté. Si longtemps donc que nous serons sans avoué, ils seront tenus de marcher ainsi avec le sénéchal de notre terre comme étant notre homme lige et pleige ; quant au contraire nous aurons un avoué, ils lui obéiront de la même manière ; s'il arrive que nous soyons de retour lorsqu'ils auront été requis par nos remplaçants de marcher, ils pourront se retirer sans forfaite ;

hujus institutio hec est a principio calciate vivarii usque ad introitum nemoris quo itur apud Guni, inde juxta nemus usque ad introitum nemoris de Nogento; de hinc ad vicum qui Louveresce nuncupatur, et a vico illo usque ad Montembienmeri inde ad tumbellam, hinc ad rivum de Coci-ville ita quod omnes mansiones extra eumdem rivum site in pace illâ remanebunt, et a vado ejusdem rivi usque ad calciatum vivarii ad regium. Nullus quempiam liberum pacis pro forisfacto sine justitiâ aut servum capere possit; quod si justitia presens non fuerit liceat ei sine forisfacto tamdiu eum tenere quoad usque justitiam veniat et ad justitiarii domum adducere ut quod judicatum fuerit de forisfacto illo satisfactionem facere valeat. Quod si aliquis quoquo modo alicui clerico, militi, mercatori, indigene aut extraneo aliquam injuriam fecerit, si de ipso castello fuerit is qui injuriam fecit, infra quartum diem submonitus ante majorem et juratos ad justitiam veniat, et se aut de objectâ culpâ purget, aut sicut ei judicatum fuerit emendet; si verò emendare noluerit cum omnibus qui de peculiari familiâ ejus sunt, exceptis mercenariis qui si noluerint cum illo exire non compellentur, de castello ejiciatur, nec redire permittatur, quo ad usque forisfactum digna satisfactione emendaverit. Si autem infrà ambitum pacis possessiones domorum aut vinearum habuerit, a nobis in cujus districto possessiones ejus sunt, major et jurati de malefactore illo justitiam requirant. Si autem a nobis submonitus infrà quintum decimum diem culpam suam emendare noluerit, nec per nos de eo justitia haberi potuerit, liceat juratis omnem malefactoris substantiam destruere. Quod si malefactor de castello non fuerit, re ad nos prolata, si per nostram admonitionem infra quintum decimum diem forisfactum non emendaverit, liceat majori et juratis pro ut potuerint de eo vindictam gerere. Si quis autem malefactorem de castello ejectum infra terminos pacis institute ignoranter conduxerit, et ignorantiam suam sacramento probare potuerit, eumdem malefactorem illâ solâ vice

or donc quand nous ou nos remplaçants ferons séjour, il faudra qu'ils fassent également séjour. Or, voici qu'elle est l'institution de cette paix, elle commence à la chaussée de l'Etang jusqu'à l'entrée du bois qui va à Guny, de là suivant le bois jusqu'à l'entrée du bois de Nogent, de là au hameau appelé la Louvresse et de ce hameau jusqu'à Moyembrie, de là à la Tombelle, de là au ruisseau de Coucy-la-Ville, de manière que toutes les habitations situées au delà de ce même ruisseau feront partie de cette paix, et du gué du même ruisseau jusqu'à la chaussée de l'Étang du Roi. Nul ne pourra arrêter sans la justice quelque homme libre que ce soit, ou serf pour délit causé dans les limites de la paix ; si la justice n'est pas présente, il sera permis de le retenir sans forfaiture jusqu'à ce qu'il comparoisse en justice, de le conduire à la maison du justicier afin de recevoir la réparation qui aura été jugée pour le délit. Si aucun, en quelque manière que ce soit, fait quelque injure à quelque clerc, soldat, marchand, indigène ou étranger, et que celui qui a fait l'injure soit du château même, que semons quatre jours à l'avance, il comparoisse en justice devant le mayeur et les jurés, et qu'il se disculpe du délit qu'on lui impute ou s'amende suivant ce qui aura été jugé contre lui. Si, au contraire, il ne veut pas s'amender, qu'il soit chassé du château avec tous ceux de sa famille particulière, excepté les mercenaires qui, si ils ne le veulent pas, ne pourront être forcés de sortir avec lui. Il ne lui sera permis de revenir que quand il aura réparé par une convenable satisfaction sa forfaiture. Mais s'il a hors de l'étendue de la paix des possessions, maisons, ou vignes, que le mayeur et les jurés requièrent de nous, dans le ressort de qui sont ces possessions, justice contre ce malfaiteur. Si semons par nous il ne veut pas amender sa faute, dans le délai de quinze jours, ou si nous n'avons pu lui faire justice, il sera permis aux jurés de faire saisir toute sa propriété. Si le malfaiteur n'est pas du château la plainte nous sera adressée, et

liberè reducat; si vero non potuerit usque ad dignam satisfactionem de malefacto retineatur. Si vero forte ut sepè evenire solet aliquibus altercantibus alter alterum pugno aut palmo percusserit, aut turpe improperium ei dixerit, legitimo testimonio convictus, ei in quem peccavit lege quâ vivit emendat, et majori et juratis violate pacis satisfactionem faciat. Si verò is quem lesit emendationem ejus suscipere dedignatus fuerit, non liceat ei ultra de eo et intra terminos pacis aliquam requirere ultionem; quod si eum vulneraverit, expensas in medicos ad vulnus sanandum vulnerato persolvat. Si quis in alium mortale odium habuerit, non liceat illi aut exeunti de castello persequi, aut venienti insidias tendere. Quod si aut venientem aut recedentem interfecerit aut quodlibet ei membrum truncaverit, de persecutione aut insidiis appellatus divino se judicio expurget. Quod si eum aut verberaverit aut vulneraverit extra terminos pacis, nisi per homines pacis legitimo testimonio de persecutione aut insidiis poterit comprobari, sacramento se purgare licebit : quod si reus inventus fuerit, caput pro capite, membrum pro membro reddat, aut per arbitrium majoris et juratorum pro capite aut membro qualitate dignam persolvat redemptionem. Si quis in aliquem de aliquo capitali querelam habuerit, ad justitiam nostram primum de eo clamorem faciat, et si per nos aut per ministerialem nostrum justitiam de eo habere non potuerit ad juratos pacis veniat, eisque se de homine illo nec per nos nec per ministerialem nostrum justitiam de eo habere posse ostendat, jurati autem ad nos aut ad ministerialem nostrum veniant, et ut homini clamanti de illo justitiam faciemus diligenter requirant; et si justitiam facere aut non potuerimus aut neglexerimus, jurati querant qualiter is qui clamat jus suum non perdat. Si fur quilibet interceptus fuerit ad nos ut de eo justitiam faciamus adducatur, quum si non fecerimus, justitia a juratis perficiatur. Statuimus etiam ut homines capite censi dominis suis censum capitis sui tantum persolvant : quod si statuto

si d'après notre décision, il n'a pas, dans le délai de quinze jours, amendé son forfait, il sera permis aux mayeur et jurés, selon leur pouvoir, d'en tirer vengeance. Si quelqu'un, sans le savoir, introduit un malfaiteur chassé du château dans les limites de la paix, et s'il a pu attester par serment son ignorance, il reconduira pour cette fois seulement ce même malfaiteur, sans être poursuivi; s'il ne peut attester sa bonne foi, il sera retenu jusqu'à ce qu'il ait été donné une juste satisfaction de son méfait. Si, par hasard, comme il arrive souvent dans les querelles, une personne ait frappé une autre du poing ou de la main ou lui ait fait un reproche déshonorant, et qu'il soit convaincu, par loyal témoignage, il donnera satisfaction à celui qu'il aura offensé d'après la loi sous laquelle il vit, ainsi qu'au mayeur et aux jurés pour la paix troublée; si, au contraire, celui qui a été offensé dédaigne d'en tirer réparation, il ne lui sera point permis d'en rechercher quelque vengeance, soit à Coucy, soit au dedans des limites de la paix; celui qui aura blessé paiera au blessé les dépenses des médecins pour guérir la blessure, sur la décision des jurés il lui fera une convenable satisfaction et paiera au mayeur et jurés une amende pour avoir violé la paix. Si quelqu'un a contre un autre une haine mortelle, il ne lui sera pas permis, ou de le poursuivre sortant du château, ou de lui tendre des embûches en revenant. S'il le tue en allant ou en revenant, ou s'il lui coupe un membre en le poursuivant ou par quelque guet-apens, il sera appelé à se justifier par le jugement de Dieu. S'il a frappé ou blessé quelqu'un au delà des limites de la paix, et s'il ne peut être convaincu de poursuites ou d'embûches par loyal témoignage des hommes de la paix, il lui sera permis de se justifier par serment; s'il est trouvé coupable, il rendra tête pour tête, membre pour membre, ou à l'arbitrage du mayeur et des jurés, il acquittera une convenable composition pour la tête ou la qualité du membre. Si quelqu'un porte plainte contre un autre pour quelque chose de

tempore non persolverint, lege quâ vivunt emendent, nec nisi spontanei a dominis requisiti aliquid eis tribuant; liceat tamen dominis suis pro forisfactis suis eos in causam trahere, et quod judicatum fuerit de eis habere. Homines pacis cujuscumque generis sint uxores accipiant; de familiis autem ecclesiarum que sunt extra terminos pacis, vel militum qui de pace sunt nisi voluntate dominorum uxores accipere non licebit. Si que vilis et inhonesta persona honestum virum aut mulierem turpibus conviciis inhonestaverit, liceat alicui probo viro de pace si supervenerit illum objurgare et illum uno aut duobus aut tribus colaphis sine forisfacto ab importunitate suâ compescere. Quod si eum pro antiquo odio percussisse comminatus fuerit, liceat ei sacramento se purgare, quod pro nullo odio eum percusserit sed tantum pro pacis et concordie observatione. Mortuas autem manus omnino excludimus. Si quis autem de pace filiam aut neptem sive cognatam maritans terram aut pecuniam ei dederit, et illa mortua fuerit sine herede, quicquid terre aut date pecunie adhuc comparentis de ea remanserit, ad eos qui dederunt aut ad heredes eorum redeat. Similiter vir si sine herede mortuus fuerit, preter dotem quam uxori dedit, tota possessio ad propinquos suos redeat; dotem autem mulier in vita sua tenebit, post mortem vero ejus ipsa dos ad propinquos viri sui redibit. Si vero nec vir nec mulier hereditates habuerint, sed de mercimoniis questum facientes substantia ampliati fuerint, et heredes non habuerint, altero eorum mortuo, alteri tota substantia remanebit; quod si uterque obierint, si propinquos habuerint, quantum voluerint de substantiâ suâ pro animabus suis in elemosinam dabunt, et reliquum propinquis eorum remanebit. Si autem propinquos non habuerint, due partes substantie pro animabus suis in elemosinam dabuntur, tertia vero ad muros castelli adificandos expendetur. Preterea nullus extraneus de capite censis ecclesiarum aut militum castelli in hanc pacis institutionem nisi annuente domino suo recipietur. Quod si per ignorantiam absque docapital, il aura d'abord recours à notre justice, et si, par nous ou par notre officier, il n'a pu avoir justice, il viendra devant les jurés de la paix et leur montrera qu'il n'a pu avoir justice de cet homme par nous ou notre représentant ; alors les jurés viendront devant nous ou notre représentant et requièreront diligemment que nous fassions justice à l'homme qui la réclame, et si nous ne pouvons ou négligeons de faire justice, les jurés pourvoiront à ce que celui qui réclame son droit ne le perde pas. Si un voleur quelconque est arrêté, il nous sera amené pour en faire justice ; si nous ne la faisons pas, justice sera faite par les jurés. Nous avons encore arrêté que les hommes censiers paieront à leur seigneur leur cens de capitation ; si dans un délai donné ils ne l'ont pas acquitté, ils seront amendés d'après la loi qui les gouverne, à moins que spontanément appelés par les seigneurs ils ne leur paient quelque chose ; il sera cependant permis à ces seigneurs de les appeler en cause pour leurs forfaits et d'avoir d'eux ce qui aura été jugé. Si les hommes de la paix, de quelleque famille qu'ils soient, prennent des épouses, il ne leur sera point permis d'épouser des femmes des familles d'Eglises qui sont hors des limites de la paix, ou des familles des hommes d'armes qui appartiennent à la paix, sans la volonté des seigneurs. Si une personne vile, mal famée, déshonore par des reproches honteux un homme honnête ou une femme, il sera permis à tout homme probe faisant partie de la paix de le punir, s'il survient, de le réprimander et d'arrêter sans délit son importunité en lui donnant deux ou trois soufflets. Si on l'accuse d'avoir frappé à cause d'une ancienne rancune, il sera permis à cet homme de s'en disculper en déclarant par serment qu'il n'a pas frappé par haine, mais seulement pour la conservation de la paix et de la concorde ; mais nous excluons entièrement les mains mortes de ce privilége. Si quelqu'un de la paix mariant sa fille, sa nièce ou sa cousine, lui donnant de la terre ou de l'argent, si celle-ci meurt

mini voluntate aliquis receptus fuerit, infra quindecim dies sine forisfacto cum totâ substantiâ suâ salvus abire quo voluerit permittatur. Quisquis autem in pace istâ recipietur, intra anni spatium, aut domum sibi edificet, aut vineas emat, aut tantum sua mobilis substantia in castellum afferat ut pignus habere possit, si quid forte in eum querele evenerit. Si quis bannum castelli se audisse negaverit aut per scabinos tantum comprobatur aut propriâ manu juramento se purget. Homines pacis extra castellum placitare non compellentur quod si super aliquos eorum causam habuerimus, judicio juratorum nobis justitiam exquirent. Si quis clericus intra terminos pacis aliquod forisfactum fecerit, ad ecclesiasticam justitiam illud emendare pertinebit. Si aliquis vicinorum qui de pace sunt in homines pacis forisfecerit et submonitus eis justitiam facere noluerit, si homines ejus intra terminos pacis inventi fuerint, tam ipsi quam eorum substantie in emendationem facte injurie per justitiam nostram capientur, ita ut homines pacis jus suum habeant et justitia nostra suo jure non privetur. Totam igitur hanc institutionem, salvo nostro et ecclesiarum jure, nec non et militum qui de pace sunt, salvis etiam tam nostris quam burgensium bonis usibus et antiquis consuetudinibus, ad usus et consuetudines civitatis Lauduni stabilivimus. Ita tamen quod si de jure nostro aut ecclesiarum aut militum qui de pace sunt aliquid forte interceperint, intra quintum decimum diem sine forisfactum quod interceperint liceat emendare. Ut igitur hec pacis institutio in perpetuum firma remaneat, nos salvo jure nostro, et ecclesiarum nec non militum qui de pace sunt eam sacramento confirmamus, et eamdem sigilli nostri impressione munivimus, astantibus in curiâ nostrâ hominibus nostris quorum nomina supposita sunt: S. *Guidonis* castellani *Cociaci* ; S. *Hugonis* de *Guni* ; S. *Goberti* de *Cherisi* ; S. *Simonis* de *S° Medaldo* ; S. *Guidonis* fratris ejus ; S. *Guidonis* de *Vassalon* ; S. *Gerardi Crassi* de *Luilli* ; S. *Renaldi* de *Espigni* ; S. *Renaldi* de *Traci* ; S. *Si-*

sans héritiers, tout ce qui restera encore dans sa succession de terres ou d'argent retournera à ceux qui l'ont donné ou à leurs héritiers. Pareillement si un homme meurt sans héritiers, toute sa propriété retournera à ses proches, excepté la dot qu'il a faite à son épouse; la femme conservera sa dot pendant sa vie, mais après son décès, elle retournera aux parents de son mari. Si d'ailleurs l'homme et la femme n'ont point d'héritages, mais que faisant gain par commerce, leur fortune se soit augmentée, et s'ils n'ont point d'héritiers, l'un d'eux étant mort, toute la fortune restera à l'autre : si l'un et l'autre sont décédés, s'ils ont des parents, ceux-ci donneront autant qu'ils voudront de la fortune en aumônes pour le repos de leur âme et le reste demeurera aux parents ; mais s'ils n'ont point de parents, deux portions de leur fortune seront données en aumônes pour le repos de leur âme, la troisième sera employée à construire les murs du château. En outre aucuns étrangers hommes censiers des églises ou hommes d'armes du château ne pourra être reçu en cette institution de paix sans le consentement de son seigneur. Si par ignorance, sans la permission du seigneur quelqu'un a été reçu, il lui sera permis d'aller sans forfaiture sain et sauf où il voudra avec tout son avoir. Or quiconque sera reçu dans cette paix sera obligé, dans l'espace d'une année, de construire une maison, d'acheter des vignes ou seulement d'apporter au château son mobilier, afin qu'il puisse présenter un gage si, par hasard, il arrive quelque plainte contre lui. Si quelqu'un décline la compétence de la justice du château, il sera réclamé par les jurés ou se justifiera par son serment. Les hommes de la paix ne seront point forcés de plaider hors du château, et si nous avons cause contre quelques-uns d'eux, ils demanderont justice contre nous au jugement des jurés. Si quelque clerc commet un délit dans l'étendue de la paix, il appartiendra à la justice ecclésiastique de le poursuivre. Si quelqu'un des voisins de la paix a forfait contre

monis de *Chavigni* ; *S. Philippi* Cosset ; *S. Milonis* de *Ruissello ; S. Philippi* de *Noueron* ; *S. Joannis* de *Fago* ; *S. Radulfi* de *Bucy.*

Actum anno Dominice incarnationis millesimo centesimo nonagesimo septimo.

les hommes de la paix et que semons il n'ait pas voulu leur faire justice, si quelques-uns de ses hommes sont trouvés dans les limites de la paix, tant eux que leurs propriétés seront saisis par notre justice pour réparer l'injure faite, de manière que les hommes de la paix aient leurs droits et que notre justice ne soit pas privée de son droit. Nous avons donc établi toute cette constitution, sauf notre droit, celui des Églises et des chevaliers qui sont dans la paix, sauf aussi nos bonnes et anciennes coutumes, celles des bourgeois selon les us et coutumes de la ville de Laon. En sorte cependant que, si contre notre droit, celui des Églises ou des chevaliers qui sont de la paix en entreprenait par hasard quelque chose, il serait permis de réparer le délit dans le délai de quinze jours, sans qu'il y ait forfaiture. Afin que cette institution de paix demeure stable à perpétuité, nous, sauf notre droit, celui des Églises et des hommes d'armes, nous la confirmons par serment et l'avons scellée par l'impression de notre sceau, en présence de nos hommes séans en notre cour, dont les noms sont ci-après apposés :

Guy châtelain *de Coucy ; Hugues* de *Guny ; Gobert* de *Cherisy ; Simon* de *Saint-Médard ; Guy* son frère ; *Guy* de *Vauxaillon ; Gérard le Gros* de *Lœuilly ; Renaud d'Espigny; Renaud* de *Tracy; Simon* de *Chavigny; Philippe Cosset; Milon du Ruisseau ; Philippe* de *Nouvron ; Jean* de *Fay ; Raoul de Bucy.*

Fait l'an de l'incarnation du Seigneur mil cent quatre vingt-dix-sept.

NOTE X, PAGE 112.

L'Alouëte est le premier historien qui a cherché à expliquer le sujet du bas-relief placé au-dessus de la porte de la grosse tour et il le fait remonter à *Enguerrand II*, fils de *Thomas de Marle* « qui, dit-il, étant adverti qu'il y avoit ès-bois et
» forêts proches de la maison, plusieurs bestes sauvages et
» estranges qui faisoient beaucoup de maus et de cruautez aus
» environs: entre lesquelles estoient un grand et puissant lion,
» qui avoit une épaisse et longue chevelure, un regard fier
» et hideus, le poil hérissé, ne redoutant chien, ne le trait du
» chasseur, s'émeut et enfla le cœur d'une ardeur et désir de
» le combattre, se fit guider au lieu où il hantoit; où lui étant
» montré plus soudainement qu'il ne cuidoit, et n'ayant pres-
» que loisir de se disposer au combat, dit à la guide en ces
» mots : *tu me l'as de près montré*. Et quand et quant d'un
» courage de *Theseus*, et d'une force et résolution d'*Hercules*,
» et la dextérité d'un *Lysimachus*, saillit si hardiment sur
» ceste beste furieuse, et la serra de si près, que l'ayant lon-
» guement combattu cors à cors, enfin il la vainquit et fit
» mourir. Dont il acquit un tel renom partout, que la mé-
» moire de sa réputation n'en peut jamais être esteinte. »

Plus loin l'Alouëte ajoute : « qu'au lieu mesme où le lion
» fut combattu, ce grand *Enguerrand* édifia une abbaye de
» riches et somptueus bastimens d'un ordre, qui, peu aupara-
» vant, avoit été institué de robes longues et de gros bonnets
» blancs; et la nomma *Prémontré* de l'allusion et rencontre de
» ces mots : *tu me l'as de près montré*. »

Jovet qui a donné une histoire abrégée des seigneurs de Coucy a eu soin de copier cette anecdote dont l'absurdité est palpable, puisque ce fut en 1120, pendant la vie de *Thomas de Marle* que fut fondée l'abbaye de Prémontré par St. Norbert. *Enguerrand* qui assista à cette fondation était né vers 1109 et n'avait alors que onze ou douze ans, ce qui rend impossible le fait qui lui est attribué. Mais l'Alouëte dont le seul et unique but est d'exalter les hauts faits de la maison de Coucy entasse dans son histoire généalogique tous les contes qu'il a entendu débiter par le peuple toujours avide de récits merveilleux, sans faire la moindre attention aux dates des événements et sans examiner l'identité des personnes dont il parle.

Je crois avec dom du Plessis qu'on ne doit reconnaître dans le chevalier combattant le lion, qu'*Enguerrand III* qui a reconstruit entièrement le château de Coucy. Mais est-ce, comme il le dit, une allégorie à un grand danger qu'*Enguerrand* aurait couru de la part d'un ennemi violent qui aurait attenté à sa vie ? Je ne le pense pas. Il fonde son opinion sur le passage d'une chronique qui dit que, pendant la guerre contre les Albigeois en 1209, *Enguerrand* échappa à la trahison de ses ennemis. Dans cette hypothèse même l'allégorie manquerait de justesse, car le lion ne peut être l'emblème de la trahison.

J'ai tout lieu de croire que la reconstruction du château de Coucy suivit immédiatement le mariage d'*Enguerrand* avec la comtesse du Perche en 1204, et par conséquent précéda la guerre contre les Albigeois en 1209. Les grands événements qui se succédèrent ensuite et auxquels *Enguerrand* prit une part active à dater de cette époque, l'obligèrent à s'absenter pendant plusieurs années et ce ne fut pas sans doute pendant ce temps qu'il fit reconstruire son château.

Le siècle de *Philippe-Auguste* fut celui où l'esprit chevaleresque de la noblesse française prit son développement et où régna surtout le goût des devises et des emblèmes. En examinant le maintien et l'air calme du chevalier qui n'oppose à l'attaque du lion que son bouclier et le plat de son épée, ne peut-on pas y voir une allusion à la construction de la forteresse contre les murs de laquelle devaient échouer les efforts des ennemis les plus terribles?

NOTE XI, PAGE 122.

Extrait d'un manuscrit déposé aux archives du département de l'Aisne intitulé *Chronicon de Nogento subtus Cociacum opere et studio Domini Victoris Cotron monachi congregationis Sancti Mauri ejusque cœnobii prioris* 1665.

Anselmus Dei gratiâ Laudunensis Episcopus omnibus presentes litteras inspecturis in Domino salutem. Noverit universitas vestra quod cum discordiâ verteretur inter ecclesiam de Nogento subtus Cociacum ex una parte, majorem juratos totamque communiam castri Cociaci ex alterâ ; super hoc quod dicti Major et jurati habere volebant apud Sanctum Salvatorem Cociaci cimiterium et campanas ; tandem cum diu fuisset super hoc altercatum : post utriusque partis labores non modicos et expensas, talis compositio inter ipsos intercessit : videlicet quod medietas legatorum qui legati fuerunt ecclesiæ Sancti Salvatoris de Cociaco, illi autem qui dicta legata recipient tenebuntur fidelitatem facere abbati et monachis de Nogento de parte suâ fideliter observandâ. Præterea in signum recognitionis quod ecclesia de Nogento est matrix ecclesia Castri Cociacensis prædicti major et jurati totaque communia se ac successores suos obligaverunt quod unus capitalium corporum tam de burgo quam de foro cociacensi, exceptis hominibus et mulieribus infra Castellum manentibus qui ad hanc conventionem non tenentur, accidet in die sancto Paschæ, et in die Penthecostis ad processionem et ad majorem missam ad ecclesiam de Nogento et ibidem communicabuntur ad majus altare vel alibi in eâdem ecclesiâ..... Nos vero præscriptam compositionem gratam et ratam habentes ipsam per præsentes litteras confirmavimus et ecclesiæ Sancti Salvatoris de assensu abbatis et monachorum dictorum et præsbiteri Sancti Salvatoris cimiterium concessimus et campanas. Actum anno Domini millesimo ducentesimo vigesimo quinto mense januario.

NOTE XII, PAGE 125.

Ego Ingerramus Dominus Couciaci notum et certum quod cum ego adduxissem Judeos meos apud Condeium in Bria ut ibi morarentur, vir illustris Theobaldus Campaniæ et Briæ Comes palatinus, dictos Judeos amovit de villa nominata. Postea vero dictus Comes ad preces meas concessit et permisit ut jam dicti Judei apud Condeium morarentur in hunc videlicet modum quod quandocumque dicto Comiti vel heredibus suis si contingeret eumdem Comitem decedere placeretur ipse Comes et heredes sui possent dictos Judeos à Condeio removere salvo jure ipsius Comitis et meo. Præterea si dictum comitem ponerem ad rationem super eo quod Judeos à Condeio removisset jus maturum per curiam suam mihi super hoc exhibebat. Ex eo autem quod dictus comes Judeos permisit apud Condeium remanere non volo quod eidem vel heredibus suis aliquid in posterum prejudicium vel gravamen possit vel debeat generari. In cujus rei certum, Actum anno gratiæ 1228. — Mense maio.

Arch. Gen. (KK, 1064, fol. 308.

NOTE XIII, PAGE 127.

Je n'entreprendrai pas de discuter les versions contradictoires des historiens au sujet de la prétention d'*Enguerrand III* de monter sur le trône, il suffit de remarquer ainsi que l'a fait dom du Plessis que le fait est constant, et j'ai dû me borner à déduire de la conduite d'*Enguerrand* avant et après cet événement les motifs excusables de la félonie apparente de ce seigneur jusque là sincèrement fidèle à ses devoirs. Toutefois s'il a pu être séduit par l'offre d'une couronne, on ne peut du moins reprocher à ce sire de Coucy d'avoir conspiré son usurpation.

L'Alouëte qui a rempli son histoire généalogique de la maison de Coucy des contes les plus absurdes et les plus merveilleux, et qui pour arranger son roman fait une étrange confusion de dates et de personnes, ainsi que je l'ai déjà prouvé, attribue à *Enguerrand*, fils de *Thomas* de Marle, l'ordre du Lion qui, dit-il, fut renouvelé par son petit-fils qui est *Enguerrand III*. Aucun titre ne prouve que cet ordre ait été institué par *Enguerrand I* ou par *Enguerrand II*, il est plus naturel de penser qu'il le fut à l'époque de la révolte de *Enguerrand III* contre son souverain, et lorsqu'il aspirait au titre de Roi : telle était mon opinion que depuis j'ai trouvée déjà établie par dom Nicolas Le Long, auteur d'une Histoire du diocèse de Laon, qui cite l'histoire des Ordres, tome VIII, page 284.

note XIV, page 238.

A tous ceux qui ces présentes lettres verront Jehan seigneur d'Estouteville, chevalier conseiller et chambellan du Roy nostre sire, garde de la prevosté de Paris, salut. Savoir faisons que pardevant Pierre Menassier et Jehan Gilon, clercs notaires du Roy nostre sire de par luy establis en son chastelet de Paris, furent presens personnellement hault et puissant seigneur monseigneur Loys filz du Roy de France, duc d'Orléans, conte de Bloys et de Valois et de Beaumont pour luy et en son nom d'une part et noble et puissant Dame madame Marie de Coucy insnée fille et héritière de feu noble et puissant seigneur monsieur Engueran, jadis seigneur de Coucy;

d'aultre part, lesquelles parties de leurs bons grez, certaines sciences, franches et libéralles volluntez sans force, contraincte ou induction frauduleuse sur ce bien pourveuz conseillez et advisez si comme elles disoient arent et font par ces presentes d'une partie à l'aultre et l'une envers l'aultre les vente transport, délaissement, affirmation, quittance, obligation, promesses et convenances quy s'ensuyvent: c'est assavoir la dicte dame dist et affirme pour verité en la presence desdicts notaires que de son propre héritaige a elle venu et eschu tant de la succession de son dit feu père comme aultrement comportoit et appartenoit, comporte et appartient trois chastellenies et leurs appartenances c'est assavoir la *seigneurie et baronnie de Coucy* à laquelle appartient les villes chastel et chastellenye du dict lieu de Coucy, Foulenbray et Sainct Aubin avecques les appartenances. Item en la chastellenye de Fere sur Oize a laquelle appartient la ville et chastel dudit lieu, le chastel et ville de Sainct Goubain, le chastel de Chastellet le lieu de Sainct Lambert des Eaues et le vivier et estang d'illec. Item en la ville et chastellenye de Marle à laquelle appartient le dit lieu et appartenances de la ville de Marle, les chasteaulx de Essy et de Gercy et leurs appartenances tout tenu en foy et hommage du Roy nostre sire, les quelz lieux faict et est besoing de faire plusieurs grans frais, mises et despens tant pour la garde d'iceulx comme aultrement et aussy sont les rentes et revenus d'iceulx tres grandement diminuées tant pour les mortalitez qui ont esté ou pays comme pour plusieurs usurpations que font chascun jour les voisins d'icelles terres et seigneuries et avecques ce sont les dites terres et seigneuries chargez de douaire et aultres grans charges anciennes et pour le quelle scet et congnoist que se seuroit son tres grand dommaige de tenir en sa main les dictes terres et seigneuries et quelle ne porroit supporter les dites charges ne avoir ne maintenir son estat sy honnorablement comme il luy appartient pour ses causes et aultres plusieurs. Elles mouvans considerant que les dictes seigneuries villes chasteaulx et lieux dessus dicts elle ne peut mectre ne transporter plus seurement pour le bien du royaume de France que en la personne du dit monseigneur le duc d'Orléans frère germain du Roy nostre sire les dictes terres seigneuries et barronnye de Coucy, Folembray, Sainct Aubin, La Fère, Sainct Goubain le Chastellet, le lieu de Sainct Lambert des Eaues et le vivier et estang d'illec, la ville chastel et chastellenye de Marle, les chasteaulx de Essy et Gercy et leurs appartenances et appendances quelesconques et generalement toutes les appartenances droictz et appendances d'iceulx tant en villes chasteaulx, maisons, manoirs, estangs, bois, forestz, fours, molins, péages, travers eaues, rivières, cens, rentes, revenus, patronages, collations de benefices, ficfs, arrière-fiefs, justices haultes moyennes et basses, noblesses, raisons, actions et poursuites réelles, personnelles, mixtes, directes, leves expresses et aultres quelesconques appartenans et appendans ausdictes possessions et seigneuries et que la dicte dame y a, peut et pouroit avoir, demander ou réclamer ores et pour le temps advenir comment et à quelque tiltre que ce soit ou puisse estre, et aultres quelesconques personnes et biens à cause de ce sans y riens reserver, excepter ne retenir charges, seulement des charges anciennes et du douaire de madame Ysabel de Lorraine vesve dudit feu monsieur de Coucy la dicte dame Marie de Coucy recongnut et confessa pardevant les dicts notaires comme en jugement pardevant nous avoir vendu, ceddé, quicté, transporté et delaissé et par la teneur de ses presentes lettres vend, cedde, quicte, transporte et délaisse des maintenant a toujours perpetuellement et hereditablement et a promis et promet garentir, delivrer et deffendre envers et contre tous et toutes fois que mestier sera de toutes debtes, obligations, ypotheques et aultres empeschemens quelzconques audit monseigneur le duc d'Orléans pour luy, ses hoirs et ayans causes ceste presente vente, transport, cession et delaissement faicte pour et parmy le pris et somme de *quatre cens mille livres* tournois, monnaye courant a present a comptes l'escu d'or à la couronne pour vingt-deux solz six deniers tournois pièce francs et quicte à la dite dame dont des deux cens mille livres la dite madame Marie porra fere son plaisir et volenté et les aultres deux cens mille livres tournois seront pour tourner et convertir au prouficl des enffans de la dicte madame Marie pour leur provision desquelles quatre cens mille livres tournois ont estez payez, baillez et nombrez à icelle madame Marie en la présence des notaires en escus d'or de la dicte valleur, la somme de soixante mille livres tournois et du surplus de ses deux cens mille livres tournois qui devoient tourner au prouficl d'icelle Madame Marie montant à la somme de sept vingtz mille livres tournois elle se tint et tient pour bien contente et agree moyennant certaine obligation quelle a a part d'icelle somme et les aultres deux cens mille livres tournois restans de la dicte vendition Monseigneur le duc promis et gaiga par sa foy et serment pour ce baillié corporallement es mains des dits notaires, rendre et paier à la dicte madame Marie a ses hoirs ou ayans cause ou au porteur de ses presentes aux termes et par la manière cy apres déclairée c'est à savoir du jour de la St. Jehan Baptiste prochaine venant en ung an cent mille livres tournois et les aultres cent mille livres tournois du jour de la St. Jehan Baptiste que se doibt fere le dit payement en ung an prochain apres ensuyvant et se aucuns acquests estoient faitz d'icelle somme ou de partie durant la vie de la dicte dame, icelle dame joira et exploictera des fruicts, prouffictz, revenus et esmoluments d'icelles acquisitions sa vie durant sans ce quelle puisse vendre ne aliéner la propriété d'iceulx en aulcune manière ne que ses dits enfans sa dicte vie durant y puissent aucune chose demander et s'il advenoit que les dicts enffants allassent de vye à trespassement la dicte somme de deux cens mille livres tournois ou ce qui en auront esté achapté et acquis retourneroit a la dicte madame Marie, si elle vivoit et après son trespassement au plus prochain hoir de la ligne de Coucy de laquelle somme de soixante mille livres tournois ainsy desja payer et bailler, delivrer à la dicte madame Marie de Coucy elle se tint et tient pour bien contente, paiée et agree et en quicta et quicte à tousjours purement et absolument le dit monseigneur le duc d'Orléans, ses biens ses hoirs et ayans cause et à tous aultres a qui quictance en peut et doibt appartenir et aussi se tint pour bien contente de toutes les choses cy dessus contenues sauf reserve, excepte et retenu par la dite dame Marie l'usuffruict et usaige des fruicts, revenues et esmoluments quelzconques des dites seigneuries et possessions dessus vendues pour en joir et exploicter par elle et ses officiers quelle y a commis et commectra toutesfois et quantes quy luy plaira, sa dicte vye durant seullement sans que le dit monseigneur le duc puisse ne doive faire ou faire faire aucuns exploictz de justice ne aultres au prejudice du viaige de la dite madame Marie, ne la empescher en son viage ne usufruict par quelque voye que ce soyt; desquelles seigneuries, barronnye et chastellenyes et lieux dessus déclarées, la dicte madame Marie se devesty et dessaisy, es mains des dits notaires, comme en notre Souveraine pour le Roy notre Sire pour et au prouffict du dit monsieur le duc de ses hoirs et ayans cause et en quicta et remist sa foy et hommaige en quoy elle en estoit devoit et povoit estre au Roy notre Sire et voullut et accorda que iceluy monsieur le duc en puist entrer en foy et hommaige et en prendre royaument et de faict la possession et saisyne et mectre et instituer de par luy es chasteaulx et villes fermes dessus vendues cappitaines et gardes excepté es villes et chasteaultx de la Fere et de Chastellet esquelz deux lieux la dicte madame Marie en faisent ceste presente vendition a retenu et retient sa demeure sa vye durant seullement et dabondant pour faire la dicte desmission et dessaisyne et consentir par tout ou il appartiendra que le dit monseigneur le duc en soit saisy et vestu, mis et receu en foy et hommaige possession et saisyne ou souffrance la dite madame Marie fist et faict ses procureurs generaulx et certains messagers especiaulz sans rappel noble et puissant seigneur monseigneur Guillaume de Melun Conte de Tancarville, Monsieur Iehan de Hangest seigneur de Heuqueville, monseigneur Jehan de Sequamville dit Saquet seigneur de Blavoir et Guillaume de la Champaigne escuyer, ausquelz et à chacun d'eulx por soy et pour le tout la dite madame Marie a donné et donne plain povoir, auctorité et mandement espécial de ce fère et tout ce qui au cas appartiendra et avecques ce promis la dite madame et sera tenue bailler et délivrer audit monsieur le duc ou a ses gens pour luy dedans le jour de la Sainct Andry prochaine venant tous les tiltres, livres, registres, chartriers, lettres et aultres enseignemens quelzconques quelle a et peut avoir touchant et regardant les dits terres possessions et segneuries; promectans les dictes parties chacune en droict soy et pour tant que ne luy touche compecte et appartient par leurs sermens et foys de leurs corps pour ce baillées corporellement es mains desdits notaires à avoir agréables et tenir fermes et estables à tousjours ceste présente vente, transport, obligation pour toutes et chacune des choses en ces lettres contenues, icelles enteriner et loyaument acomplir, sauf en frauder en aucune manière, ne sans aller ne souffrir aller ou venir en contre, par elles ne par aultres couvertement ne en appert jamais à nul jour pour raison de decevance, d'erreur, d'ignorance ne aultrement comment que ce soyt, et rendre et payer à plain et sans plaict tous coustz, mises, despens, dommaiges et interestz qui faiz euz et soustenus seroient par deffault, de garentir, de paiment ou d'aulcunes des aultres choses dessus dites non enterinées et non accomplis obligeans quant a ce icelles parties chacune en droict soy et pourtant qui luy touche et peut toucher par leurs dits sermens et foys eulx leurs biens leurs hoirs et les biens de leurs hoirs meubles et immeubles presens et advenir, quelz ou quilz soyent quelles en ont pour ce soubz-

23

mis de tout a la jurisdiction, cohertion et contraincte de nous de noz successeurs prevosts de Paris et de toutes aultres justices soubz quyz jurisdiction ils seroient ou porroient estre trouvés pour ces lettres et leur contenu du tout accomplir, renonçans en ce faict expressement les dits sieur et dame chacun pour tant que celuy touche et appartient par leurs dits serments et fois a toutes exceptions de deception, de mal fraude, d'erreur, lésion, circonvention, et decepvance, à toutes barres, cautelles et cavillations, à tout droict escript et non escript, canon et civil, à ce quilles puissent dire proposer ou maintenir estre ou avoir esté deceues en ceste vente, contract, ou obligation faisant en auculne manière ne qu'il y ayt en ces lettres plus ou moins escript que passé et accordé que escript a tous us, stilles, coustumes, constitutions et establissements de lieux, de villes et de pais viez et nouveaulx a toutes lettres d'Estat, de grace, dispensations et absolutions sur le faict de leurs sermens données et à donner et a tout ce generalement qui tant de faict comme de droict de us, de coustume et autres aydes ou valoir leur porroit advenir ou dire contre ces lettres l'effect et contenu d'icelles mes-

---

TRADUCTION

J'ai vu ensuite l'admirable château de *Coucy* le plus fort que possédat le duc d'Orléans. J'ai entrepris de le décrire en vers, afin que vous ne pensiez pas que je dis une chose fausse. Le château de *Coucy* est placé sur les frontières du peuple de la Picardie, fondé sur l'extrémité d'une montagne ; défendu par des tours et des remparts remarquables par la force de leur construction. La plus grande des tours, plus invincible qu'aucune de celles du royaume de France, est extrêmement élevée. Pour atteindre son sommet il faut compter deux-cent

mement au droict disant generalle renonciation non valloir en tesmoing de ce nous a la rellation desdits notaires avons mis à ces lettres le scel de la prevosté de Paris faictes passées et accordées tant que icelles nos vouldront avoir suivant ceste forme le lundy quinziesme jour de novembre l'an de grace mil quatre cens.

Ainsi signé, J. GILON et MENASSIER..

Bibl. Imp. manus. collect. Dupuy vol. 223, p. 1. — Brienne, n. 297, fol. 1.

NOTE XV, PAGE 242.

Antoine d'Asti, secrétaire du duc d'Orléans vers 1440, a écrit un certain nombre de lettres en vers latins, qui ont été recueillies et forment plusieurs livres, sous le titre de *Lettres héroïques*. L'une d'elles est consacrée à la description du château de Coucy ; nous en donnons ici un extrait, ainsi qu'une traduction. Le texte est tiré d'un manuscrit de la Bibliothèque de Grenoble.

Vidi præterea quo nullum fortius unquam
Aurelianensis ducis admirabile castrum
Cociaci ; quod, ne falsò me dicere credas,
Institui nostro formam tibi describere versu.
Cociaci castrum est inter confinia gentis
Picardæ positum, super uno monte decenti
Fundatum, quivis munitum turribus atque
Mœnibus egregiis miro cum robore factis.
Major enim turris quâ non invictior ulla
Gallorum in regno, certè est altissima visu,

Quam super ascendi fessus numerando ducentos
Vigintique gradus, adjunctis indè duobus :
Sic alta est tensas tres et triginta per ulnas,
Nec minùs in terras dicuntur tendere muri
Fundamenta sui, quorum argumenta patere
Hinc puto, cùm puteus situs hâc in turre, sub imum
Terræ plus quàm ulnis sit quadraginta profundus,
Ex quo lucidior crystallo effunditur unda,
Quâ nec frigidior, nec in illis suavior oris
Ulla est, quæ miram trahitur super alta per artem.
Adde molendinum manibus, si tempus adesset
Urgens, volvendum, furnumque in turre locatum.
Circuitus verò turris dimensus ab extrà,
Qui tereti formâ, qui pulchrâ est conditus arte
Non secùs ac reliquæ quas dicam in tempore turres,
Sexaginta viri tensas amplectitur ulnas.
Murus at illius nimirum est densus ubique
Quinque et viginti pedibus seu quatuor ulnis
Adjunctâ mediâ, quâ re ne fallerer, ipse
Mensurare meo volui cum corpore totam :
Et tamen interius satis est spatiosa, pedesque
Quinquaginta duos, tam fundo turris in imo
Quàm mediis spatiis habet : ast in parte supremâ
Latior est multò : nam sex et continet in se
Octoginta pedes. Ita plumbo texta tenaci
Extremos inter cingentes undiquè muros,
Ut super infusis illic fluvialibus undis
Servati fuerint tanquam in vivario pisces.
Ergò videntur ibi miracula, qualia quondam
Deucalionæo mirata est ipsa vetustas
Tempore, dum pisces sunt capti in turribus altis.
Præterea turrim circumdant undiquè fossæ
Præcipites, denso fultæ circumquaque muro,
Ex quibus apparet quòd, quamvìs hostis iniret

vingt-deux marches : ainsi elle est haute de trente-trois aulnes (1). On dit que ses murailles ne s'enfoncent pas moins jusqu'à leur fondement ; je pense qu'on peut en avoir pour preuve le puits situé dans cette tour profond en terre de plus de quarante aulnes, d'où il sort une eau plus claire que le cristal, et plus fraîche et plus agréable à boire qu'aucune autre ; elle est portée en haut par un moyen admirable. Ajoutez encore qu'un moulin à bras et un four ont été placés dans la tour pour servir en cas de besoin. La circonférence de la tour, mesurée à l'extérieur dont la forme élégante est construite avec art comme je le dirai en son lieu pour les autres tours, peut être embrassée par les bras étendus de soixante hommes. Le mur n'est pas moins admirable par son épaisseur qui est de vingt-cinq pieds ou quatre aulnes et demi ; afin de ne pas me tromper j'ai voulu tout mesurer par moi-même. Cependant l'intétérieur de la tour assez spacieux, a cinquante deux pieds, tant au rez de chaussée qu'au premier et au second étage; mais dans la partie la plus élevée, elle est beaucoup plus large, car elle contient quatre-vingt six pieds. Un plomb scellé de toutes parts aux murs qui l'entourent de manière à retenir les eaux pluviales qui tombent dessus, conserve comme dans un vivier des poissons. On voit donc là un prodige que l'on vit autrefois du temps de *Deucalion*, des poissons captifs sur le sommet élevé des tours. En outre des fossés profonds entourent de tous côtés la tour, ils sont couronnés par une muraille épaisse, qui fait comprendre que quand même l'ennemi serait maître du reste du château la tour serait encore invaincue. Je ne pense pas qu'il faille passer sous silence la sculpture qui est au-dessus de la porte de la tour, image du prince illustre qui fut le premier fondateur de ce château (2). Cet homme très-courageux, très-habile à manier les armes, avait combattu une bête

---

(1) La mesure de l'aulne est de près de deux mètres ou six pieds.
(2) L'auteur se trompe ici. *Voir la dissertation de la note* N° 10

Castri alias partes, tamen hìc invicta maneret.
Non reticendum hìc non puto quod super ostia turris
Sculpta est effigies illustris principis ejus
Qui primus fuerat castri conditor, et idem
Qui cùm magnanimus, cùm præstantissimus armis
Esset vir, fulvum memoranda in bella leonem
Vastantem patriam non paucis cædibus illam
Perculerat sævo mediumque ceciderat ictu.
Unde monasterium princeps fundavit, et illi
Æterna a domito posuit cognomina monstro ;
Cujus adhuc palmæ monumentum vidimus ensem
Tam longum, quantum potui complectitur ulnis
Extensis, cujus satis est quoque lamina lata.
Hinc est victoris victique leonis imago
Celata in durâ turris super ostia petrâ.
Nostra ætas igitur sese vidisse leonis
Victorem gaudere potest, velut Herculis ætas
Gavisa est, ab eo Nemæâ mole subactâ.

   Quatuor hâc aliæ non multò turre minores
Hoc sunt in castro vario munimine turres
In quibus existunt thalami, non parva decoris
Ornamenta sui, tres unaquaque locati
Sub pulchrâ egregiè facti testudine ; sicut
Est turris major parsque ejus maxima castri
Est, et in illarum fundo super humida terræ
Humanus carcer parvo pro crimine factus ;
Carcer at horrendus, tetro pro crimine factus
Turrium in imâ jacet vasto telluris hiatu.

   Hoc castro est factum divino in honore sacellum
Dives imaginibus petræ variisque figuris,
Aurea cui super est non parvo facta decore
Testudo, variis variè insignita figuris :
Sed nihil hoc vidi præstantius ipse sacello,
Quamvìs multa forent pulcherrima digna relatu,

fauve ayant la forme d'un lion qui ravageait le pays par de nombreux carnages et l'avait tué d'un coup terrible. Le prince fonda un monastère dans ce lieu et lui donna le surnom éternel du monstre dompté ; nous avons vu l'image de cette épée si longue qu'à peine nous pûmes atteindre les deux extrémités les bras étendus et dont la lame est assez large. Là se trouve l'image du vainqueur et du lion vaincu sculptée sur une pierre dure sur la porte de la tour. Ainsi notre âge peut se glorifier d'avoir vu le vainqueur d'un lion, comme l'âge d'*Hercule* se glorifiait de la victoire remportée sur celui de *Némée*.

Il y a quatre autres tours un peu moins grandes que celle-ci, servant à la défense du château, et entre lesquelles sont les appartements ; leurs ornements sont riches, et le faîte de trois d'entre elles a la forme remarquable de tortue. Comme la tour la plus grande, cette partie du château est très-fortifiée. On a placé dans les fondations de celles-ci, au-dessus de la terre humide, les prisons humaines destinées à punir de légers crimes ; mais une prison affreuse, destinée à la punition des grands crimes, présente au-dessous des tours une vaste ouverture dans le sein profond de la terre.

Il y a dans le château une petite chapelle en grande vénération, enrichie de statues de pierre et de différentes figures ; la couverture dorée qui est au-dessus est très-ornée et décorée de diverses figures. Ce que j'ai vu de plus remarquable dans cette chapelle, quoique beaucoup de choses très-belles fussent dignes d'être racontées, ce sont les différents orne-

Quàm varia in vitreis posita ornamenta fenestris
Ditia imaginibus, vario pretiosa colore
In quibus integras veteris spectare novique
Testamentorum vel nostrâ ætate licebat
Historias : heu ! heu ! sed longi tempore belli
Hostiles illum non parvâ ex parte profanæ
Diripuêre manus ; namque illo tempore castrum
Quod capere armorum potuisset nulla potestas,
Perfidia interior crudeli subdidit hosti.
Quanti autem fuerint dicta ornamenta valoris
Dux Bituricensis regali e stirpe Johannes,
Qui pro prædictis, quæ longè optabat habere,
Aurea scutorum voluit dare millia bis sex
Atque illas iterùm puro redimere fenestras
Vitro, monstravit, aliis ne testibus utar.
 Aula est præterea castri pulcherrima, namque
Quinquaginta pedes lata est et longa ducentos
Quam super alta manet testudo, cuique fenestræ
Et multæ et magnæ clarissima lumina præstant.
Quatuor hæc in se formâ præstante caminos
Continet in variâ murorum parte locatos :
Quorum sunt bini fabricati ex ordine pulchro
In capite ipsius aulæ, quibus imminet alta
Orchestra eximiam mirè confecta per artem
Et variis signis variisque ornata figuris,
Quodque magis miror, tam docti facta magistri
Cuncta fuêre manu, quod mihi lumina testes
Essent, vix unquam potuissem credere, frondes
Arboris et fructus, uvas et plurima parvi
Corporis in petrâ sculpi sic posse rigenti.
Illinc cum nymphis dominique virique potentes
Semoti a populo possunt spectare choreas
Et ludos, si qui totâ celebrantur in aulâ.
Adde novem veterum famâ præstante virorum

ments des vitraux des fenêtres, enrichis d'images précieuses par la variété des couleurs, sur lesquels on pouvait voir les histoires entières du Nouveau et de l'Ancien Testament ou de notre époque. Hélas! hélas! pendant ce long temps de guerres, les mains sacriléges des ennemis en détruisirent en grande partie : à cette époque, aucune puissance ne pouvant s'emparer du château par la force des armes, la trahison le livra à un ennemi cruel. Le chef des Anglais *Jean*, de la famille royale, prouva quelle était la valeur des ornements que je viens de décrire : depuis longtemps il désirait les avoir, il en donna douze mille écus d'or et remit aux fenêtres de nouveaux verres blancs : je ne donnerai pas d'autre preuve.

La salle d'apparat du château est très-belle, car elle a cinquante pieds de large et deux cents de long; au-dessus s'élève une vaste toiture. Un jour brillant y pénètre par une grande multitude de fenêtres. Quatre tribunes élégantes sont placées sur différentes parties des murs; deux d'entre elles, remarquables par leur beauté, sont placées en tête de la salle. Ces tribunes élevées sont destinées à des orchestres; elles sont construites avec un art si admirable et ornées de figures et de dessins si variés, que l'on ne sait si l'on doit plus admirer l'art de l'architecte que le travail de l'ouvrier; si mes yeux n'en eussent été témoins, je n'aurais pu croire que des branches d'arbre, des fruits et des raisins pussent être sculptés avec tant de délicatesse sur une simple pierre. Dans les autres tribunes, les dames, les seigneurs et les chevaliers, séparés du peuple, peuvent regarder les danses et les jeux qui s'exécutent dans la salle. Ajoutez à cela neuf hommes d'une grande réputation parmi les anciens et d'une grande célébrité chez les Français, dont les images sculptées en pierre blanche existent dans ce lieu. Dans ce nombre trois sont d'origine juive :

Nomen apud Gallos claræ probitatis habentum.
Illic compositas ex petrâ albente figuras
Ex quibus existunt judææâ ab origine nati
Tres Domini : Josue, Judas Machabæus, et ipse
David ! tres autem gentilis sanguinis, Hector
Trojanus, Cæsar Romanus Julius, atque
Magnus Alexander ; tres verò regis olympi
Qui fuit ob nostram passus tormenta salutem,
Excoluére fidem, certè meliora secuti :
Arturus Rex et Rex Carolus Magnus, atque
Is qui pro Christo postremus subdidit urbem
Jerusalem, æterno Gothofridus nomine dignus.
Addidit his genitor nostri hujus principis heros
Summæ virtutis Lodoicus, munera longæ
Promeritus famæ, qui non mediocriter auxit
Hoc castrum, decimam Gallorum ex gente figuram
Militis insignis, Claschinâ prole Britannâ
Nati, Beltrandi, quo nullus major in armis
Tempestate suâ fuit, aut præstantior omni
Virtute, et toto famâ præclarior orbe.
   Est et in hoc castro thalamus pulcherrimus in quo
Mira novem veterum mulierum præstat imago
Quas solet appellare Probras gens gallica vulgò.
Hic est æterno memoranda Semiramis ævo
Assyriorum habitu quondam regina virili,
Quæ prima excelsam muro circumdidit urbem
Coctili, ubi Magnus Macedo mala pocula sumpsit,
Prima quæ fœmineo tulit arma virilia dorso :
Hìc est illa ferox Thamiris Regina Scytharum,
Quæ privata suo per Cyrum acerrima nato
Regem intra montes astu perduxit, et ense
Stricto, bis centum comitatum millibus illum
Fœmina truncavit, penitusque superstite nullo.
Hìc est Deiphile, quæ cum virtute virili

Josué, Judas Machabée et David ; trois d'origine païenne : Hector le Troyen, Jules César le Romain et le grand Alexandre ; les trois autres enfin furent certainement les meilleurs boucliers du Roi du ciel, qui souffrit des tourments pour notre salut : le Roi Artus et le Roi Charlemagne, et celui qui le dernier soumit pour le Christ la ville de Jérusalem, Godefroy, digne d'un nom éternel. Le héros, père de notre prince, *Louis*, d'une haute vertu, digne d'une longue renommée, et qui embellit beaucoup ce château, ajouta une dixième statue, celle d'un guerrier remarquable, Bertrand de Glacquin, né Breton ; personne dans son temps ne fut plus grand guerrier, ou plus remarquable par toutes les vertus et plus généralement célèbre.

Il y a dans ce château une très-belle chambre dans laquelle on admire les images de neuf femmes de l'antiquité, que le peuple français appelle ordinairement *preuses*. Là se trouve Sémiramis, à jamais illustre, reine des Assyriens, elle montra l'énergie d'un homme ; la première elle entoura d'un mur élevé sa ville célèbre où le grand Roi de Macédoine prit un breuvage malfaisant. La première qui, sur ses épaules de femme, porta une armure d'homme, la fière Thamiris, est près d'elle, reine des Scythes, privée de son fils par Cyrus, irritée, elle poursuivit ce prince dans les montagnes et, l'épée à la main, quoique femme, tua deux cent mille de ses soldats, sans en épargner un seul. Ici est Deiphile, qui, montrant un mâle courage, soumit, dit-on, par ses armes, la ville des Thé-

Præstaret, validis Thebanam dicitur urbem
Exsuperasse armis, violentoque igne cremasse.
Sunt et Amazonidum reginæ nomine claro
Notæ : Lampedo, Menalippe, Marpesia, atque
Orythia suo præclari nominis ævo ;
Quæque suum auxilium Trojanis præstitit armis
Penthesilea ferox doctis celebrata poetis ;
Nec non Hippolyte, quæ quamquam Thesea pugnans
Straverat, Alcidem comitantem in prælia magnum,
Dein tamen Hippolytum castum concepit ab illo.
Hæ tantâ ex petrâ fictæ sunt arte figuræ,
Quantam unquam credam quemquam novisse magistrum:
Non secùs antiquos Euphranora vel Polycletum
Aut Phydiam artifices veterum simulacra deorum
Magnorumque virum credo finxisse figuras,
Ex quo perpetuum meruerunt nomen habere.

 Hinc gemini mirâ fabricati ex arte camini
Suppositi dictis laudando more figuris
Exornant thalamum, nec non in robore suorum
Concilium procerum, vel scribere dum placet illi
Aut facere occultus quidquid velit, atque remotus.

 Sunt alii multi thalami, multoque decore
Et vario ornati, quos est mora longa referre :
Transeo præstantem dignamque Nerone coquinam
Et stabula in castro multis facili apta caballis :
Transeo per multas scalas in robore muri
Admirabiliter factas, et nulla ferentes
Impedimenta locis, tamen illis sufficientes.
Transeo et ingressus castri cum robore tanto
Factos, ut nullo valeam describere versu ;
Quidquid sub terris varia ornamenta, locique
Munimenta jacent : nam quadraginta profundus
Is locus est gradibus, conduntur ubi optima vina,
Forti et mirandâ totus testudine tectus ;

bains et la livra aux flammes. On voit aussi les Reines illustres des Amazones; Lampedo, Ménalippe, Marpésie et Orythie, noms glorieux dans leurs siècles; la fière Penthésilée, célébrée par les poëtes, et qui donna aux Troyens le secours de ses armes; Hippolyte enfin que Thésée, secondé du grand Alcide, avait vaincue dans un combat, et qui cependant conçut de lui le chaste Hippolyte. Leur image en pierre est sculptée avec un art égal à celui des plus grands maîtres : je ne crois pas que chez les anciens Euphranor, Polyclète ou Phidias aient représenté les dieux ou les héros avec plus d'art; et cependant ils acquirent une réputation éternelle.

Les statues dont je viens de parler, placées sur deux cheminées construites avec un art admirable, servent à l'ornement de la chambre. Dans ce lieu, enfermé de fortes murailles, le prince peut, sans être troublé par personne, réunir le conseil de ses pairs, ou écrire, ou faire en secret tout ce qu'il lui plaît.

Il y a un grand nombre d'autres chambres, décorées de beaucoup d'ornements divers, qu'il serait trop long de décrire : je passe sous silence une cuisine digne de Néron, et des écuries, dans le château, disposées pour un grand nombre de chevaux; je passe sous silence une multitude d'escaliers placés dans l'épaisseur des murs, n'occasionnant aucune gêne, et cependant suffisant pour le service intérieur. Je passe sous silence les entrées du château, tellement fortifiées que je ne pourrais les décrire en vers; les souterrains magnifiques où sont renfermées les provisions. Dans un lieu profond de quarante marches sont renfermés des vins exquis, couverts entièrement par une voûte admirable; de ce côté est une retraite souterraine pour se dérober aux embûches de l'ennemi.

Cujus parte latens est subterranea castri
Tutela hostili cupiens obsistere fraudi.
Est etiam puteus sub cœlo factus aperto
Parte aliâ castri, quem subterraneus infra
Est thalamus miro fabricatus more latenter,
In quo Cociaci dominus consueverat aurum
Abdere vel gemmas pretiosaque talia rerum.
  Præterea quanto sit prædita robore porta
Ipsius villæ, quâ vix est fortior ulla,
Possem præterea varia ornamenta referre
Nec non illius castri munimina, nec non
Quàm sit frumento, quàm vino fertilis atque
Fructibus et reliquo terrarum munere; sed cùm
Multa meis restent alia exprimenda camenis,
Hæc satis esse velim de tanto carmina castro.

NOTE XVI, PAGE 252.

C'est la première fois qu'il est parlé d'un gouverneur du château de Coucy. Les gouverneurs paraissent avoir succédé aux châtelains. On ignore l'époque précise de l'établissement de ces officiers, car entre le dernier châtelain connu, dit dom du Plessis, et *Robert* d'Esnes, il y a un intervalle de cent ans qu'il est impossible de remplir. Cet auteur donne la suite des gouverneurs depuis 1411 jusqu'à lui.

Comme il peut toujours être utile de chercher à éclaircir un point d'histoire, je vais donner ici mes conjectures sur l'époque où les châtelains ont été remplacés par les gouverneurs.

Prenant pour point de départ le moment où les châtelains cessent d'être cités et cet intervalle qui s'écoule jusqu'à *Robert* d'Esnes en 1411, je trouve que les châtelains disparaissent

Dans une autre partie du château est un puits à ciel ouvert, sous lequel est creusée une chambre secrète dans laquelle le seigneur de Coucy avait l'habitude de cacher son or, ses pierreries et tout ce qu'il avait de plus précieux.

Je ne décrirai pas la force de la porte de la ville elle-même, à peine y en a-t-il une de plus fortifiée. Je pourrais ensuite raconter d'autres beautés non moins curieuses que les fortifications du château, la terre fertile en blé, en vins et en toute espèce de fruits ; mais comme mes vers laisseraient beaucoup à désirer, veuillez vous contenter de cette description du château.

avec la première famille de Coucy, qui s'éteignit en 1311 dans la personne d'*Enguerrand IV*.

Les anciens châtelains de Coucy jouissaient de droits assez étendus sur le domaine de Coucy, principalement sur le vinage ; il est possible qu'*Enguerrand* de Guignes, qui avait passé une grande partie de sa vie en Écosse, dans un état de gêne assez grand, eût voulu, en succédant à son oncle, supprimer l'espèce d'apanage dont jouissait le châtelain ; et pour y parvenir plus facilement, ce seigneur aura pu confier la garde de son château à un simple officier salarié auquel il aura donné le titre de gouverneur, ainsi que l'usage en était déjà établi en Écosse.

La dignité ou les fonctions de châtelain datent de l'époque de l'établissement des forteresses construites par les seigneurs, vers l'an 900. Il est déjà question d'un châtelain de Coucy en 944, qui commandait le château pour *Hugues le Grand*, comte de France. Le châtelain était dans l'origine un officier auquel un seigneur donnait sa confiance, et qu'il chargeait en son absence de garder son château ou sa ville. Au lieu de donner des appointements fixes aux châtelains, les seigneurs leur concédèrent divers droits sur leurs domaines. Insensiblement les châtelains devinrent héréditaires et étendirent leurs prérogatives, qui furent considérables. Pour se soustraire aux charges qui pesaient sur leurs seigneuries par suite de ces concessions, les seigneurs remplacèrent les châtelains par des officiers salariés auxquels ils donnèrent le titre de gouverneurs; cependant ils les laissèrent encore jouir de quelques-uns des droits attribués au châtelain, ainsi qu'on peut le voir par l'extrait suivant d'un dénombrement fourni en 1735 pour la châtellenie de Coucy, pièce qui m'a été communiquée par M. Carlier, ancien lieutenant-général au bailliage de Coucy, puis maire de cette ville.

« *Item.* Les rissoles que l'abbé de Nogent doit chacun an à trois termes, c'est à savoir, au jour de Noël, au jour de Pâques et à la Pentecôte, à chacun terme appartiennent au dit seigneur châtelain quarante rissoles, un lot de vin et trois blancs pains, et les doit faire amener le dit abbé de Nogent, à chacun d'iceux jours, sur le cheval de limon harnaché suffisamment de tous les harnois qui appartiennent à cheval de limon, et si le valet descend, le cheval est acquis au seigneur de Coucy. »

« *Item.* Le droit de souliers, que les gens du dit châtelain peuvent prendre tous les mois de l'an, un des vendredis du mois, jour de marché ordinaire au dit Coucy et jour de foire, chacun une paire de souliers de vache, selon qu'il leur plaira, en laissant leurs vieux souliers et payant un denier, suivant les anciens dénombremens et sentences rendues à ce sujet. »

» *Item.* Le profit que le châtelain doit avoir quand nouveau seigneur ou nouvelle dame de Coucy viennent ou descendent en ladite châtellenie à voiture ou à cheval ou autre chose accoutumée en tel cas, c'est à savoir : le cheval ou la haquenée où monsieur ou madame sont montés, ou le cheval de limon sont acquis audit châtelain. »

« *Item.* Le dit châtelain a son droit en l'église de Saint-Paul-aux-Bois, savoir trois fois la semaine à aller lui, ses gens et ses chiens, boire, manger, s'il lui plaît, en la quelle doit avoir treize moines, et au cas qu'il n'y en aurait treize, le dit châtelain y peut mettre de ses gens ce qu'il lui plaira ou autres. »

« *Item.* Le dit châtelain a son droit d'aller toutes fois qu'il lui plaît, ses gens et ses chiens, en l'abbaye de Bellefontaine, boire et manger. »

« *Item.* L'habitation, usage et demeure pour le dit châtelain toutes fois qu'il lui plaît, à Coucy, à la porte Maître Odon, la quelle le seigneur de Coucy doit livrer et tenir en toute réparation, excepté que ledit châtelain la doit recouvrir de couverture tant seulement. »

Voici une liste des châtelains de Coucy plus complète que celle donnée par dom du Plessis. On verra que pendant un siècle la place de châtelain de Coucy a été héréditaire. La date qui précède le nom des châtelains est celle des actes dans lesquels leur nom est inscrit ; ces actes se trouvent dans les ouvrages de Duchesne, de dom du Plessis, de Colliette, et dans une histoire manuscrite de Chauny, écrite en 1715 par M. Labbé, ancien prieur de Saint-Martin de Chauny.

An 944. N.,   châtelain, reçoit le duc de Normandie lors de son évasion de Laon.
950. Harduin,   châtelain pour Thibault de Chartres, puis pour l'Archevêque Artaud.
1059. Tiezzon I.   Son nom se trouve dans la charte de fondation de l'abbaye de Nogent-sous-Coucy.

1086. Tiezzon II.	Colliette, dans ses mémoires pour l'histoire du Vermandois, distingue deux Tiezzon, châtelains de Coucy. Le second, dit-il, fut fils du premier.
1095. Renaud I,	fils du précédent, contresigna, en qualité de châtelain, un diplôme du Roi Philippe I en faveur de l'abbaye de Nogent et, en 1104, fut témoin d'une donation faite à cette abbaye.
1107. Guy I,	frère de Renaud, deuxième fils de Tiezzon.
1112. Guy II,	fils du précédent, aimé de Sibylle de Château-Porcien qui lui fit épouser la fille qu'elle avait eue d'Enguerrand I avant son mariage avec ce seigneur.
Roger,	fils du précédent, fut en même temps châtelain de Noyon.
1165. Guy III,	succéda à son père Roger.
1187. Renaud II,	fils d'Enguerrand de Coucy, frère puîné de Raoul I, sire de Coucy, fut nommé châtelain par son oncle. Ce châtelain, célèbre par ses amours avec la dame de Fayel, mourut en Palestine en 1191.
1191. Renaud III,	suivant Colliette, mourut en 1199. Il était neveu de Guy III et fils de Jean, seigneur de Condren, châtelain de Noyon et de Thorotte.
1197. Guy IV,	frère du précédent, neveu de Mathieu de Montmorency, figure en qualité de châtelain dans la charte de commune de Coucy. Il mourut à la croisade en 1203.
1207. Renaud IV,	châtelain de Coucy et seigneur de Sinceny, donne, en 1207, à la maladrerie

de Chauny, le bois de la Fortelle ; il était encore châtelain en 1220.

1280. Renaud V, probablement fils du précédent, fait en 1280 une donation à l'église de Saint-Nicolas-aux-Bois pour le repos de son âme et de celles de ses ancêtres.

J'ai vu dans une note que m'a confiée M. Carlier, extraite de l'histoire déjà citée de M. Labbé, qu'il y est fait mention d'un Renaud de Magny, châtelain de Coucy, sans que l'époque où il vivait fût indiquée.

Ainsi que je l'ai dit plus haut, il y a une lacune entre le dernier châtelain connu et le premier gouverneur de Coucy, dont les chroniqueurs fassent mention. On vient de voir que la dernière date à laquelle se rattache le nom d'un châtelain est celle de 1280, le premier gouverneur cité était en fonctions en 1388 ; il y a donc un intervalle de 108 ans.

La liste des gouverneurs donnée par du Plessis étant fort incomplète, je vais la donner de nouveau en ajoutant les noms oubliés par cet historien.

An 1388. Jean de Roye, envoyé par Enguerrand VII au secours des Fribourgeois. C'est par erreur, sans doute, que les auteurs de l'*Art de vérifier les dates* lui donnent le titre de connétable.

1411. Robert d'Esnes fut gouverneur du château pour Charles Ier d'Orléans, et Enguerrand de Fontaines fut en même temps gouverneur de la ville.

1411. Gérard d'Herbannes, nommé gouverneur par le duc de Bourgogne après la prise du château par comte de Saint-Pol.

1415. Pierre de Xaintrailles, gouverneur du château, fut

assassiné par les prisonniers Bourguignons. Étienne Vignoles, dit La Hire, était gouverneur de la ville.

1420. Pothon de Xaintrailles, pour le duc d'Orléans.
1442. Robert de Saveuse, chambellan du duc d'Orléans.
1443. Philippe Antoine, dit le bâtard de Vertus, fils de Philippe d'Orléans, comte de Vertus.
1445. Jean Foucault réunit au titre de gouverneur celui de grand bailli que portèrent aussi ses successeurs jusqu'en 1607, que ces deux titres et fonctions furent séparés.
1457. Georges de Brilhac, seigneur de Courcelles.
1464. Louis de Pons, seigneur de Mornac.
1474. Guy Pot, comte de Saint-Pol, seigneur de Roche pot, bailli de Vermandois.
1485. Robert de Courtignon.
1487. Nicolas de Norvel ou Norwel, écossais.
1487. Pierre d'Amerval.
1491. Georges de Sully, chambellan du duc d'Orléans.
1496. Georges d'Auxy, maître d'hôtel du duc d'Orléans.
1515. Jean de Moy, écuyer tranchant du roi.
1516. Pierre de Chissé.
1519. Philippe de Chabot, seigneur de Brion.
1546. Guy Chabot, seigneur de Montlieu.
1548. Antoine de Bayencourt, seigneur de Bouchavesnes, fit réparer les fortifications de la ville.
1577. De Lameth remit le château de Coucy à Henri IV.
1601. Charles de Lameth, fils du précédent.
1617. Duc du Maine.
1618. Charles d'Albert, duc de Luynes, premier ministre de Louis XIII, se fit donner, en 1618, dit Fontenay-Mareuil, le gouvernement de l'Ile de France, avec ceux de Soissons, Chauny et Coucy, que M. du Maine quittait.

1619. Hercule de Rohan de Montbazon, grand veneur, devint gouverneur de Coucy par échange avec le duc de Luynes, son gendre.
1652. Hébert soutint le siége de la ville et du château contre le maréchal d'Estrées.
1654. François-Annibal d'Estrées, duc et pair, et maréchal de France.
1670. Jean d'Estrées, fils du précédent, maréchal et vice-amiral de France, vice-roi des colonies d'Amérique.
1707. Victor-Marie d'Estrées, fils du précédent, vice-amiral et maréchal de France.
1749. Duc de Tresmes et de Gesvres.
1778. Duprat, marquis de Barbançon.
1789. Duprat (Augustin-Jean-Louis-Antoine), comte de Barbançon, son fils, dernier gouverneur, qui dans ses actes prenait les titres de comte souverain de la Valserine, colonel du régiment d'Orléans cavalerie, baron de Viteau et de Clessy, châtelain de Formerie, vicomte de Puisieux, gouverneur de la province de Valois et des villes et châteaux de Coucy, Noyon et Villers-Cotterets.

NOTE 17, PAGE 272.

Extrait d'un registre de comptes
(Cabinet de M. Prioux).

Nous Anthoine de Bayencourt, chevalier, seigneur d'Esquencourt, bailly, cappitaine et gouverneur de Coucy et commis par le Roy nostre sire pour ordonner de la fortifficacion et ouvraiges du dit lieu, certiffions à nosseigneurs les gens des comptes du Roy nostre dit seigneur à Paris et à tous autres qu'il appartiendra que Me Odet de Baillon aussi commis par le dit seigneur à tenir le compte et fere les payemens des repparacions, fortifficacions et advitaillement des villes, chastaulx et places de frontières de Picardie, Arthois et Boulonnois a par nostre ordonnance et commandement payé baillé et délivré comptant toutes et chacunes les parties et sommes de deniers contenues et escriptes en ce présent cahier contenant neuf feuilletz de parchemyn et sticy comprins montans et revenans ensemble à la somme de deux mil trois cens trente une livres quatorze sols tournois, aux personnes pour les causes et ainsy qu'il est spéciffié et déclaré par le menu en chacun article de ce dit présent cahier et ce depuys le quinziesme jour d'aoust l'an mil cinq cens cinquante deux jusques au dix septième jour de décembre en suivant au dit an, les dits deux jours includz. Certiffions en oultre avoir verballement faict les pris et marchez des salaires et journées des manouvriers, hottiers, hottières, maçons, charpentiers et autres personnes dénommez en ce dit cahier, ensemble des achaptz d'oustilz, civières, chaulx, pierres et autres menues matières y contenues, les quelles ont servy et esté employées pour le faict des ouvraiges et fortifficacions de la dite ville de Coucy, aux endroicts et ainsi qu'il est comme dict est (picquer et houer terres dedans les fossez de la dite ville de Coucy au devant d'icelle porte qui va à Laon pour les vuyder et approfundir et fere les desblaiz pour asseoir les fondements de la maconnerye des deux aesles que l'on a semblent advisé et ordonné estre faictes au dessoubz des deux costez d'icelle porte pour y fere deux saillyes à couvert) par le menu en chacun des dicts articles d'icelluy présent cahier au quel en tesmoinz de ce nous avons signé la présente de nostre main et faict sceller du scel de noz armes le deuxiesme jour de janvier l'an mil cinq cens cinquante deux.

Baiencourt.

LISTE CHRONOLOGIQUE

DES SEIGNEURS DE COUCY

---

1. CLOVIS, roi de France en 486. — Conquête.
2. SAINT-RÉMY, archevêque de Reims en 500, par donation de *Clovis*.
3. ÉGLISE DE REIMS, en 533, par testament de saint Rémy.
4. HERBERT DE VERMANDOIS, en 925, comme tuteur de son fils *Hugues*, archevêque de Reims.
5. BOSON, comte de Vitry, en 930, par échange.
6. RAOUL, roi de France, en 931, par héritage de *Boson*, son frère.
7. HUGUES LE GRAND, comte de France, en 935, par donation du roi *Raoul*.
8. ARTAUD, archevêque de Reims, en 949, s'empare de Coucy par surprise, et renonciation de *Hugues*.
9. THIBAULT LE TRICHEUR, en 950, s'empare de Coucy par perfidie.
10. ARTAUD, archevêque, en 958, reprend Coucy.

11. THIBAULT LE TRICHEUR, en 961, s'empare de nouveau de Coucy à la faveur des divisions qui règnent dans le diocèse de Reims.
12. ÉGLISE DE REIMS, en 965, par restitution de *Thibault*.
13. EUDES, fils de *Thibault le Tricheur*, en 965, par cession de l'archevêque *Odalric*, moyennant une rente de soixante sous.
14. LION, en 990.
15. ALBÉRIC, en 1037.
16. ENGUERRAND I, en 1079, petit-fils d'*Albéric*, par succession.
17. THOMAS DE MARLE, en 1117, fils d'*Enguerrand I*, id.
18. ENGUERRAND II, en 1130. fils de *Thomas*, id.
19. RAOUL I, en 1150, fils d'*Enguerrand II*, id.
20. ENGUERRAND III, en 1191, fils de *Raoul I*, id.
21. RAOUL II, en 1242, fils d'*Enguerrand III*, id.
22. ENGUERRAND IV, en 1250, frère de *Raoul II*, id.
23. ENGUERRAND V, de Guignes, en 1311, neveu d'*Enguerrand IV* et de *Raoul II*, petit-fils d'*Enguerrand III*, id.
24. GUILLAUME, en 1321, fils d'*Enguerrand V*, id.
25. ENGUERRAND VI, en 1335, fils de *Guillaume*, id.
26. ENGUERRAND VII, en 1346, fils d'*Enguerrand VI*, id.
27. MARIE DE COUCY, en 1397, fille d'*Enguerrand VII*, id.
28. Louis I, duc d'Orléans, en 1400, par acquisition.
29. CHARLES I, en 1407, fils de *Louis I*, par succession.
30. Louis II, en 1465, fils de *Charles I*, devient Roi sous le nom de *Louis XII*, par succession.
31. CLAUDE DE FRANCE, en 1514, fille du Roi *Louis XII*, par dotation.
32. HENRI II, Roi de France, en 1547, par succession.
33. FRANÇOIS II, id., en 1559, id.
34. CHARLES IX, id., en 1560, id.
35. HENRI III, id., en 1574, id.
36. DIANE, légitimée de France, en 1576, par dotation pour

son mariage avec *François* de Montmorency. En 1582, *Coucy*, fait retour à la couronne par la mort de *Diane*, décédée sans enfants.
37. Henri IV, Roi de France, en 1594.
38. Louis XIII,   id.,   en 1609, par succession.
39. Louis XIV,   id.,   en 1643.   id.
40. Philippe I, duc d'Orléans, en 1672, frère de *Louis XIV*, par apanage.
41. Philippe II d'Orléans, en 1700, par succession.
42. Louis d'Orléans, en 1723,   id.
43. Louis-Philippe d'Orléans, en 1752,   id.
44. Louis-Philippe-Joseph d'Orléans, dit *Égalité*, en 1785, par succession.

TABLE DES MATIÈRES

Dates.		Pages.
	Avant-propos.	v
	Description de *Coucy-la-Ville* et de *Coucy-le-Château*.	1
	Origine du nom de *Coucy*.	6
	Temple des Druides à *Nogent*.	7
290	Fondation de *Coucy*.	8
	Etat politique des *Letes*.	9
	Premier château de *Coucy*.	10
323	Etablissement du Christianisme.	ib.
360	Persécution de *Julien*.	11
363	Fondation de la première église de *Coucy*.	ib.
	Invasion des *Francs*.	ib.
383	Guerre entre *Maxime* et *Gratien*.	ib.
406	Invasion des *Vandales*, *Alains*, etc.	12
425	Les *Francs* rentrent dans les *Gaules*.	ib.
457	Etendue de leur empire à la mort de *Mérovée*.	ib.
458	*Ægidius*, Romain, choisi pour Roi des *Francs*	13
	Elévation de *saint Remy* au siége de *Reims*.	ib.
465	*Childéric* rappelé par les *Francs*.	ib.
476	*Syagrius* s'établit à *Soissons*.	14
481	*Clovis*.	ib.
486	Défaite de *Syagrius* à *Soissons*.	15
	Clovis maître de *Coucy*.	ib.

Dates.		Pages
	Loi salique.	15
495	Bataille de *Tolbiac*.	ib.
497	Baptême de *Clovis*.	ib.
498	Erection de l'Evêché de *Laon*.	16
500	*Clovis* donne *Coucy* à saint *Remy*.	ib.
	Conquêtes de *Clovis*.	17
510	*Paris* capitale du royaume.	ib.
511	Partage des États de *Clovis*.	ib.
533	Saint *Remy* donne *Coucy* à l'église de *Reims*.	18
	Guerres civiles entre les successeurs de *Clovis*.	ib.
900	Invasion des *Normands*.	ib.
909	L'Archevêque *Hervé* fait construire une forteresse à *Coucy*.	19
	Fondation de *Coucy-le-Château*.	ib.
	Guerres civiles.	ib.
925	Election de *Hugues de Vermandois* à l'Archevêché de *Reims*.	20
927	Prétentions d'*Herbert*, comte de *Vermandois*, sur le comté de *Laon*.	22
	Charles le Simple tiré de prison par *Herbert*.	ib.
	Le comte de *Laon* ravage les environs de *Coucy*.	23
929	Mort du roi *Charles le Simple*.	24
	Guerre entre le comte *Herbert* et le Roi *Raoul*.	ib.
930	*Herbert* échange *Coucy* contre *Vitry*.	ib.
931	Election d'*Artaud* au siége de *Reims*.	25
935	Le Roi *Raoul* donne *Coucy* au comte *Hugues le Grand*.	26
936	*Louis d'Outre-Mer* reconnu Roi de *France*.	27
938	*Herbert* est excommunié.	ib.
940	Ligue d'*Herbert* et d'*Othon de Germanie*.	28
941	*Herbert* fait sacrer son fils *Hugues*, Archevêque de *Reims*.	ib.
942	Le Pape confirme l'élection de *Hugues*.	29
943	Mort d'*Herbert*.	ib.
	Richard de Normandie prisonnier à *Laon*.	ib.
944	Son évasion.	30

Dates.		Pages.
945	Guerre entre le Roi et les seigneurs parents de *Richard*.	31
949	*Artaud*, rétabli sur le siége de *Reims*, s'empare de Coucy.	32
950	*Thibault le Tricheur* se rend maître de *Coucy*. . .	33
958	*Coucy* assiégé et pris par *Artaud*.	ib.
961	*Thibault* reprend possession de *Coucy*.	34
965	*Thibault* excommunié rend *Coucy* à l'Archevêque *Odalric*.	35
	Odalric cède *Coucy* à *Eudes*, fils de *Thibault*. . .	36
1031	Révolte des habitants de *Coucy* contre le Roi *Henri*.	37
1037	*Lion*, seigneur de *Coucy*. — Sa mort.	ib.
	Etat de la *France* au xie siècle.	38
	Albéric, seigneur de *Coucy*.	40
1059	Fondation de l'abbaye de *Nogent*.	41
1066	Procession des religieux de *Saint-Amand*.	42
1067	Guerre pour la succession du comté de *Flandre*. . .	ib.
	Albéric reprend des biens donnés aux religieux de *Nogent*.	43
1079	Mort d'*Albéric*.	44
	Enguerrand I.	ib.
1089	Mort d'*Adèle*, veuve d'*Albéric*.	45
	Mariage d'*Enguerrand* avec *Ade de Marle*. . .	ib.
1093	Fondation du prieuré de *Plain-Châtel*.	46
	Mort d'*Ade de Marle*.	47
	Amours d'*Enguerrand* et de *Sibylle*.	ib.
	Enguerrand épouse *Sibylle*.	49
1096	Première croisade.	ib.
	Guerre entre *Enguerrand* et le comte de *Namur*. .	50
1098	Mort d'*Elinand*, Evêque de *Laon*.	52
1099	*Thomas de Marle* revient de la croisade.	ib.
	Origine des armoiries des seigneurs de *Coucy*. . .	53
	Thomas épouse une dame de *Montaigu*. . . .	54
	Ravages exercés par *Thomas*.	ib.
1104	*Enguerrand* assiége *Thomas* dans *Montaigu*. . .	55
	Thomas secouru par les troupes du Roi.	ib.

TABLE

Dates,		Pages.
	Mort d'*Enguerrand de Coucy*, Evêque de *Laon*...	56
1106	Election de *Gaudry* au siége de *Laon*.......	57
1107	*Thomas* se sépare de la dame de *Montaigu*; épouse *Milesende de Crécy*.............	58
	Thomas recommence ses déprédations........	ib.
1110	Assassinat de *Gérard de Quierzy*......	ib.
1111	Guerre entre *Thomas* et l'Evêque *Gaudry*.....	59
	Etablissement de la commune de *Laon*.......	60
1112	Assassinat de l'Evêque *Gaudry*..........	ib.
	Thomas protége les assassins; pillage de *Laon*....	62
	Guy, châtelain de *Coucy*..............	ib.
	Querelles sanglantes entre *Enguerrand* et *Thomas*.	63
1113	Révolte des habitants d'*Amiens*...........	64
	Thomas les seconde; il se laisse séduire par *Sibylle*.	65
1114	*Thomas* fait la guerre aux bourgeois d'*Amiens*....	66
	Trahison de *Sibylle*; *Thomas* est blessé.......	ib.
	Assassinat de *Gaultier*, archidiacre de *Laon*....	68
1115	Concile de *Beauvais*; excommunication de *Thomas*.	ib.
	Louis le Gros fait la guerre à *Thomas*.......	69
	Thomas obtient la paix................	70
	Barthélemy, Evêque de *Laon*............	ib.
1116	Mort d'*Enguerrand I de Coucy*............	71
	Thomas de Marle perd le comté d'*Amiens*, fait sa soumission au Roi et à l'Eglise..........	ib.
1120	Fondation de l'abbaye de *Prémontré*.........	72
1121	Privilége accordé par *Thomas* à l'abbaye de *Nogent*.	73
	Cérémonie singulière dite des Rissoles........	74
1125	Guerre pour la possession du comté de *Flandre*...	75
	Dissensions entre *Thomas* et le comte de *Vermandois*	ib.
1130	Excès commis par *Thomas*.............	76
	Mort de *Thomas de Marle*..............	77
1131	*Enguerrand II*....................	80
	Enguerrand restitue les biens usurpés par *Thomas*.	ib.
1132	Il est assiégé dans *La Fère*..............	81
	Mariage d'*Enguerrand* et d'*Agnès de Beaugency*..	ib.
1138	Il restitue à l'Evêque de *Laon* les revenus du chapitre	

Dates.		Pages.
	des chanoines de *Coucy*.	82
1139	Libéralités d'*Enguerrand* en faveur des religieux.	83
	Construction de l'église *Saint-Sauveur-de-Coucy*,	84
1146	Croisade prêchée par *saint Bernard*.	85
1147	*Enguerrand* se dispose à aller en *Palestine*.	ib.
1148	Il meurt dans cette expédition.	86
	Raoul I.	ib.
1160	Mariage de *Raoul de Coucy* et d'*Agnès de Hainaut*.	87
1163	*Raoul* reconstruit et fortifie *Vervins*.	88
1172	Mort d'*Agnès de Hainaut*.	ib.
1174	*Raoul* épouse *Alix de Dreux*.	ib.
1180	Entreprises contre le *Vermandois* et le *Valois*.	89
1184	Paix d'*Amiens*.	92
1185	Les seigneurs de *Coucy* ne doivent plus hommage qu'au Roi.	ib.
1187	Tournois. *Renaud de Coucy* et *Gabrielle de Levergies*.	94
	Construction de la chaussée de *Coucy* à *Crécy*.	ib.
1188	*Raoul* se dispose à aller en *Palestine*.	95
1190	Son testament.	96
1191	Mort de *Raoul*.	99
	Aventure tragique de la dame *de Fayel*.	ib.
	Enguerrand III.	101
1197	Etablissement de la commune de *Coucy*.	102
1199	Croisade.	105
1200	Ligue d'*Enguerrand* et du comte de *Rethel* contre l'Eglise de *Reims*.	ib.
1201	Mariage d'*Enguerrand* et d'*Eustache de Roucy*.	107
1203	Mort de *Guy*, châtelain de *Coucy*.	108
1204	*Enguerrand* se sépare d'*Eustache de Roucy*.	ib.
	Il épouse *Mathilde de Saxe*.	
	Reconstruction du château de *Coucy*.	109
	Fortifications de la ville.	113
1207	Croisade contre les *Albigeois*.	ib
	Projet de mariage entre *Enguerrand* et *Jeanne de Flandre*.	115

Dates.		Pages.
1212	*Enguerrand* épouse *Marie de Montmirel*.	116
1214	Bataille de *Bouvines*.	ib.
1215	Expédition en *Angleterre*.	117
	Querelles avec le chapitre de *Laon*.	119
1216	*Enguerrand* est excommunié.	120
1218	L'excommunication est levée.	ib.
	Travaux d'*Enguerrand* pendant la paix.	121
	L'Eglise de *Nogent* reconnue mère de l'Eglise *Saint-Sauveur de Coucy*.	ib.
	Querelle avec l'Evêque de *Noyon*.	122
1225	Nouvelle guerre contre les *Albigeois*.	123
1226	Mort du Roi *Louis VIII* et sacre de *Louis IX*. . . .	124
	Etablissement des *Juifs* dans les domaines d'*Enguerrand*.	125
1228	Ligue contre le Roi.	ib.
1229	Etablissement de l'Ordre du Lion.	127
	Libéralités à l'Eglise de *Saint-Quentin*.	ib.
1230	*Enguerrand* reconnaît l'autorité du Roi.	128
1236	Il fait la guerre au Roi de *Navarre*.	ib.
1242	Cour plénière à *Saumur*.	ib.
	Mort d'*Enguerrand*.	129
	Devise et cris de guerre.	ib.
	Raoul II de *Coucy*.	130
1249	Croisade.	ib.
1250	Combat de *Mansourah*.	131
	Le corps de *Raoul* est rapporté en *France*. . . .	132
	Enguerrand IV de *Coucy*.	ib.
1256	Meurtre de trois gentilshommes *flamands*.	ib.
	Procès d'*Enguerrand*.	133
1259	Meurtre de deux domestiques de l'abbaye de *Saint-Nicolas-aux-Bois*.	136
	Enguerrand hérite de *Mathieu de Montmirel*. . .	137
1261	Est relevé de l'obligation d'aller en *Palestine*. . . .	138
1288	Mariage d'*Enguerrand* et de *Jeanne de Flandre*. .	140
1308	*Enguerrand* se fait représenter aux Etats généraux à *Tours*.	141

DES MATIÈRES. 387

Dates.		Pages.
1311	Libéralités d'*Enguerrand*.	142
	Il est enterré dans l'abbaye de *Longpont*.	143
	Jeanne de Flandre, abbesse du *Sauvoir*.	ib.
	Enguerrand V de *Guignes*, sire de *Coucy*.	144
	Education et mariage d'*Enguerrand*.	145
	Partage de la succession d'*Enguerrand IV*.	146
	Mariage de *Guillaume de Coucy*.	147
	Procès pour la succession de la seigneurie de *Coucy*.	148
1318	Guerre de *Flandre*.	149
1321	Mort d'*Enguerrand*.	151
	Guillaume, de *Coucy*.	ib.
1331	Recueille la succession d'*Alix*, dame de *Malines*.	152
1335	Mort de *Guillaume*.	ib.
	Enguerrand VI de *Coucy*.	ib.
	Prétentions du Roi d'*Angleterre* à la couronne de *France*.	ib.
1337	Mariage d'*Enguerrand* et de *Catherine d'Autriche*.	153
1339	Guerre contre le Roi d'*Angleterre*.	154
1340	Expédition en *Hainaut* et en *Flandre*.	157
1345	Guerre en *Bretagne*.	158
1346	Bataille de *Crécy*; mort d'*Enguerrand*.	ib.
	Enguerrand VII, sire de *Coucy*.	159
1347	Partage des domaines de *Coucy*.	ib.
1349	*Catherine d'Autriche* se remarie.	160
1356	Bataille de *Poitiers*.	161
1358	*Jacquerie*.	162
1359	Guerre avec les *Anglais*.	164
1360	Traité de *Brétigny*.	165
	Enguerrand de Coucy otage pour le Roi.	ib.
1365	Epouse *Ysabeau d'Angleterre*.	166
1367	Reçoit en don le duché de *Soissons*.	167
1368	Revient en *France*.	168
	Affranchit des droits de mortemain et de for-mariage les vassaux de la baronnie de *Coucy*.	ib.
1369	Mariage du duc de *Bourgogne*.	16
	Reprise des hostilités entre la *France* et l'*Angleterre*.	170

Dates.		Pages.
	Enguerrand se retire en *Savoie*.	ib.
	Exploits de *Raoul* et de *Jean de Coucy*.	170
	Enguerrand fait la guerre en *Italie*.	171
1374	*Enguerrand* refuse la dignité de maréchal de France.	172
1375	Revient en *France*.	ib.
	Ses prétentions sur le duché d'*Autriche*.	173
	Ordre de la Couronne.	176
1377	Négociations pour la paix.	ib.
	Enguerrand renvoie en *Angleterre* la princesse *Ysabeau*.	179
1378	L'Empereur *Charles IV* vient en *France*.	180
	Guerre en *Guienne* et en *Normandie*.	182
1379	Révolte du duc de *Bretagne*.	185
1380	Mort de *Duquesclin*.	186
	Enguerrand refuse l'épée de connétable.	ib.
	Est nommé gouverneur de la *Picardie*.	187
	Invasion des *Anglais*.	ib.
	Enguerrand est nommé au Conseil de Régence.	188
	Reçoit la seigneurie de *Mortagne*.	189
1381	Soumission du duc de *Bretagne*.	ib.
	Enguerrand épouse *Ysabeau de Lorraine*.	ib.
	Révolte des *Parisiens*.	190
1382	Guerre en *Flandre*.	192
	Bataille de *Rosbec*.	194
1383	Nouvelle révolte des *Parisiens*.	196
	Seconde guerre en *Flandre*.	197
1384	*Enguerrand* nommé grand bouteillier.	198
	Enguerrand va secourir le duc d'*Anjou* en *Italie*.	ib.
	Est chargé de la défense des frontières du Midi.	199
1386	Troisième guerre en *Flandre*.	200
1387	Le duc de *Bretagne* arrête le Connétable.	201
	Le sire de *Coucy* est envoyé pour obtenir sa soumission.	202
	Expédition contre le duc de *Gueldres*.	204
	Sacre du Roi à *Reims*.	206

Dates.		Pages.
1388	Enguerrand perd les seigneuries de *Buren* et de *Nidau*.	207
	Etablissement de deux foires à *Coucy*.	208
1389	Entrée de la reine *Ysabeau de Bavière* à *Paris*.	211
	Tournois.	212
	Voyage à *Avignon* et à *Barcelone*.	213
	Négociations pour l'acquisition du comté de *Blois*.	214
	Voyage à *Toulouse*.	215
1390	Expédition en *Afrique*.	216
1391	Projet d'expédition en *Italie*.	217
	Raccommodement du duc de *Bretagne* et du Connétable.	218
1392	Prolongation de la trêve avec les *Anglais*.	ib.
	Assassinat du Connétable.	219
	Frénésie du Roi.	220
	Le Roi *Charles VI* visite *Coucy*.	221
	Enguerrand refuse de nouveau la charge de Connétable.	222
1393	Est envoyé à la cour de *Savoie*.	223
1395	Expédition en *Italie*.	ib.
1396	Expédition de *Hongrie*.	ib.
	Siége de *Nicopolis*.	226
	Bajazet marche au secours de *Nicopolis*.	228
	Défaite des *Français*.	230
1397	Mort d'*Enguerrand*.	233
	Marie de Coucy.	235
	Manœuvres du duc d'*Orléans* pour devenir possesseur de la baronnie de *Coucy*.	236
1400	*Marie* vend *Coucy* au duc d'*Orléans*.	237
	Mort de *Marie de Coucy*.	239
	Louis I d'Orléans.	ib.
	Erection de la baronnie de *Coucy* en pairie.	id.
	Expédition en *Allemagne*.	240
	Procès pour la succession d'*Enguerrand VII* de *Coucy*.	241
1402	Embellissements du château de *Coucy*.	242

Dates.		Pages.
1406	Réconciliation avec le duc de *Bourgogne*.	243
1407	Mort du duc d'*Orléans*.	244
	Charles I d'*Orléans*.	246
1408	Fin du procès pour la succession d'*Enguerrand VII*.	247
	Mort de *Valentine de Milan*.	248
1409	Le duc de *Bourgogne* s'excuse de l'assassinat du duc d'*Orléans*.	249
1410	*Charles d'Orléans* épouse *Bonne d'Armagnac*.	250
1411	Guerre civile.	251
	Siége de *Coucy*.	252
	Le comte de *Saint-Pol*, connétable.	254
1412	Traité d'*Auxerre*.	255
1413	Négociations ; Etats généraux.	ib.
1414	Reprise des hostilités et traité d'*Arras*.	ib.
1415	Guerre avec les *Anglais*; bataille d'*Azincourt*.	256
	Le duc d'*Orléans* prisonnier.	ib.
1419	Prise du château de *Coucy* par les *Bourguignons*.	257
	La Hire abandonne *Coucy*.	258
	Jean de Luxembourg en prend possession.	259
1420	La Hire et *Xaintrailles* reprennent *Coucy*.	ib.
	Assassinat du duc de *Bourgogne*.	260
1423	Le duc de *Suffolck* s'empare de *Coucy*.	ib.
1433	Plaintes du duc d'*Orléans* dans sa captivité.	261
1440	Paix avec les *Anglais*.	262
	Le duc d'*Orléans* rentre en possession de *Coucy*.	263
1442	Etablissement d'un grenier à sel à *Coucy*.	264
	Mécontentement et retraite du duc d'*Orléans*.	ib.
1463	Va à la cour du Roi *Louis XI*.	265
1465	Mort de *Charles d'Orléans*.	266
	Louis II d'*Orléans*.	ib.
1483	Mort du Roi *Louis XI*.	ib.
1484	Prétentions du duc d'*Orléans*.	267
	Il se retire en *Bretagne*.	ib.
1487	Le maréchal *des Querdes* prend possession de *Coucy*.	268
1488	Le Duc d'*Orléans* fait prisonnier par le Roi.	ib.
1493	Mort du Roi *Charles VIII*; le duc d'*Orléans*, Roi

Dates.		Pages.
	de *France* sous le nom de *Louis XII*.	*ib.*
1514	*Claude de France* reçoit *Coucy* en dot.	269
1535	*François Ier* vient à *Coucy* et fait rebâtir le château de *Folembray*.	270
1552	*Henri II*, Roi de *France*.	*ib.*
	Etablissement des présidiaux.	271
	Le *Vermandois* ravagé par le comte de *Rœux*.	*ib.*
1557	Bataille de *Saint-Quentin*.	272
	Charles IX.	273
	Calvinisme.	*ib.*
1567	*Soissons* et *Coucy* pris par les Calvinistes.	274
	Bataille de *Saint-Denis*.	275
1568	Bataille de *Jarnac*.	*ib.*
1570	Paix avec les Calvinistes.	276
1572	*Saint-Barthélemy*.	*ib.*
1576	*Coucy* engagé à *Diane*, duchesse *de Montmorency*.	277
1577	Origine de la Ligue.	*ib.*
1589	Prise du château de *Presles* par *Lameth*.	278
1591	*Coucy* soutient la Ligue.	*ib.*
1594	*Coucy* se soumet à *Henri IV*.	279
	Naissance de *César de Vendôme*.	*ib.*
1596	Soumission du duc *de Mayenne*.	280
1606	Reconstruction du beffroi de *Coucy*.	281
1614	Mécontentement des princes.	*ib.*
1615	Arrestation du prince *de Condé*.	282
1616	Les princes s'assemblent à *Coucy*.	283
1617	Fin des troubles.	284
1618	Le duc *de Luynes*, gouverneur de *Coucy*.	285
1635	Querelle des jeunes gens de *Coucy* et des religieux de *Nogent*.	*ib.*
1643	Minorité de *Louis XIV*.	288
1649	*Coucy* fidèle au Roi.	289
1652	Siége de *Coucy*.	290
	Soumission des habitants de *Coucy* au Roi.	292
	Coucy occupé par les troupes du maréchal d'*Estrée*.	293
	Soumission du commandant du château de *Coucy*.	294

TABLE DES MATIÈRES.

Dates.		Pages.
	Destruction du château de *Coucy*	295
1669	Transfert à *Coucy* de la maîtrise des eaux et forêts de *Chauny*	297
1672	*Coucy* donné en apanage au duc d'*Orléans*	ib.
1678	Assassinat du marquis d'*Albret*	298
1685	Destruction du temple calviniste de *Coucy-la-Ville*	303
1692	Tremblement de terre	ib.
1693	Disette	304
	Philippe II d'Orléans	305
1733	Reconstitution de l'Hôtel-Dieu *de Coucy*	ib.
1740	*Louis d'Orléans*	310
	Les religieux de *Nogent* essaient de se soustraire à la cérémonie de l'hommage	ib.
1758	*Louis-Philippe d'Orléans*	311
1780	Bailliage de *Coucy* supprimé et rétabli	ib.
	Louis-Philippe-Joseph d'Orléans	ib.
1790	Nouvelle organisation administrative	ib.
1829	Le château de *Coucy* racheté par le duc d'*Orléans*	312
	Notes	315
	Liste chronologique des seigneurs de *Coucy*	377

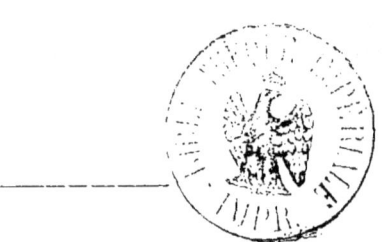

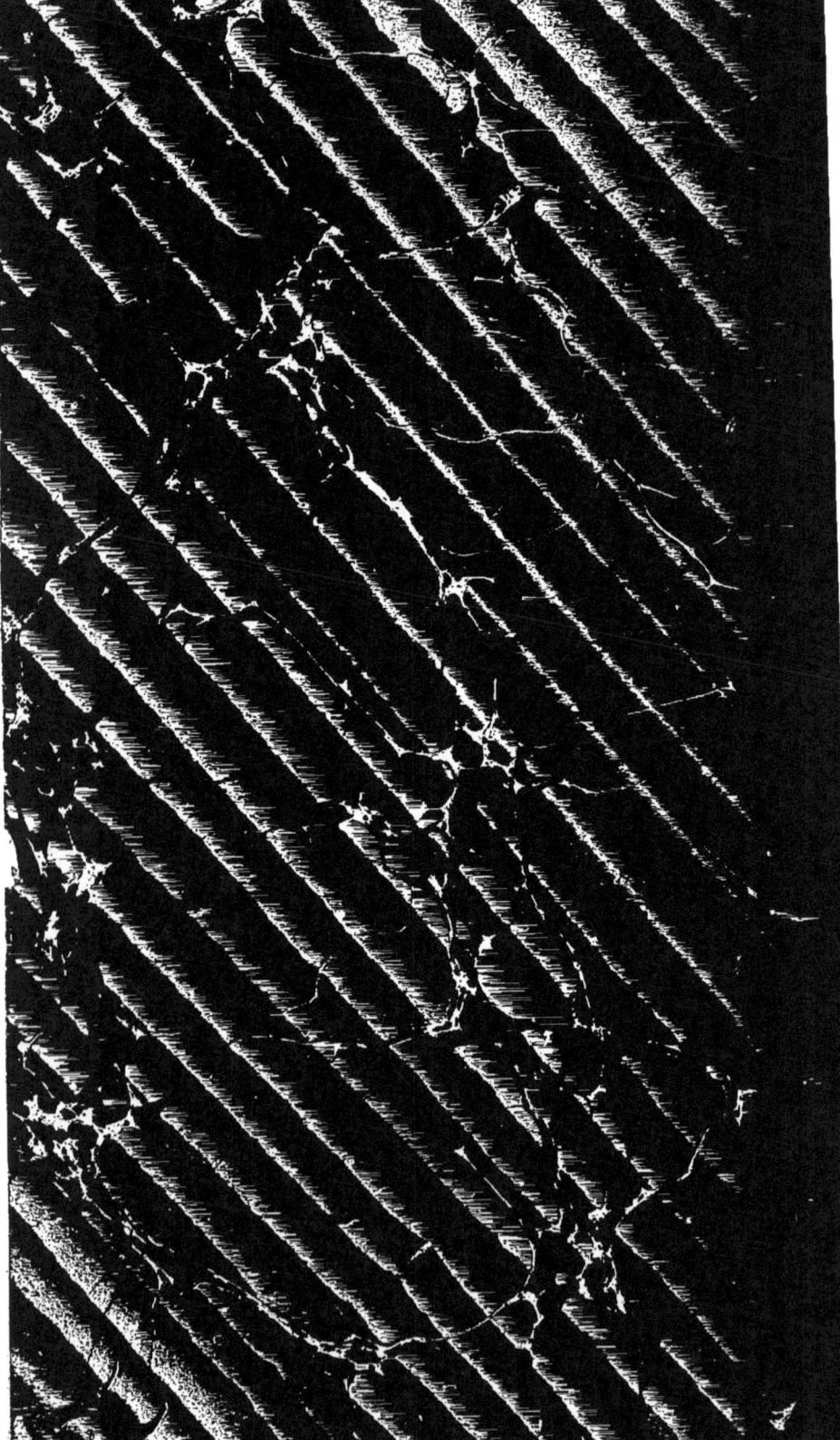

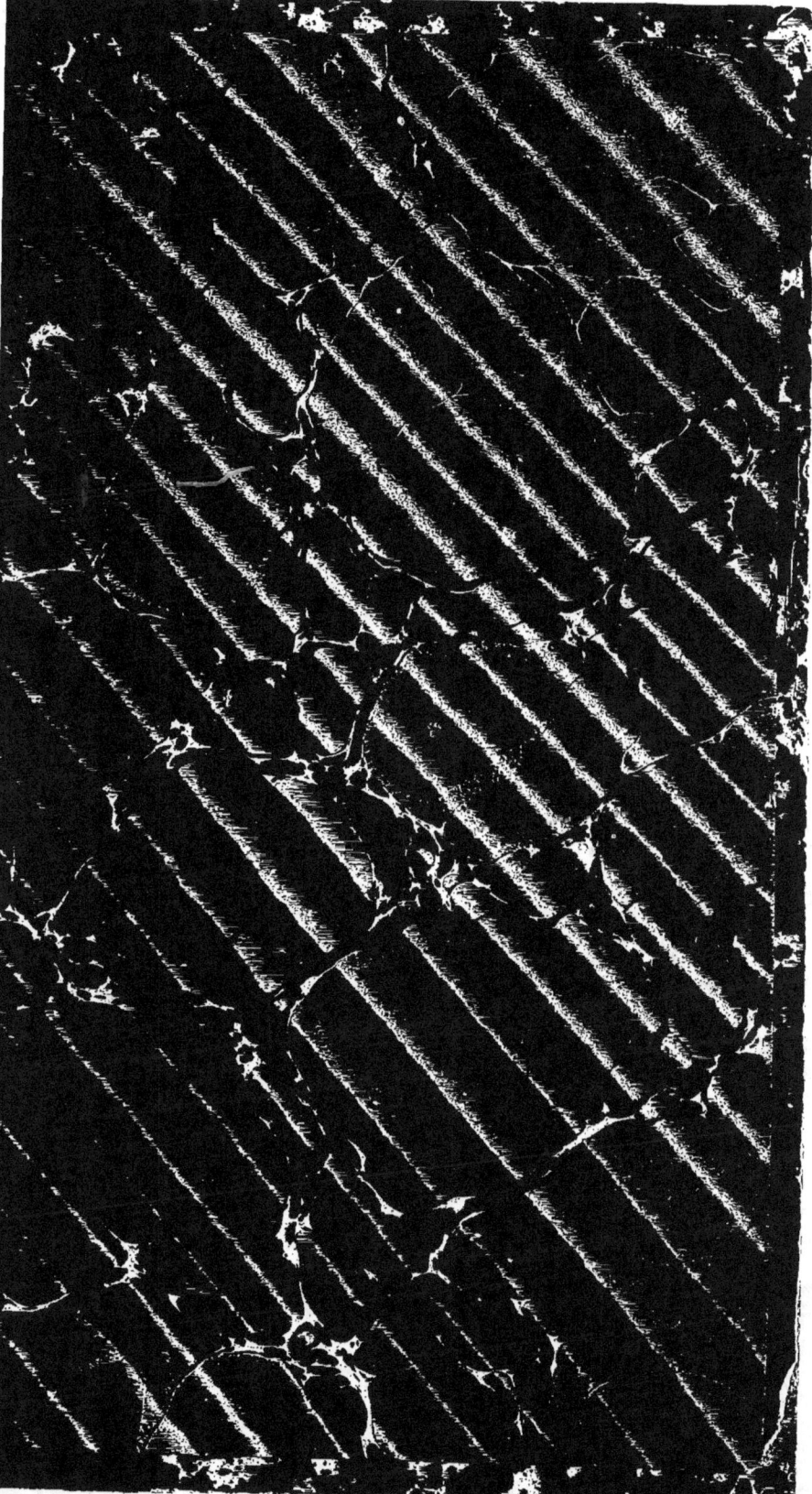